एक ओशो-शिष्य की अंतर्यात्रा

एक ओशो-शिष्य की अंतर्यात्रा

सम्बुद्ध स्वामी अगेह भारती

डायमंड बुक्स

www.diamondbooks.in

प्रकाशक : डायमंड पॉकेट बुक्स (प्रा.) लि.
X-30 ओखला इंडस्ट्रियल एरिया, फेज-II
नई दिल्ली-110020
फोन : 011-40712200
ई-मेल : wecare@diamondbooks.in
वेबसाइट : www.diamondbooks.in
संस्करण : 2025
मुद्रक : रेप्रो (इंडिया)

Ek Osho Shishya Ki Antaryatra
By : Swami Ageh Bharti

धरती-सी मां आनंद मीरा

एवं

आकाश-से पिता स्वामी आनंद रमेश की

पुण्य स्मृति को

तथा उन सबको जो अंतर्यात्रा के आकांक्षी हैं।

—अगेह भारती

अपनी बात

एक ओशो-शिष्य की अंतर्यात्रा आपके हाथों में है इससे मैं बहुत आनंदित हूं। यदि मेरी अंतर्यात्रा कुछेक लोगों को भी उनकी अंतर्यात्रा में किसी भांति सहयोगी हो सकी, बल दे सकी तो मैं श्रम सार्थक मान लूंगा।

हजारों ओशो-प्रेमियों ने पत्र लिख-लिखकर मेरी अब तक प्रकाशित पुस्तकों की सराहना की है। मैं उन सबके प्रति अनुग्रहीत तो हूं ही उन्हें यह भी बताना चाहूंगा कि—

मैं हर बार
जब ओशो को उनके शिष्यों द्वारा प्रेम किए जाते देखता हूं—
बुद्धत्व को उपलब्ध होता हूं,
हां, बुद्धत्व को उपलब्ध होता हूं हर बार
जब उनके शिष्यों द्वारा उन्हें प्रेम किए जाते देखता हूं,
फिर पाता हूं कि
यह तो घट रहा है लगातार……
और तब नमन में झुक जाता हूं सहज ही उनके शिष्यों के प्रति !

और तो कुछ कहना नहीं है आज।

इस समय स्वामी प्रेम शादाब, शिमला का स्मरण आना स्वाभाविक है जिन्होंने पांडुलिपि तैयार करने में मेरी आशा से अधिक सहयोग किया, न यह पुस्तक अभी भी प्रकाश में न आई होती। स्वामी सत्यानंद भारती, नई कटनी तथा स्वामी नवनीत भारती सतना का भी धन्यवाद करता हूं जो कि रफ कापी तैयार करते समय लिखकर सहयोग दिया।

सभी को प्रणाम सहित—

सम्बुद्ध स्वामी अगेह भारती,
एम० एम०, डी० फिल० एम०,
(आर० आई० एम० यू०) आचार्य

21 मई 1995
'ओशो-विला'
62, प्रभात विहार, पन्ना रोड
सतना—485 001 (म० प्र०)
दूरभाष : (07672) 26707

खंड : एक

कुछ भी लिखने के पूर्व मैं अपने प्यारे गुरु ओशो के कमलवत चरणों में प्रणाम निवेदित करता हूं । क्योंकि आज मैं जो लिखने को प्रेरित हुआ हूं, वह उन पावन चरणों के आशीष से ही ठीक ढंग से पूर्ण हो सकेगा । यह ख्याल लगभग दो माह से मेरा पीछा करता रहा है कि वर्ष 1984 के उन दिनों का जिक्र मित्रों से करूं जब ओशो ने अपने कुछ शिष्यों के सम्बुद्ध होने की घोषणा की थी । मैं इस भाव को टालता रहा कि बात आई-गई हो गई । उसका क्या जिक्र करना । पर जितना ही टालना चाहा, लिखने का भाव उतना ही बल पकड़ता गया और अंततः उस अंतःप्रेरणा के समक्ष समर्पित आपके सामने खड़ा हूं । ऐसा लगता है ओशो से संबंधित जरा सी भी बात जो आज भले ही कितनों को कम महत्वपूर्ण लगती हो, लिपिबद्ध कर देना आवश्यक है । ऐसा न करना गुरुभाइयों के प्रति अपराध होगा, बेईमानी होगी । गुरु भाइयों से मेरा आशय ओशो के ही शिष्यों से नहीं बल्कि कभी भी जो किंही सदगुरु के शिष्य होंगे, उन सब से है । अस्तु:

जहां तक स्मरण कर पाता हूं यह इक्कीस-बाइस जून 1984 की रात्रि थी जब मैं इलाहाबाद रेलवे विश्रामगृह में सोया हुआ था तब लगभग बारह बजे मुझे जगाया गया कि आपका पुत्र सतना से फोन पर बात करना चाहता है । मैं समझ गया कोई असामान्य बात है अन्यथा रात के इतने समय फोन ? मैं उठा, टेलीफोन के पास गया और रिसीवर उठाया ।

'हल्लो'

'हां मैं कृष्ण देव भारती बोल रहा हूं'

'बोलो'

'पूना से किरण भारती (अगेह भारती की बेटी) का फोन है कि ओशो ने कुछ लोगों के सम्बुद्ध होने की घोषणा की है । उनमें चार भारतीयों के भी नाम हैं । नाम क्रमवार इस प्रकार हैं—स्वामी आनंद मैत्रेय ।'

मैं हर्षातिरेक में फोन पर बड़े जोर से चीख पड़ा ,'ओह' बहुत खूब !'

'दूसरा नाम है मा योग तरु'

'ओह' क्या खूब समाचार दिया तूने !'—उतना ही जोर से में चिल्लाया ।

'तीसरा नाम है स्वामी विनोद भारती'

'वंडरफुल' ओह !' —वैसी ही जोर से मेरी चीख निकली ।

'चौथा नाम है स्वामी योग प्रताप भारती ।'

'ओह । सचमुच, तूने अच्छा किया, जगाकर ही देने योग्य समाचार था ।'

'और ओशो ने आगे यह भी कहा है कि यदि लोग पूरे विधायक होकर जिएं तो ही वे (ओशो) देह में रह सकेंगे वर्ना उनका देह में बने रहना असंभव है । यदि पूरी विधायकता नहीं हो जाती हर तरफ तो वे छः जुलाई को देह त्याग देंगे ।'

'ओह बेटे, तूने जगाकर समाचार दिए, बहुत-बहुत धन्यवाद । समाचार जगाकर ही देने लायक थे । पर मैं (रेलवे के) जिस काम से आया हूं, उसे पूरा कर के परसों घर आऊंगा, ओके ?'

'ओके ।'

फोन तो रख दिया पर मैंने पाया कि मेरे हाथ-पैर के रोंगटे सीधे 90 डिग्री पर खड़े हैं । बिस्तर पर गया जरूर किंतु करवटें बदल रहा हूं, नींद नहीं आ रही है । बार-बार यही ख्याल आ जाता है कि छः जुलाई को ओशो देह त्याग देंगे । एक अजीब शून्यता का अनुभव हो रहा है । करवटें बदलते-बदलते चार बज गए, नींद का कहीं नामो निशान नहीं । रोए क्षण भर को गिरे नहीं, लगातार खड़े ही रहे । मेरे लिए यह आश्चर्य की ही बात थी कि रोए लगातार चार घंटे खड़े ही रहे और एकदम 90 डिग्री पर ही ।

फिर मुझे खयाल आया कि जब मेरा यह हाल है तो बच्चों का क्या हाल होगा ? पत्नी, तीन बेटे, भाई, भाई के बच्चे, सभी संन्यासी हैं । मेरा घर पहुंचना जरूरी है । यह निर्णय लेने के साथ उठकर बैठ गया, कागज कलम उठाया और कुछ लिखा- जो कि आज स्मरण तक नहीं कि क्या लिखा । पर लिखने के बाद ही मैंने पाया मेरे हाथ पैर के रोए सामान्य हो गए हैं । मैंने विभागीय कार्यक्रम रद्द किया व 22 जून को ही प्रथम ट्रेन से वापस सतना आ गया । बच्चों से मिला । श्री निरंजन शर्मा—एक सम्पादक मित्र को बुलवाया व न्यूज बनाकर दिया जो कि क्रांतिबोध नामक साप्ताहिक में तीसरे दिन प्रकाशित हुआ ।

मैं ड्यूटी पर नहीं जा रहा था । स्थितियां कुछ यूं बनती गईं कि मैं 22 जून से 29 दिसंबर 1984 तक ड्यूटी पर जाने की मनःस्थिति में नहीं आ सका । शरीर

अलग ड्यूटी पर जाने की स्थिति में न था अत: अवकाश पर ही बना रहा। जो भी हो, ओशो की देह छोड़ने वाली बात से मैं 22 जून के बाद विचलित नहीं हुआ। ओशो की बात सुनकर तत्काल अवश्य भारी सन्नाटे की अवस्था बन गई पर वापस सतना पहुंचने के बाद निश्चिंत महसूस कर रहा था क्योंकि कहीं गहरे में मुझे लगता था कि अभी ओशो देह नहीं छोड़ेंगे।

इन्हीं दिनों 25 से 27 जून के बीच आदरणीय काका जी स्वामी आनंद सिद्धार्थ व आदरणीय काकी जी जोकि रजनीशपुरम, अमरीका जाने वाले थे, का गाडरवारा में विदाई समारोह आयोजित था। पहले तो गाडरवारा जाने का मेरा कार्यक्रम न था पर अब इतने बड़े समाचारों के बाद रेलवे की डयूटी तो हो नहीं रही थी अत: 23 जून को गाडरवारा गया। उन दिनों ओशो के संन्यासी सदा मानो हवा पर सवार रहते। बहाना भर मिल जाए, कोई भी बहाना और नृत्य-कीर्तन में हम शिष्यगण डूब जाते, ऊर्जा का एक ज्वार उठा देते, तूफान उठा देते। गाडरवारा में सौ के आस-पास संन्यासी जमा थे। वहां के कीर्तन में 'प्रभु-निवास' का भी प्रभाव था जिसमें कभी ओशो स्वयं रहे हैं। वीडियो दर्शन के बाद जो कीर्तन हुआ, अविस्मरणीय है। सभी चेहरों पर ओशो स्वयं दिखाई दे रहे थे। बहुत आनंद बरसा, मुझे कीर्तन के बाद विश्राम (ध्यान) की दशा से लौटने का जी ही न करता था। पर काका जी को सहेजकर पत्र देना था जो प्रताप के लिए लिखकर ले गया था। प्रताप (स्वामी योग प्रताप भारती) मेरे छोटे भाई हैं, यह ज्यादातर मित्र जानते हैं। प्रताप के लिए प्रेमपूर्ण पत्र लिखा कि 'आज तुम्हें नमन करते हुए गौरवांवित हूं। तुमने सिद्ध कर दिया है कि प्रामाणिक शिष्य होना किसे कहते हैं। तुमने जीवन के प्रत्येक क्षण का सदुपयोग किया। मैंने अनेक बार तुम्हारे जीवन से भक्ति व समर्पण के पाठ सीखे हैं, भले तुम्हें पता हो, न हो। मैं आज बहुत-बहुत गौरवांवित महसूस कर रहा हूं।'

मेरे भीतर आनंद समा न रहा था। एक भी शिष्य सम्बुद्ध हुआ तो मुझे लगता है सारे शिष्य सम्बुद्ध हो गए और यहां तो चार-चार शिष्य सम्बोधि को उपलब्ध हुए हैं। मेरे प्राण न जाने किस सातवें आसमान पर उड़ रहे होते उन दिनों। आनंद का कहीं पार न होता। आज मेरी वह मुराद पूरी हो गई थी जो मैंने ओशो के अमरीका प्रस्थान के बाद स्वामी प्रज्ञान भारती, नरसिंहपुर को 19 अगस्त 1981 को

त्र में लिखा था :

स्वामी जी,
चुप क्यों हो ?
कुछ तो बोलो ! !
मेरी आंखों में आंसू
क्यों आ जाते हैं ओशो के
स्मरण के साथ !
एक इतना बड़ा आंदोलन
जिससे सारा जग स्तंभित था,
ओशो के अमरीका प्रस्थान के बाद
क्या सचमुच ठंडा पड़ गया ! !
बिना पंख
हम सारा आकाश नापते थे,
हमारी आशाओं में चार चांद लगे जाते थे—
नित नवीन चांद,
कि हम बदलेंगे, इस हिंसा-घृणा-प्रधान
बस्ती को
प्रेम-भूमी बनाएंगे
और आमंत्रित करेंगे लीलाधारी ओशो को, कि
वे छेड़ें अपनी तान
कि जग सारा डूब जाए मस्ती में;
स्वामी जी, मैं निराश नहीं
सिर्फ विस्मित हूं
कि इन सत्ताधारी मूढ़ों ने
हमारा कम्यून न बनने दिया, और
स्थितियों ने ऐसा बिखेर दिया कि हमें
एक दूसरे का अता-पता तक न रहा ।

स्वामी जी, कोई तो छेड़ो शंखनाद
कोई तो घोषणा करो कि
'मैं भगवान हूं'
और बरसाने लग जाओ आग
इन मुर्दों पर
ताकि ओशो का कार्य
जारी रहे यथावत ! !

मैं इतना आनंदित था कि शायद मैं स्वयं आनंदस्वरूप हो गया था। चलते-फिरते, उठते-बैठते, आनंद व मस्ती, हवा में उड़ते हुए से निर्भार प्राण, मन, हृदय। मुझे यह भी खयाल न रहा कि मैं स्वयं संबुद्ध हुआ या नहीं? नहीं, तो क्यों नहीं, हां तो कब, कैसे? यानी मुझे अपना ख्याल तक न रहा। मेरे लिए तो ओशो के किसी शिष्य का सम्बुद्ध होना महा आनंद का पर्याप्त कारण था। फिर यह भी सौभाग्य कि चारों को मैं जानता हूं। स्वामी योग प्रताप भारती को तो बहुत निकट से जानता हूं। उनकी यात्रा के अनेक बिंदुओं पर मैं उनके बहुत निकट रहा हूं। उसने एक ही जन्म में कितनी लम्बी यात्रा तय कर डाली। उसके लिए मेरे मन में अपार प्रशंसा एवं श्रद्धा के भाव उमड़े आ रहे थे। अतीत की अनेक घटनाएं फिल्म की रील की तरह मनस्पटल पर क्षण भर में घूम गईं। उसको पहली बार मैं ही जबलपुर में शहीद स्मारक भवन ले गया था ओशो के प्रवचन सुनवाने । उन दिनों ओशो एक घंटे का प्रवचन किया करते। सदा की भांति उन दिनों भी उनके प्रवचन के समय गहन शांति का साम्राज्य व्याप्त रहता । प्रवचन स्थल से उठने पर श्रोता बड़ी देर तक शांति-आविष्ट बने रहते । तब जाकर कहीं बोलने चालने की दुनिया में वापस लौटना होता। प्रताप व मैं साथ-साथ चल रहे थे। बड़ी देर निकल जाने पर भी जब वह कुछ प्रतिक्रिया न व्यक्त किए तो मुझसे न रहा गया। मैंने पूछ ही लिया कि प्रवचन कैसा लगा? प्रताप ने कहा, 'जहां सज्जन लोग शांत बैठे हों, वहां बीच में उठना अभद्रता होती। अतः चुपचाप बैठा रहा, पर मुझे कुछ जंचा नहीं।' कहना न होगा कि मेरा माथा गरम हो गया पर कहता भी क्या! माथा गरम हुआ और ठंडा भी होना पड़ा।

दूसरी घटना तब की है जब प्रताप गांव में, प्रतापगढ़ में, थे। मैं गाव गया तो ओशो की दो पुस्तकें व एक या दो युक्रांद (ओशो के विचारों हेतु जबलपुर से प्रकाशित पाक्षिक पत्रिका, बाद में मासिक) उनके लिए लेता गया व उनके पढ़ने के लिए छोड़ आया। यह 1969 की बात है। जब मैं दस-बारह माह बाद पुनः गांव गया व पूछा तो प्रताप ने कहा: 'मैंने एक भी नहीं पढ़ी। मेरा स्वास्थ्य इतना खराब रहता है कि एक शब्द भी पढ़ना मेरी शक्ति के बाहर की बात है।' इस बार तो मैंने प्रगटतः बहुत बुरा-भला कहा। किताबें तत्काल वापस करने को कहा। यह उन दिनों की बात है जब हर माह देश की लगभग दर्जन भर पत्रिकाओं में मैं ओशो के प्रवचनों को संक्षिप्त कर प्रस्तुत किया करता। हर प्रकाशित लेख पर दर्जनों पाठकों के भाव विह्वलित पत्र आते। करीब-करीब हर पत्र-लेखक दीवानगी की हालत में पत्र लिखता और पूछता कि ओशो कौन हैं कहां हैं? क्या वे लोगों से मिलते हैं? कैसे मिलते हैं? क्या उनका कोई साहित्य है? यदि हां, तो कहां से प्राप्त होगा? मैं ऐसे प्रत्येक पत्र का दो गुने प्रेम-भाव से उत्तर देता, चाही गई (व न चाही गयी भी) जानकारियां देता व साथ ही एकाध पुस्तक अपनी ओर से खरीदकर, डाक टिकट लगाकर भेज देता और वह व्यक्ति मेरे माध्यम से ओशो की अपार प्रेम लीला में डूब जाता। इस प्रकार कई दर्जनों लोग आज परिवार के परिवार संन्यासी हैं।

उन दिनों मेरा यह हाल रहता कि बेटा बीमार है, डाक्टर का लिखा प्रेसक्रिप्शन, जिसमें लिखी दवाएं कुछ ही रुपयों में आ जातीं, पैसों के अभाव में पड़ा रह जाता, पर किसी अनजान अपरिचित ने कोई लेख पढ़कर ओशो के प्रति भावपूर्ण पत्र लिखा कि मैंने कोई पुस्तक खरीदी व डाक से भेजी। स्वभावतः प्रताप को मैंने बहुत बुरा-भला कहा कि इस नालायक के पास पुस्तकें व्यर्थ ही पड़ी रहीं। यह तो पुस्तकों का दुरुपयोग हुआ। तीन पुस्तकें तो तीन जिज्ञासुओं को भेजकर उनका भला किया होता व उनके दिलों को जीत लिया होता अर्थात ओशो से जोड़ दिया होता, वगैरह .... वगैरह बड़बड़ाता रहा। मेरी स्वर्गीया पूजनीया मा श्रीमती ललिता देवी (जिनका नाम बाद में संन्यास लेने पर ओशो ने मा आनंद मीरा रखा), बीच-बचाव करतीं व कहतीं—'भइया रहने दो, मत कुछ कहो, उनकी तबीयत वैसे ही ठीक नहीं रहती।' पर मैं बड़बड़ाता ही रहा। प्रताप ढूंढ-ढांढ कर दो पुस्तकें

ले आए, युक्रांद नहीं मिल रही है । मैं और जोर से हाथ पैर पटकने लगा कि इसकी नालायकी की कोई सीमा नहीं है । इसने पुस्तकों को इतनी लापरवाही से रखा कि ढूंढ़ने पर मिल तक नहीं रही हैं । अल्टीमेटम दिया कि मेरे वापस जबलपुर (मैं तब जबलपुर ही रहता था, सतना तो मई 1977 में आया) जाने के पूर्व युक्रांद भी मिल जानी चाहिए वर्ना खैरियत नहीं । परंतु युक्रांद न मिली तो न मिली । कहना न होगा कि इस बात को लेकर उस बार घर से मैं दुखी ही वापस लौटा । पर अस्तित्व एक रहस्य है । उसके खेल निराले हैं । प्रताप का स्वास्थ्य इतना खराब था कि वह लगभग तीन-चार सालों तक मृत्यु के द्वार पर ही जीया । मृत्यु की निकटता में जीते-जीते जब उसका सही समय आया तब वही युक्रांद उसके हाथ लग गई और उसने पूरी पत्रिका पढ़ डाली और ओशो से प्रभावित होकर उनको एक पत्र लिखा । तब ओशो बंबई में रहने लगे थे । प्रताप ने इस बीच जो पत्र मुझे लिखे, वह यहां प्रस्तुत हैं :

भुड़हा
05. 01. 71 मंगलवार

. . . .

आप जो युक्रांद छोड़ गए थे उसे मैंने पढ़ा । पत्र-प्रेरणा के अंतर्गत लिखे गए आचार्य श्री के बारहों पत्र मुझे अच्छे लगे और मुझे लगा काश ! आचार्य श्री ने अपना समग्र साहित्य ऐसी ही छोटी-छोटी कविताओं में लिखा होता । ओह कितना भला होता ··· कितना भला होता । सच, मुझे उनके प्रेरणा- पत्र बहुत भाए । यूं आचार्य श्री को मैं पत्र लिखना चाह रहा था, न कोई पूर्व योजना ही थी कि ऐसा-ऐसा लिखना है । कहना चाहिए मुझे कभी कोई जल्दी भी न थी । इतना भर जानता था कि मुझे कभी न कभी पत्र देना अवश्य है, पर कब, यह सब अज्ञात था । और 17. 12. 70 को युक्रांद में प्रकाशित आचार्य श्री द्वारा लिखे प्रेरणा-पत्रों को पूरा पढ़ा था तथा वहीं मेरे अंतस से एक सहज पत्र फूट पड़ा था जिसे मौके से कलम भी साथ होने के कारण युक्रांद के ही अंतिम पृष्ठ पर उतार लिया था ! मुश्किल से पांच मिनट लगे थे और उसे ही मैंने आचार्य श्री के पास 20.12.70 को सम्प्रेषित कर दिया था । मेरी दृष्टि में मेरा पत्र भी असाधारण ही था— अपने आप में बहुत

कुछ छुपाये हुए। और मैं बड़े ही ऊहापोह में था कि आचार्य श्री कैसे इस पत्र का क्या जवाब देते हैं, आदि, आदि। फिर कि उन तक पहुंचता भी है या नहीं। परंतु मुझे 02. 01. 71 की शाम आठ बजे 27. 12. 70 का लिखा आचार्य श्री का जो पत्र मिला वह मेरे लिए प्रायः कल्पनातीत ही था—कम से कम अप्रत्याशित—कितना सहज, कितना अपीलिंग, कितना प्रेममय और कितना न जाने क्या-क्या ! परंतु इस सबसे भी अधिक मुझे पूर्णतया संतुष्ट करने वाला। और मैं धन्य हो उठा। कवर के ऊपर मेरा पता तक आचार्य श्री का ही लिखा है और मुझे उनके 23.11.64 के पत्र में सुश्री सोहन बाफना, पूना को लिखी गई ये पंक्तियां बरबस याद आ गई:

'... पत्र लिखने में संकोच कभी मत करना। मेरे पास तुम्हारे लिए बहुत समय है। उनके ही लिए हूं, जिनको मेरी जरूरत है... आदि आदि।'

और फिर उनकी लिखावट में ही कितना प्रेम झलकता है। खैर मैं अपना पत्र व आचार्य श्री का प्रत्युत्तर अक्षरशः आप को लिख रहा हूं ताकि आपकी भी सम्मति व प्रेरणा मुझे मिल सके, क्योंकि उसका भी कुछ कम महत्व नहीं। अपने पत्र में कुछेक पंक्तियों को मैंने मोटे अक्षरों में कर दिया था वह सब ज्यों का त्यों लिख रहा हूं :—

'............................ ।
मुनी नामष्यहं व्यासः कवीनामुशना कविः ॥'

(श्री मदभगवद्गीता—10/37)

भुड़हा
17.12.70

आचार्य श्री,

मेरे प्रणाम लें। और ये बताएं
'क्या आप मुनिवर वेदव्यास ही नहीं ?'
जो
देश-काल व स्थितियों के
बदले हुए रूपों में

अपने ही पूर्वकथित
तात्विक विचारों को
सर्वथा अनूठा
नया भाष्य
नया रूप,
नया अर्थ देने
फिर से पधारे हैं — (विराट की लीला)
(यहां गलत न समझें मुझे,
पधारे नहीं
वरन
अपने दीर्घकालिक अंतर्धानत्व को
त्यागकर प्रगटे हैं ।)
(आप) मानें न मानें
मुझे ऐसा ही लगा है ।
और यदि चाहें तो
आपकी स्वीकृति को गुप्त रखा जाएगा,
हां, परंतु
उत्तर न आने को—
मौन स्वीकार—
समझ लिया जाएगा ।

सादर तुम्हारा ही—

लाल प्रताप
ग्राम-भुड़हा,
पत्रालय : सांगीपुर
जिला:प्रतापगढ़ (उत्तर प्रदेश)

acharya rajneesh

A-1, Woodland,
Peddar Road, Bombay - 26
Phone : 382184

मेरे प्रिय,

प्रेम। सागर तो एक ही है।

और इस लिए अनेक दिखाई पड़ने वाली लहरें भी अनेक नहीं हो सकती हैं।

प्रत्येक लहर में एक ही सागर है।

वही आता है, वही जाता है।

लहरों से तो बस उसके इस आने-जाने की पगध्वनि ही दिखाई-सुनाई पड़ती है। लहरें नहीं ही हैं।

सागर ही है।

लेकिन लहरें दिखाई पड़ती हैं और सागर अदृश्य है।

शब्द दिखाई पड़ते हैं, सत्य अदृश्य है।

शरीर दिखाई पड़ते हैं, अस्तित्व अदृश्य है।

हस्ताक्षर अपठ
27.12.70

और कहना न होगा कि मेरा दूसरा पत्र भी आज जा चुका है। देखें उनके पास मेरे लिए अब क्या है?......

आपका ही,
लाल प्रताप
06.01.71

तत्पश्चात प्रताप का दूसरा पत्र आया जो यूं था—

'
.........,

आप द्वारा भेजा मनन 1 व युक्रांद की एक प्रति एवं आचार्य श्री के अमृत पत्रों का प्यारा संकलन 'प्रेम के फूल' मिला। आपने इन पुस्तकों को भेजकर जो कृपा

एवं प्यार हम पर किया है, वह कैसे कहूं ।युक्रांद पूरा पढ़ डाला । मैंने पाया है कि आचार्य श्री के एक-एक वाक्य में एक-एक सागर है । एक-एक शब्द में एक-एक सागर है । आचार्य श्री कितने बड़े विचारक हैं यह जैसे ही समझ में आता है तो उन पर कुर्बान जाने का; उनकी कृतियों पर कृतज्ञता-ज्ञापन का एक ही मार्ग मुझे सूझता है और वह यह कि एक-एक वाक्य जैसे-जैसे पढ़ता जाऊं वैसे ही प्रत्येक वाक्य पर कोई मेरी हत्या कर दे—मेरा गला काट ले और दूसरे वाक्य के लिए मैं फिर जी उठूं तथा उसे पढ़ते ही फिर मेरी हत्या कर दी जाए और यही क्रम चलता रहे जब तक कि मैं उनका सारा साहित्य न पढ़ डालूं । ओह ! इतने महान विचारों का बदला और कैसे दिया जा सकता है ? आह ! उन विचारों की सराहना के अन्य सभी मार्ग कितने हल्के, कितने उथले होंगे ! आपसे हुई प्रश्नोत्तर वार्ता भी काफी पसंद आई । बड़े काम की है वह वार्ता । 'मनन' के प्रश्नोत्तर तो मुझ जैसे नयों के लिए थे ही, अतः मेरे लिए उसकी कितनी बड़ी सार्थकता रही, लिखना व्यर्थ है । अमृत-पत्रों की शुरूआत अभी नहीं हुई । पढूंगा धीरे-धीरे । समझ-समझ के, आनंद ले-ले के । और फिर वह पुस्तक मैं महीनों में ही खत्म कर पाऊंगा । भइया, मेरा सिर अभी पर्याप्त कमजोर है । शरीर में भी जो कुछ थोड़ी कमजोरी या आलस्य बच रहा है, वह भी उसी के कारण है । अत: पढ़ना- लिखना अधिक नहीं कर पाता । ज्यादा पढ़ने लगूं तो तबीयत बिगड़ने लगती है । मैं आचार्य श्री का सारा साहित्य पढ़ना चहता था, परंतु इसी कारण से यह संभव नहीं है । और फिर मेरा यह भी खयाल है कि सारा साहित्य पढ़ना अति आवश्यक भी नहीं । उनका सब कुछ पढ़ कर जो उपलब्ध किया जा सकता है, वह उनका कुछ अंश पढ़कर भी किया जा सकता है । 'प्रेम के फूल'[1] अति सुरक्षित रखी जाएगी । युक्रांद की प्रतियां रेगुलर भिजवाने के लिए परेशान न होइएगा । यदा-कदा खास अंक भी मिल जाया करेंगे तो पर्याप्त होगा । आप को मिला (आचार्य श्री का) पत्र जिस अंक में निकले, उसे भिजवाइएगा ।

आपने इस बार अपने पत्र में विधिवत संन्यास लेने एवं भगवा वस्त्र धारण करने की बात लिखी थी, सो यह भगवा वस्त्र क्या हैं ? क्या यह कोई रंग विशेष

1. बंबई से प्रकाशित पत्रिका जिसने आचार्य श्री द्वारा प्रश्नोत्तर नियमित हर अंक में प्रकाशित किया ।

रखा गया है या कि 'पहनावा विशेष ' (बनावट विशेष) है ? और यह भी जानने की इच्छा है कि उनके पहनने से आपके दैनिककार्य-सम्पादन (डयूटी संबंधी) में कोई अवरोध या असुविधा तो न पड़ेगी ?

अपने पिछले पत्र में मैंने जो सम्मति व प्रेरणा की बात लिखी थी सो यूं ही थी । कोई खास मकसद नहीं था उसके लिखे जाने का । और फिर जो कुछ आप के पत्र में लिखा था वही तो मेरे लिए सम्मति व प्रेरणा थी ।

मेरा पिछला यानी दूसरा पत्र आचार्य श्री के प्रति 06. 01. 71 को गया था और उसका प्रत्युत्तर मुझे19. 01. 71 की सुबह मिला । इस बार आचार्य श्री ने कुछ शब्दों को रेखांकित (underline) किया है । (अभी-अभी आपका भेजा हुआ 1 एवं 16 दिसंबर का युक्रांद का अंक मिला) हां तो आचार्य श्री का पत्र यूं है :—

मेरे प्रिय,

प्रेम । अदृश्य को दृश्य करने का उपाय पूछते हैं ?

दृश्य पर ध्यान दें ।

मात्र देखें नहीं, ध्यान दें ।

अर्थात जब फूल को देखें तो स्वयं का सारा अस्तित्व आंख बन जाए ।

पक्षियों को सुनें तो सारा तन-प्राण कान बन जाए ।

फूल देखें तो सोचें नहीं । पक्षियों को सुने तो विचारें नहीं ।

समग्र चेतना (Total consciousness) देखे या सुने या सूंघे या स्वाद ले या स्पर्श करे ।

क्योंकि संवेदनशीलता (sensitivity) के उथलेपन के कारण ही अदृश्य दृश्य नहीं हो पाता है ।

और अज्ञात अज्ञात ही रह जाता है ।

संवेदना को गहरावें ।

संवेदना में तैरें नहीं, डूबें ।

इसे ही मैं ध्यान (meditation) कहता हूं ।

और ध्यान में दृश्य भी खो जाता है और अंततः दृष्टा भी ।

बचता है केवल दर्शन ।

उस दर्शन में ही अदृश्य दृश्य होता है और अज्ञात ज्ञात होता है ।
यही नहीं —अज्ञेय (unknowable) भी ज्ञेय हो जाता है ।
और ध्यान रखें कि जो भी मैं लिख रहा हूं उसे भी सोचें न—वरन् करें ।
'कागज लेखी' से न कभी कुछ हुआ है, न हो ही सकता है ।
'आंखन देखी' के अतिरिक्त और कोई द्वार नहीं है ।

रजनीश के प्रणाम

12.1.1971

और मेरा पत्र भी शायद आप जानना चाहें तो ऐसा था :—

भुड़ह

03.1.197

मेरे आचार्य, मेरे व्यास, मेरे मुनिश्रेष्ठ !

मेरे प्रणाम ।
आपका 27.12.70 का पत्र
दो-एक-इखतर को मिला ।
आपने लिखा 'सागर है एक,
इसलिए लहरें अनेक नहीं '
बात मेरी समझ में आई ।
फिर कि,
'लहरें नहीं वस्तुतः सागर ही है',
यह भी अति प्रिय लगा
मुझे ।
(बार-बार कैसे कहूं 'समझा'' 'खूब समझा'
जबकि बस सुनता हूं. . . पढ़ता हूं
जानता तो है ही नहीं),
फिर कि,
'लहरें हैं दृश्य, सागर अदृश्य,
शब्द हैं दृश्य, सत्य अदृश्य,

शरीर है दृश्य, अस्तित्व अदृश्य।'

पर ओ मेरे लहरों व सागर के मर्मज्ञ !

उस अदृश्य को दृश्य करने का कोई उपाय ?

उस सागर, उस सत्य, उस अस्तित्व को पाने-परखने को कोई सरल मार्ग ?

मदद..... मदद... मेरी मदद करें ! ! !

करेंगे क्या ?

—भ्रम-भंवरों में घिरा, सत्य से अनजान

लाल प्रताप

ग्राम भुड़हा,

पत्रालय सांगीपुर,

जिला प्रतापगढ़ (उत्तर प्रदेश)

और फिल्हाल तीसरा पत्र भेजने का विचार नहीं है। क्योंकि दो पत्रों में जो मिला है उसे ही संजो सकूं - संभाल सकूं - यही बड़ी बात होगी। धन्य है उस कृपालु, उस करुणामय को जो प्रत्येक को उसी रूप में मिलता है जिस रूप में जो उसे चाहता है। (युक्रांद आप जैसे भी भिजवाएं- नियमित या अनियमित- मुझे ठीक रहेगा).......

आप सबका,

लाल प्रताप

मेरे पास प्रताप का तीसरा पत्र आया।

भुड़हा,

25. 8. 71

'.......''

आपने मेरे ध्यान के संबंध में पूछा है। भइया ध्यान तो मेरा अब तक जारी है। अभी गैप नहीं पड़ा कभी भी। हां, इधर महीनों से बारिश बहुत थी सो बस 'त्राटक ध्यान' ही चल रहा है। भइया आपने पूछा बदलाहट ? सो मैं क्या कहूं ? मैं कुछ नहीं जानता इस संबंध में कि क्या बदला है और क्या नहीं ? बस ध्यान को किए चल रहा हूं, जो होगा देखा जाएगा। बदलाहट तो मैं क्या बताऊं, बस

इतना ही कह सकता हूं कि ध्यान में जो कुछ होता है वह सब अदभुत है और मेरी स्थिति यह है कि अब मैं विचारों के मध्य में, भावों के मध्य में खड़ा हो पाता हूं। उन्हें देख पाता हूं, निरख पाता हूं। अनजाने कुछ नहीं होता प्राय:। जहां मूर्च्छा थी, वहां कुछ-कुछ सजगता जग रही है। विचारों में, भावों में (क्रोधादि में) बहना नहीं हो पाता अब । आए और पकड़े गए अधिकांश।

हां एक अन्य बात भी है। क्या मजा है कि जब प्रभो का दर्शन इतना सुलभ था (जबलपुर में बीमारी आदि के दौरान मेरे निवास काल में) तब मैं कितना अन्यमनस्क सा था उनके प्रति - ढकेलते-ढकेलते उनके दो-एक प्रवचनों में गया हूं—और अब जब दरस इतने सुलभ नहीं हैं, तो कभी-कभी ऐसी प्यास जगती है उनके चरणों में बैठ के रोने की कि क्या कहूं, प्राण अकुला उठते हैं (नहीं जानता यह सब भी मन के ही फंदे हैं अथवा अंतर की प्यास है, यह अंतर अकुला रहा है या मन ही अकुला रहा है)! और ऐसे में युक्रांद में प्रकाशित श्री गोपाल नारायण मोहले के प्रति प्रभु के ये वचन ही शांति दे पाते हैं :—

'...बाहर न खोजें मुझे।

वहां मैं मिलूं भी तो मिलन न हो सकेगा।

स्वयं से मिले कि मुझसे मिले।'

यहां भी प्रभु बचने का उपाय नहीं छोड़ते—प्रभु के मारे बचना ही दुश्वार है कम से कम मन का तो। और हां ये वचन ध्यान में आते ही बात कुछ-कुछ समझ में आ सी जाती है और धीरज बंध जाता है या कहें मन के मर जाने के अलावा उस क्षण उसके बचने का कोई उपाय शेष नहीं रह जाता।

आज आपको लिखते समय खयाल में आ रहा है कि क्यों न प्रभु से ही लिखकर पूछूं कि यह सब क्या है? आपके प्रति यह प्यास क्यों? क्या यह भी मन ही है—बचने के प्रयास में? हो सकता है अब लिखकर पूछना ही पड़े।

और हां, कभी प्रभो का कोई कार्यक्रम रेडियो पर हो तो कृपया उसकी पूर्व सूचना दे सकें तो दे दिया करें। शायद सुन ही पाऊं, वाणी ही।

अभी-अभी प्रभो का एक प्रवचन युक्रांद के अंक 17-18 में पढ़ा हूं 'अमृत गंगोत्री से' शीर्षक के अंतर्गत। यह प्रभो द्वारा अमृतसर में दिया गया अदबोधन

था। औंर हां, अपने आप में इतना परिपूर्ण, इतना कंपलीट अब तक सुनने या पढ़ने को न मिला था मुझे तो।...... ।

आप सबका प्रिय,
लाल प्रताप

हां मैंने ध्यान के संबंध में पूछा था क्योंकि मई या जून 1971 में जब गांव गया तो मैंने पहले ही दिन संध्या प्रताप से सक्रिय ध्यान का जिक्र किया। प्रताप ने ध्यान करने की इच्छा व्यक्त की और कि मैं स्वयं उन्हें, जब तक गांव में हूं, अपनी देख रेख में ध्यान करवा दूं। अत: अगली प्रात: छह बजे हम दोनों गांव के बाहर एक बाग में चले गए। मैंने सुझाव दिया व प्रताप ने बड़ी समग्रता से सक्रिय ध्यान किया। यह क्रम रोज प्रात: छह बजे चलने लगा। धीरे-धीरे आस-पास चरवाहों, राहगीरों का झुंड इकटठा होने लगा। वे चकित होकर देखते कि यह क्या हो रहा है ? प्रताप मुझे बताते कि चौथे चरण में उनके दोनों कानों में कुछ सरसराहट सी होती है जैसे कोई ऊर्जा चल रही हो। मैं कहता शुभ है जो हो रहा है।

मैं साफ देख पाता कि प्रताप की यथेष्ट गति हो रही है, बोध बढ़ रहा है, शांति बढ़ रही है, आत्मबल बढ़ रहा है। इसके स्पष्ट लक्षण प्रगट हो रहे थे। पर उन सब की चर्चा मैं यहां अभी ठीक नहीं समझता। बात को अनावश्यक लम्बी होने से बचाना भी है। चार-पांच दिनों में सारे गांव में खबर फैल गई कि लाल प्रताप बांध के पास वाली बगिया में जाने क्या करते, उछलते , कूदते, चीखते, चिल्लाते हैं। शिव प्रताप (अगेह भारती का पूर्व नाम) कहते हैं यह ध्यान है। अत: गांव भर कहने लगा कि एक दिन शाम को बीच गांव में ध्यान करें ताकि सभी देखें। मैंने प्रताप से पूछा । उन्होंने कहा, 'मुझे कोई फर्क नहीं पड़ता। ध्यान करना है, कहीं भी करूंगा।' और एक संध्या लगभग आठ बजे बीच गांव में बड़े मैदान में सैकड़ों स्त्री-पुरुष दर्शकों के बीच प्रताप सक्रिय ध्यान कर रहे हैं। अगेह भारती सुझाव दे रहे हैं, गहरी श्वांस, गहरी श्वांस, और तेज, और तेज ... । प्रताप ध्यान में इतना टोटल होते कि उन्हें बाग में होना या गांव के मध्य दर्शकों की भीड़ में होना इन दोनों में मानसिक रूप से कोई फर्क न था । ध्यान बहुत सुंदर ढंग से पूरा हुआ। प्रात: सक्रिय ध्यान नियमित चल ही रहा था। लगभग एक सप्ताह नित प्रात:

सक्रिय ध्यान मैंने स्वयं करवाया और ध्यान नित चलता रहे ऐसा सुझाव देकर वापस जबलपुर आ गया। कोई आठ-दस दिन बाद प्रताप का पत्र आया कि सक्रिय ध्यान प्रातः नियमित चल रहा है और इधर एक चमत्कार हो गया - मेरा कान ठीक हो गया। यह बड़ी सुखद व आश्चर्यजनक बात घटित हुई। इसका जिक्र आवश्यक है। अस्तु:

प्रताप के कान में, जहां तक स्मरण कर पाता हूं, तीन-चार साल से यह तकलीफ थी कि उसका कान बहता था और बहने के साथ यह प्रतीति होती कि सारा मस्तिष्क पिघलकर बहा जा रहा है और यदि किसी दवा से बहना बंद हो जाता तो सिर फटा जा रहा है ऐसी प्रतीति बड़ी सघनता से होती। दोनों दशाएं असहनीय थीं। इस भांति निरंतर मृत्यु के निकट जीना। भिलाई में कान, नाक, गले के विशेषज्ञ रूसी डाक्टरों ने चिकित्सा की, पर कोई लाभ नहीं। जबलपुर में रेलवे हास्पिटल व हकीमी दवा व जाने क्या-क्या किया गया पर हालत ज्यों की त्यों रही। प्रतापगढ़ (उत्तर प्रदेश) में सालों दवा चली पर व्यर्थ। अंततः हार मानकर भिलाई स्टील प्रोजेक्ट की नौकरी छोड़-छाड़ कर लाचार गांव में रहने लगा। एक अर्थ में असहाय मृत्यु का इंतजार रहने लगा। तभी सक्रिय ध्यान ने, जैसे ऊपर बताया, चमत्कार कर दिया। प्रताप ने लिखा कि भइया यह तो चमत्कार हो गया कि कान का बहना बंद हो गया और इस बार बहना बंद होने पर जो सिर फटने की प्रतीति हुआ करती थी वह नहीं हुई। आज चार-पांच दिन बीत चुके हैं, अब मैं पूर्णतः स्वस्थ महसूस कर रहा हूं। ध्यान नियमित चल रहा है।

मार्च 1972 में एक पत्र में उसने लिखा कि अब जब शिविर वगैरह जाएं तो मेरे लिए भी संन्यास व माला ले आने की कृपा करें। हमारी खुशी का ठिकाना न रहा। एक तो प्रताप जिनकी दवा करवा कर हताश होकर उनके हाल पर छोड़ दिया था, उनका स्वस्थ होना खुशी का कारण था। दूसरी खुशी यह कि ध्यान से यह संभव हुआ। इससे प्रभु श्री में उसकी श्रद्धा पुख्ता होगी। स्वभावतः शरीर के साथ आत्मा भी स्वस्थ होगी। तीसरी खुशी यह कि दो दिनों बाद ही मैं माउंट आबू शिविर जा रहा था। सोचा चलो, संन्यास का नाम व माला ले आएंगे प्रताप के लिए। उन दिनों इस तरह भी संन्यास मिल जाया करता। यह उन दिनों की बात है जब मैं बहुतेरे ओशो-प्रेमियों से घिरा रहता। लोग मुझसे ओशो के बाबत

अनेक कोणों से भिन्न-भिन्न सवाल पूछते और मैं जैसे संगीतज्ञ संगीत बजाने में खो जाता, ओशो की चर्चा में मस्त खोया रहता।

इसी शिविर में पूना के साधु आनंद स्वभाव (वर्तमान में स्वामी आनंद स्वभाव जो ओशो के भारत के धर्मदूत हैं) एक दिन मिले और मुझसे एक घंटे का समय अकेले में बात करने को मांगे। मैंने अगले दिन कीर्तन ध्यान के ठीक बाद अर्थात् पांच बजे शाम उसी स्थान पर मिलने को कहा। अगले दिन नियत समय व स्थान पर वे मिले। उनकी समस्या यह थी कि उनकी पत्नी से किसी ने ओशो के चरित्र के बाबत कुछ कह दिया था। अत: पत्नी स्वभाव जी के संन्यास का जबरदस्त विरोध किया करती । पत्नी की बातों व तर्कों के समक्ष स्वभाव जी कमजोर पड़ जाते व उनकी भी श्रद्धा डांवाडोल होने लगती । अत: इस विषय पर उन्होंने मेरा मार्ग दर्शन चाहा। मुझे आज याद नहीं कि मैं एक घंटे तक क्या बोला होऊंगा, पर यह भली-भांति स्मरण है कि ज्यों-ज्यों बोलता गया, त्यों-त्यों साधु आनंद स्वभाव की आंखों में चमक बढ़ती गई और घंटे भर पूरा होते-होते उन्होंने यही भाव व्यक्त किया कि 'मेरे संशय गिर गए और मैं श्रद्धा को उपलब्ध हुआ और कि अब मैं पत्नी को भी समझा सकूंगा। और यदि वह न समझे तो न समझे, मेरी श्रद्धा अब अटूट है।' तो आशय यह कि मैं प्रेमियों से बहुत घिरा रहता और अत्यधिक व्यस्त रहता। कहना न होगा कि लोगों को और मुझे भी यह खुशफहमी रहती कि मेरे माध्यम से बहुतेरे लोगों को धक्का (पुश) लगता है। यहां तक कि अनेक लोग तो ध्यान करने को मेरे इर्द-गिर्द स्थान चुनते। और यह सब ओशो को मालूम होता।

इसी शिविर में एक अपराह्न इंदौर के स्वामी दिनेश भारती ने बताया कि वे ओशो से मिलने जा रहे हैं तो मैंने उनको कहा कि ओशो से मेरे छोटे भाई लाल प्रताप सिंह के लिए संन्यास का नाम व माला ले आना और शाम जब दिनेश लौटे तो नाम व माला ले आए। नाम मिला स्वामी योग प्रताप भारती। कभी कभी मैं इस बात को लेकर अपराध भी महसूस करता कि कैसी लापरवाही व नालायकी से प्रताप के लिए संन्यास मंगवाया था। संन्यास की घटना की सब जानकारी इस लेख को पढ़ने के पूर्व प्रताप भी न जानते होंगे। पर आज उनसे अपनी नालायकी का हाल बता सकता हूं क्योंकि अब उनमें कुव्वत है, अब वे मेरी उस मस्ती को समझ सकते हैं जिसके चलते मैं सदा ओशो-प्रेमियों से घिरा रहता व समय की

भारी कमी रहती ! और अब तो उनके संबुद्धत्व की खबर ने मेरा वह अपराध भाव भी धो दिया है । सच ही, सब कुछ लेने वाले पर निर्भर करता है, आप कैसे ग्रहण करते हैं इस पर निर्भर करता है । खैर ...... मैं उनके लिए संन्यास लेकर लौटा । मैंने पत्र लिखकर प्रताप को सूचना दी कि संन्यास व माला व नाम ले आया हूं, मई में छुट्टी आऊंगा तो साथ ले आऊंगा । तभी 8 अप्रेल 1972 का भेजा प्रताप का तार मुझे 9 अप्रेल 1972 को मिला 'डेड चाइल्ड बार्न, शीला एक्सपायर्ड' — लाल प्रताप ।

शीला प्रताप की पत्नी का नाम था । मैं उसीं दिन भागा गांव के लिए । वहां जो सब समाचार मिले, कलेजा हिल गया । मैं बहुत रोया । उस सब का जिक्र यहां गैरजरूरी है । दूसरे दिन प्रताप ने गेरुए कपड़े पहने व मैंने प्रभु श्री की जय बोलकर माला उनके गले में डाल दी । प्रताप ने एक लंबी सांस ली और वे धीमे से बुदबुदाए, 'मुझे इस भेष में देखना शीला को न बदा था ।' मैं कुछ दिन घर रह कर जबलपुर वापस आ गया ।

13 से 21 अक्टूबर 1972 माउंट आबू पर चौथी बार शिविर लग रहा था । मैं 10 अक्टूबर को जबलपुर से चलने को था । सितंबर में प्रताप का पत्र मिला कि अब कहीं शिविर लगे तो लिखिएगा व मुझे भी ले चलिएगा । मैंने तत्काल उत्तर दिया कि 10 अक्टूबर को माउंट आबू शिविर के लिए प्रस्थान कर रहा हूं अतः उसके पूर्व कभी भी जबलपुर आ जाओ । और वे आ गए और साथ चल दिए । माउंट आबू पर पहुंचकर ओशो के दर्शन कर प्रताप कृतार्थ हुए । वे शिविर के हर कार्यक्रम में पूरे भाव व संकल्प से सम्मिलित होते । एक दिन अपराह्न ओशो से मिलने गए और इच्छा व्यक्त किए कि वे वापस घर नहीं जाना चाहते । प्रभु श्री ने कहा 'शिव को भेजना बात करूगां' । प्रताप ने मुझे बताया तो अगले दिन मैं जाकर प्रभु श्री को मिला । उन्होंने पूछा कि 'प्रताप कहता है घर वापस नहीं जाना चाहता ?' मैंने कहा, 'प्रभुश्री वह स्वतंत्र है । उसे तो परमात्मा ने ही स्वतंत्र कर दिया है । एक पुत्री थी उसका निधन डेढ़ साल पूर्व हो गया था । अभी उसकी पत्नी भी इसी साल अप्रेल में चल बसी । अब्र वह फ्री है । यदि हम चाहें कि वह घर में रहे, पुनः नौकरी चाकरी करे तो यह मात्र हमारा स्वार्थ होगा, वैसे वह स्वतंत्र है । मां-पिता हैं सो उन्हें मैं देख ही रहा हूं ।' ओशो ने कहा, 'ठीक है तो प्रताप को कह

दो वैराग्य से मिले ।' इस भांति प्रताप वैराग्य की कीर्तन मंडली में सम्मिलित हो गए अक्टूबर 1972 से ही । पूना आश्रम से लिखा उनका एक पुराना पत्र अकस्मात सामने पड़ गया है । उसे भी यहां दिया जा रहा है :—

पूना
05.07.74
8.10 शाम.

मेरे जन्मों-जन्मों के प्रेमी भाई सा.,
प्रणाम ।
प्यारी भाभी को चरण स्पर्श, प्रणाम ।
सभी बच्चों को बहुत प्यार ।

भगवान के राज्य में आ गया हूं । अमृत बरस रहा है । जाने कितने-कितने जन्मों के सत्कर्म इकट्ठे थे तो ऐसा गुरु-ऐसा भगवान मिला और उससे भी बढ़कर उससे जोड़ने वाला ऐसा परम हितैषी भाई मिला । मैं परम पिता परमात्मा के चरणों में बलि-बलि जाता हूं कि ऐसा अति प्यारा परिवार मिला । धन्य है, धन्य है प्रभु ।

हमने 26 जून की रात चंडीगढ़ में अंतिम कार्यक्रम किया । 27 की प्रातः चलकर दिल्ली आए । उसी शाम दिल्ली से चलकर 28 की रात 8 बजे आजोल आए ।

एकाएक पता चला कि 4 जुलाई को गुरुपूर्णिमा है । प्राण आतुर हो उठे । 2 को सुबह आजोल से चले । उसी दिन ट्रेन ली तथा 3 की प्रातः 7 बजे बंबई आ गए । 3-4 घंटे बाम्बे घूमकर 3 की शाम पूना आश्रम आ गए हैं ।

4 जुलाई की प्रातः साढ़े आठ बजे गुरु-पूर्णिमा के अवसर पर भगवान का प्रवचन ऐतिहासिक था । हिंदी में बोले । आंखें खोल दीं । हमको झकझोरते ही नहीं, उठाकर बैठाल देते हैं । इतना ही नहीं, हाथों से खींचकर पलकें उघाड़ देते हैं । फिर भी हम सोते ही रहें तो उस परम दयालु का क्या दोष ? उसी 4 की रात 8 बजे से 33 कोरेगांव पार्क में गुरु-पूर्णिमा का उत्सव मनाया गया । भगवान की उपस्थिति में कीर्तन चला एक घंटे । शक्तिपात तो उनका बरस ही रहा था । फिर एक-एक करके चरणस्पर्श का अवसर सारे लोगों को दिया गया । कोई 300

साधक उपस्थित थे ।

रोज प्रात: साढ़े आठ से साढ़े नौ भगवान बोल रहे हैं हिंदी में । वार्त्ता-श्रंखला का नाम है 'बिन बाती बिन तेल', 10 से 20 कैंप रहेगा ।...........

कल सुबह 7.45 बजे पूरी मंडली भगवान से मिल रही है । उस समय ही उनके व्यक्तिगत निर्देश प्राप्त होंगे और उसी पर सब निर्भर कि कौन ने कहां रहना है, क्या करना है ? अपना तो कोई निर्णय नहीं । जो वे कहें, वही सही है । वैसे कैंप के बाद मंडली रेस्ट (विश्राम) करेगी एक माह । फिर राजस्थान यात्रा, ऐसा भगवान का इशारा । रेस्ट आदि कहां होना, कुछ पता नहीं । जैसा होगा फिर लिखूंगा ।

भगवान हर तरह से 'स्ट्रिक्ट' हुए हैं अपने साधकों के साथ, यह तो आपने भी देखा व महसूस किया ही होगा । धन्य-भाग कि आप जून कैंप में यहां थे ।..... पूना जगह अच्छी लगी । बारिश निरंतर हो रही है । बहुत से लोग मिले जो याद करते ही रहते हैं आपको । बस । प्रभु-कृपा । अनंत अनंत प्रणामों के साथ-प्रताप ।

सितंबर 1975 तक मंडली का भ्रमण जारी रहा । सितंबर के अंत में अचानक मा योग लक्ष्मी का फोन टाटानगर/जमशेदपुर गया और प्रताप को शीघ्र पूना आश्रम आ जाने के लिए कहा गया । पहुंचने पर ओशो का संदेश दिया गया कि दो-तीन दिन में सहजो बाई पर हिंदी में वार्ता माला शुरू होने वाली है, उसके साथ ही तुम्हें सम्पादन कार्य शुरू कर देना है । तब से सात साल प्रताप पूना आश्रम में ही रहे । तत्पश्चात रजनीशपुरम और अब शिष्यत्व की परमदशा अर्थात संबुद्ध । मैं बड़ी श्रद्धा से भर गया उसके प्रति ।

यह सब एक रील की तरह कुछ तरह पलों में ही घूम गया आंखों के सामने । और इसी आनंद और मस्ती में जी रहा था । प्राण सातवें आसमान पर थे । छ: जुलाई को ओशो देह-त्याग वाली बात स्मरण अवश्य आ जाती पर भीतर कहीं जैसे बहुत साफ था कि यह अभी होने को नहीं । सब मिलाकर भारी मस्ती में जी रहा था ।

खंड : दो

एक प्रात: छ: बजे के आस-पास स्वामी प्रज्ञान भारती (नरसिहंपुर) की आवाज सुनाई पड़ी (सतना में) दरवाजे पर—'भइया'।

हम रात सोने के पूर्व 'काल बेल' का स्विच 'आफ' कर देते हैं। मैं अपने कमरे में अकेला ही सोया था। मैं इंडियन स्टाइल का अंडर वियर यानी टेलर द्वारा सिला नाड़े वाला - पहनता हूं। रात सोते समय नाड़ा खोल देता हूं और ढीला छोड़ देता हूं कि करीब-करीब नग्न सोता हूं ताकि शरीर को सांस लेने में तनिक भी तकलीफ न हो। रोज प्रात: चार व पांच के बीच जाग जाता हूं। उस दिन प्रात: जल्दी जग गया था। पड़े- पड़े पुन: नींद लग गई।

जब स्वामी प्रज्ञान भारती की आवाज कान में टकराई तो उनकी आवाज को तत्काल पहचान गया। स्वामी प्रज्ञान भारती एक ऐसे व्यक्ति का नाम है जिसे मैं बेहद प्यार करता हूं और जिसकी निकटता में मेरी ऊर्जा व मस्ती कई गुणा बढ़ जाती थी और मेरे होने पर उनकी भी। उनके पास होना, उनसे ओशो का जिक्र होना मेरे लिए सत्संग के समान असर रखता था और शायद यही बात उनके लिए मेरे पास होने पर भी लागू होती। उनकी आवाज सुनकर मैं इतना आनंदित एवं उत्तेजित हुआ कि एक हाथ से अंडर वियर को सम्हाले मैं तत्काल चारपाई से छलांग लगाकर कमरे के दरवाजे पर पहुंचा, उसी फुर्ती से दूसरे हाथ से सिटकनी खोली। दरवाज़ा बरामदे की ओर खुला तो पाया कि मा योग संबोधि (मेरी जीवन संगिनी) बड़े हाल से बरामदे में पहुंचकर घर का मुख्य द्वार खोल चुकी है एवं स्वामी प्रज्ञान भारती व मा प्रेम निधि जो उन दिनों पिपरिया रहते थे, दोनों बरामदे में दाखिल हो चुके हैं। अब मैंने शीघ्र ही अंडर वियर का नाड़ा धीमे से बांध लिया। हम दोनों एक दूसरे को देखकर हंसे-ठठाए पर तब तक स्वामी प्रज्ञान भारती मेरे पास पहुंच चुके थे। उन्होंने मेरी बांहों पर कोमलता से हाथ रखा और उसी कोमलता से बांहों पर दबाव द्वारा पीछे चले चलने का अनुग्रहपूर्वक संकेत किया। मैंने उनके संकेत का पालन किया अर्थात बिना मुंह घुमाए पीछे की ओर चलने लगा। कमरे में दाखिल होने पर वैसा ही धीमे-धीमे पीछे चलते हुए प्रज्ञान जी के हाथ मेरी बांहों पर—उन्होंने पीछे सोफे पर बैठ जाने को संकेत किया। मैंने पुन: उनके संकेत का पालन किया और सोफे पर बैठ गया। तब मैंने देखा कि

स्वामी प्रज्ञान भारती व मा प्रेम निधि के हाथ में जो पुष्प थे उन्हें अगेह भारती के चरणों में अर्पित कर दोनों फर्श पर ही नमाज वाली बहु प्रचलित मुद्रा में बैठ गए व धीमे-धीमे कोमल स्वर में गाते हुए 'बुद्धम शरणम गच्छामि' कहने लगे। इस पर मेरे दोनों पांव जो मैं नीचे लटकाए था ,धीमे से मानो स्वतः ऊपर सोफे पर उठ गए, पालथी मार लिए, रीढ़ सीधी हो गई, आंखें बंद हो गईं और मैंने पाया कि मैं स्वतः ही 'भीतर' गहन ध्यान की दशा में हो गया। जब उन दोनों मित्रों ने 'संघम शरणम गच्छामि', 'धम्म् शरणम गच्छामि' (सस्वर) समाप्त किया, तब क्षण भर पश्चात धीमे से मरी आंखें खुलीं और मेरे मुख से निकला, 'भाई, यह तो बताओ बात क्या है ?' स्वामी प्रज्ञान भारती ने कहा, 'सम्बुद्धों की दूसरी लिस्ट ओशो ने घोषित की है, और उसमें आपका भी नाम है।'मुझे स्मरण करके आज भी आश्चर्य होता है कि इतने बड़े समाचार को इतनी सहजता, सरलता से कैसे लिया था उस दिन । मेरे मुख से निकला, 'यह तो अच्छी खबर है। अच्छा बताएं सफर कैसा रहा, जगह-वगह मिल गई थी ?' पिपरिया से सतना ३८० किलो मीटर है व लगभग सवा दस बजे रात चलकर यह एक्सप्रेस ट्रेन सतना चार बजे प्रातः पहुंचती है। स्वामी प्रज्ञान भारती ने बताया कि, 'हुआ यह कि कल रात नौ बजे के आस-पास जब यह समाचार मिला तो पहला ख्याल तो यह आया कि अगेह जी को टेलीग्राम द्वारा बधाई दी जाए। फिर प्रेम निधि ने सुझाया कि यदि सतना चलकर बधाई दी जाए तो कैसा रहे ? मुझे भी यह बात जंची । मैंने कहा—पता करो काशी एक्सप्रेस अभी है या गई ?' रेलवे पूछताछ को फोन लगाया तो मालूम हुआ कि लाईन क्लियर हो चुका है, आठ-दस मिनट में आ जाएगी। गाड़ी में भीड़-भाड़ बहुत थी सो सोने को बर्थ नहीं मिली पर बैठने को किसी तरह मिल गया था, सो आ गए। इधर पहुंचने का उत्साह इतना अधिक था कि कोई तकलीफ नहीं अनुभव हुई।'

आगे प्रज्ञान भारती ने पूछा, 'अब यह तो बताओ यह घोषणा क्या है भइया ?' मैंने कहा, 'मुझे कुछ नहीं मालूम।'

प्रज्ञान जी ने कहा, 'इसका मतलब हुआ कि एक तरह से अधिकृत किया गया कि ये लोग वक्तव्य वगैरह दे सकते हैं।'

तत्पश्चात गपशप चलने लगी। संबोधि तब तक चाय बना ले आईं। और सभी गपशप का मजा लेने लगे। हम जब भी मिलते थे, ओशो के बाबत बातें करते

रहते, रात-रात बातों के सेशंस चलते और फिर भी न मेरी बातें कभी खत्म हुईं, न प्रज्ञान जी का उन बातों में रस कभी कम हुआ। परिवार के लोग जब तक जाग सकते रात बारह-एक बजे तक जगते, तत्पश्चात सोने चले जाते। हम दोनों अभी भी बातें जारी रखते। नींद के झोंके आने लगते पर बात बंद करने का जी न होता। उस दिन और क्या-क्या बातें हुई, कुछ याद नहीं, पर इतना निश्चित है कि बाद में संबुद्धत्व के बाबत कोई बात नहीं हुई। उसी दिन अपराह्न दो बजे वे दोनों मित्र वापस चले गए। अभी तो 11 मार्च को ये दोनों अगेह भारती का जन्म दिन मनाने सतना आए थे। जीवन में पहली बार मेरा जन्म दिन मनाया गया था 1984 की 11 मार्च को स्वामी प्रज्ञान भारती व मा प्रेम निधि द्वारा। ये लोग अनेक गिफ्ट भी ले आए थे। इनमें एक तो कैसेट था। जन्म दिन पिपरिया में दर्जन भर मित्रों ने मनाया था। हर एक ने अपने-अपने ढंग से स्वामी अगेह भारती के प्रति प्रेम व सद्‌भाव प्रगट किए थे। स्वामी प्रेम तीर्थ जी ने मेरे लिए ओशो साहित्य की अनुपम भेंट भेजी थी। दूसरा स्वामी प्रज्ञान भारती का एक भाव सुंदर कागज पर निधि की कलात्मक लिखावट में लिखा बाकायदा फ्रेम किया हुआ गिफ्ट। वह भाव आज भी सुरक्षित है जो कि इस प्रकार है :—

स्वामी अगेह भारती

'जन्मोत्सव'

11 मार्च 1984

मैं नहीं जानता
तुम कौन हो !
किंतु इतना जानता हूं कि
जब तुम जन्मे थे
तब एक तारा टूटकर
गिरा था पृथ्वी पर
और उस जगह एक पौधा
फूटा था
जिसमें खिले थे गुलाल

रंगी पुष्प ।
मैं नहीं जानता
तुम कौन हो !
किंतु इतना जानता हूं कि
जंगल की गंध है तुममें,
और सागर का हाहाकार भी ।
मैं नहीं जानता
तुम कौन हो !
किंतु जब भी देखता हूं
तुमको
उस शैल से दीख पड़ते हो
मुझको
जिसके शिखर पर
विस्तार है श्वेत हिम का ।
मैं नहीं जानता
तुम कौन हो !
देह में फिर भी अदेही
ज्ञात लेकिन रहस्यमय
अज्ञात से
गेह में होकर भी
अगेह ।
मैं नहीं जानता
तुम कौन हो !

—प्रज्ञान

यह आश्चर्यजनक बात है कि हम घर में भी जन्म दिन कभी नहीं मनाते । तारीख निकल जाती है, याद भी नहीं रहता जन्म दिन का । खैर तो 1984 में मेरा जन्म दिन इन मित्रों ने बड़ी धूम-धाम से मनाया । जो भी हो, हमारी बातें कभी समाप्त नहीं हुईं, चाहे जितने दिन साथ रहें । जब साथ छूटता, बातों को वहीं विराम

देना पड़ता। अनेक बार मैंने प्रज्ञान जी को यह भी कहा है कि मुझे ख्याल नहीं रहता कि कौन सा प्रसंग कह चुका हूं, कौन सा नहीं। आप बीच में भी टोक सकते हैं कि यह प्रसंग आप सुना चुके हैं। पर वे कहते कभी-कभी ऐसा होता है कि कोई प्रसंग आप पहले कभी सुना चुके होते हैं, पर जब दुबारा भी आप बताने लगते हैं तो इतना मजा आता है कि लगता है पहली बार सुन रहा हूं।

स्वभावत: इस बार भी बातें समाप्त न हुईं और मित्रों के जाने का समय हो गया। स्वामी प्रज्ञान भारती व मा प्रेम निधि को विदा देने हम सभी रेलवे स्टेशन गए। मेरे निवास से रेलवे स्टेशन केवल तीन-चार मिनट पैदल चलने की दूरी पर था। हावड़ा-बाम्बे मेल कुछ लेट थी। जब आई, उन्हें गाड़ी में बिठाकर हम स्टेशन से घर आए। यहां चपरासी से पता चला कि जबलपुर से स्वामी आनंद विजय का फोन था और कि वे रेलवे फोन नं. 384 पर बैठे प्रतीक्षा कर रहे हैं। यह नं. जबलपुर रेलवे स्टेशन पर उप स्टेशन अधीक्षक का था। मैंने जबलपुर 384 नं. लगाया और उप स्टेशन अधीक्षक से पूछा कि, 'वहां ओशो रजनीश के कोई संन्यासी बैठे मेरी प्रतीक्षा कर रहे हैं?' उन्होंने 'हां लीजिए बात करिए' कहा और फोन पर आनंद विजय आ गए।

स्वामी आनंद विजय: 'भगवन प्रणाम कर रहा हूं, मेरे प्रणाम स्वीकार करें।'

अ.भा. : 'प्रणाम स्वामी जी, प्रणाम। कैसे हैं?

'भगवन खूब आनंद है। पर हम तो कोई साठ-सत्तर संन्यासी स्टेशन पर आप को प्रतीक्षा कर रहे हैं। स्वामी प्रज्ञान भारती ने कहा था मैं मेल से अगेह जी को लेकर जबलपुर आऊंगा। स्टेशन आने पर पता चला मेल कुछ लेट है। सोचा फोन करके सुनिश्चित कर लें तो मालूम हुआ आप नहीं आ रहे हैं।'

'ऐसी तो कोई बात ही नहीं की प्रज्ञान जी ने!'

'तो भगवन, जबलपुर कब पधार रहे हैं?'

'क्या जबलपुर आना जरूरी है ?'

'हां भगवन् जबलपुर तो आना ही पड़ेगा!'

'आना ही पड़ेगा?'

'हां भगवन, जबलपुर तो आना ही पड़ेगा। हम बहुत बेसब्री महसूस कर रहे

हैं आप से मिलने को ।'

'अगर ऐसा है कि आना ही पड़ेगा तो कल सुबह कुतुब एक्सप्रेस से चलकर 10 बजे दिन जबलपुर पहुंचता हूं ।'

'तो भगवन , आ रहे हैं आप, सभी संन्यासियों को बता दूं ऐसा । झूठ तो अब नहीं बोल सकते आप,' स्वामी आनंद विजय ने अत्यधिक उत्तेजना व उल्लास में कहा । (दोनों तरफ से जमकर हंसी)

'स्वामी जी, झूठ बोलने की सुविधा तो अब हुई है, पर मैं कल प्रात: कुतुब एक्सप्रेस से आ रहा हूं ।'

'बहुत अच्छा भगवन, सब को बता देता हूं व सुबह कुतुब एक्सप्रेस पर हम सारे संन्यासी मिलेंगे ।'

'ओ० के०' स्वामी जी, प्रणाम, कल मिलता हूं ।'

'प्रणाम भगवन प्रणाम । कल स्टेशन पर प्रतीक्षा करूंगा'

□

रात मेरा शरीर कुछ असामान्य रहा । मैं ठीक से कुछ समझ न पा रहा था पर इतना साफ था कि मैं जबलपुर लेटे-लेटे जा सकूंगा, बैठकर नहीं । सावधानी के तौर पर मा योग संबोधि (जीवन संगिनी) व स्वामी अमृत भारती (पुत्र) को भी साथ लेता गया । एक प्रथम श्रेणी डिब्बे में ये दोनों लोअर बर्थ पर बैठ गए । मैं अपर बर्थ पर लेट गया व लेटे ही लेटे तीन घंटे का जबलपुर का सफर तय किया । एक दिन पूर्व टेलीफोन पर स्वामी आनंद विजय की उत्तेजना, उल्लास व मस्ती छलकी पड़ रही थी । यह सच है कि वे अत्यधिक आनंदित थे और हवा में उड़ते हुए मालूम पड़ रहे थे । पर उन्होंने इतना भव्य स्वागत रचा होगा ऐसा मैंने स्वप्न में भी न सोचा था । जबलपुर स्टेशन पर जब कुतुब एक्सप्रेस धीमे-धीमे प्रवेश कर रही थी, मैं अपने डिब्बे के दरवाजे पर खड़ा हो गया ताकि मित्रों को मुझे ढूंढ़ने में कठिनाई न हो । मैंने गाड़ी के रुकते-रुकते संन्यासियों का जो आलम देखा प्लेटफार्म पर तो देखता ही रह गया । लगभग सौ संन्यासी-संन्यासिनें चटक गेरुए रंग के वस्त्र धारण किए प्यारे ओशो की माला गले में सुशोभित अत्यधिक उत्साह व उमंग के साथ नृत्य कीर्तन कर रहे थे 'भगवन आए, आनंद लाए, रजनीश आए,

आनंद लाए अल्लाह आए, मौला आए, रजनीश आए, आनंद लाए।' मेरे डिब्बे के सामने तो देखते ही बनता था। मैं धीमे से डिब्बे से उतर कर प्लेटफार्म पर खड़ा हुआ हूं। नृत्य व कीर्तन तो अनवरत चल ही रहा था। साथ ही कोई मेरा हाथ हाथ में लेकर चूम लेता, कोई दाढ़ी चूम लेता। कोई गले में फूल माला पहनाता तो कोई पांव को अति कोमलता से स्पर्श करता, कोई मुंह में मिठाई खिलाता। मैं दोनों हाथ जोड़े स्थित-प्रज्ञ-सा हर एक को निहारता रहा, हर एक के भाव को नमन करता रहा, पीता रहा। यह सिलसिला तब तक चलता रहा जब तक हर संन्यासी-संन्यासिनी तीन-तीन चार-चार बार नहीं मिल लिया। प्लेटफार्म पर जमकर मिठाइयां बंटीं, फल बंटे। इस सब के साथ-साथ मुझे कुछ हो रहा था जो अवर्ण्य तो था ही, अबूझ भी था। हालत यूं हो गई कि मेरा चल सकना मुश्किल सा हो गया । सारा शरीर लुंज-पुंज सा हो गया। पैरों की हालत क्या कहूं। दोनों पंजों के ऊपर आनंद-ऊर्जा इतनी इफरात से बह रही थी, मानों करोड़ों, अरबों, खरबों आनंद की चींटियां रेंग रही हों। इतना आनंद पैरों के पंजों पर उतर आया कि मैं लोगों के सहारे ही खड़ा रहा। कोई एक घंटा ऐसा नृत्य व कीर्तन हुआ कि प्लेटफार्म की पब्लिक, ट्रेन से उतरे हुए मुसाफिर सब खड़े देखते ही रह गए। दिव्य ऊर्जा की ऐसी बाढ़ आ गई कि जो भी वहां आया , वह खड़ा देखता ही रह गया। मुझे हर संन्यासी का मुख मंडल परमात्मा के सौंदर्य से इतना पूर्ण, खुदा के नूर से इतना रोशन दिख रहा था कि मैं स्वयं पर मुग्ध था। हर चेहरे पर ओशो के ही दर्शन हो रहे थे, हर चेहरे से आभा फूट रही थी। मैंने जबलपुर में ऐसा भव्य स्वागत इसके पहले कभी भी किसी का नहीं देखा था।

य॰ वस्तुत: ओशो का ही स्वागत था। बस ओशो ही ओशो को देख सुन रहे थे सभी। 'ओशो का एक शिष्य इनलाइटेंड हो गया है सो ओशो के सारे शिष्य उत्सव मना रहे हैं, उसका स्वागत कर रहे हैं,' एक दर्शक ने दूसरे दर्शक से कहा। मुझे इस शेर का सही अर्थ उस दिन ही प्रगट हुआ कि—

'पीर मुर्शिद का एक अदना सा इशारा,

अपने मुरीद को कामिल बुजुर्ग बना देता है।'

सच, अपनी एक ही पहचान है कि ओशो का शिष्य हूं 'ओशो की जय' के नारों से मानो आकाश गूंज रहा था। वहां दिव्य ऊर्जा की इतनी बाढ़ आ गई कि

जन सामान्य भी उस से अछूता न रहा। अनेक गैर संन्यासी भी भीड़ को चीरकर आते व पांव छू जाते। उस समय तक मेरा शरीर अतिशय कोमलता एवं प्रसाद से भर गया। स्वामी आनंद विजय पास में आए और चलने का संकेत किए। कुछ संन्यासिनें मुझे दोनों ओर से सहारा दे रही थीं। उनके सहारे ही बहुत धीमे-धीमे चल पा रहा था। चलने में एक ऐसी लड़खड़ाहट, ऐसी नजाकत थी कि मुझे यूं चलना अच्छा लग रहा था। स्वामी आनंद विजय ने पास आकर निवेदन किया कि क्षण भर को उच्च श्रेणी प्रतीक्षालय में बैठकर तब चलेंगे। मेरे भीतर से नकार की तो जैसे सत्ता ही समाप्त हो चुकी थी। अत: धीमे-धीमे उसी लड़खड़ाहट व नजाकत भरी चाल में मित्रों के सहारे प्रतीक्षालय की ओर चला। वहां पहुंचकर मित्रों ने सहारा देकर एक सोफे पर मुझे बिठा दिया। खुद सभी फर्श पर बैठ गए। लोगों के भाव, उनकी आंखों की चमक आदि तो बस देखते ही बनता था। यह ओशो के प्रति उनकी अपार श्रद्धा का सहज प्रमाण था। वहां सोडा, लेमन, कोका कोला आदि का दौर चला। पुन: मिठाइयां , केले बंटे। तभी स्वामी प्रेम विजय (डा० बी० जी० अवस्थी) ने दोनों हाथ जोड़े हुए खड़े होकर निवेदन किया— 'भगवन, दो शब्द कुछ बोलने की अनुकम्पा करेंगे?' मैं तत्काल राजी हो गया। जैसे कि प्रतीक्षा ही कर रहा था कि कोई बोलने को कहे। पर सच यह है कि उस दिन वहां सिर्फ संन्यासी ही होते तो मैं न बोलता, क्योंकि उस समय वहां एक ही ऊर्जा व्याप्त थी। वहां जैसे अनेक लोग न थे, एक ही था। तब कौन बोलता? किससे बोलता? बिना स्पर्श किए जैसे सभी एक दूसरे की ऊर्जा से जुड़े हुए थे। बोलने को तत्काल राजी मैं इसलिए हो गया कि संन्यासियों के पीछे अनेक गैर-संन्यासी भी बैठे-खड़े थे। उन्हें निश्चित ही बताया गया होगा कि ओशो का यह शिष्य इनलाइटेंड हो गया है। अत: जब कहा गया तो बोलना मुझे जरूरी लगा। और बोलना शुरू हो गया :—

'प्यारे मित्रो। अपने प्यारे ओशो को 'जोक' कहना सदा ही प्रिय रहा है। सो वे अमरीका में मौन में हैं, फिर भी उनका 'जोक' जारी है। (तालियों की गड़गड़ाहट से प्रतीक्षालय भर गया किंतु स्वामी जी ने तत्काल 'गेयर' बदला) पर एक बात ध्यान देने योग्य है। वह यह कि क्षण भर को मान लें यह घोषणा सही है तो कल तक कोई बात होती तो अगेह भारती नामक इस आदमी से लड़ते-झगड़ते,

तर्क-वितर्क करते । आज उसी अगेह भारती के हर शब्द, हर भाव को परमात्मा के शब्द व भाव जैसा ले रहे हैं । अत: ऐसा प्रयोग भी किया जा सकता है कि हर संन्यासी एक दूसरे से मिले तो ऐसा भाव रखे मानो वह बुद्ध पुरुष से मिल रहा है (तालियां) । इस तरह दोनों का बुद्धत्व करीब आएगा । और अंत में कहना चाहूंगा कि आप सब गुरुभाइयों की ओशो के प्रति अपार श्रद्धा देख मैं धन्य अनुभव कर रहा हूं । मैं संबुद्ध हूं या नहीं, यह मुझे इस समय इतना महत्वपूर्ण नहीं लग रहा है । मुझे इस समय जो सर्वाधिक महत्वपूर्ण लग रहा है वह यह है कि ओशो ने अगेह भारती को संबुद्ध घोषित किया और आप सब को वह संबुद्ध दिखाई पड़ने लगे । गुरु के प्रति आपकी ऐसी अपार श्रद्धा को मैं अपने प्रणाम निवेदित करता हूं, मेरे प्रणाम स्वीकार करें । ' तालियों की गड़गड़ाहट व ओशो की जय के नारों से कुछ क्षणों को प्रतीक्षालय गूंज उठा । इस तमाम समय स्वामी आनंद बोध की पत्नी मा देव प्रिया लगातार मेरे पांव पर अपने हाथ रखे बैठी रहीं । यह मेरे लिए अति आरामदायक व सुखद तो था ही, बड़ा सहायक भी था । क्योंकि आनंद बह रहा था । पांव में पंजों के ऊपर अपार ऊर्जा बह रही थी । आनंद बह रहा था, कोई पांव छुए तो ऊर्जा छू जाती, पांव नहीं, इतनी इफ़रात में ऊर्जा बह रही थी । कोई पांव छूता तो ऊर्जा बंट जाती । राहत महसूस करता । वर्ना असहनीय थी ऊर्जा, असहनीय आनंद । बहुत ज्यादा था सब । उस मा ने एक और बड़ी मदद की मेरी कि मेरे पांव के पास बैठी रही तो जो भी पांव छूने आते वह धीमे व कोमलता से स्पर्श करने का सुझाव व संकेत देती । इस तरह उन्होंने मेरा कितना खयाल रखा मैं ही जानता हूं । तनिक सा भी जोर से छूने पर मुझे बहुत चोट महसूस होती । आनंद की बात यह कि वे ऐसा स्वत: कर रही थीं ।

अब स्वामी आनंद विजय ने पास आकर मुझसे पूछा—'अब चलें, भगवन ?' मैंने कहा, 'जैसा आप कहें ।'

स्वामी आनंद विजय ने कहा— 'भगवन, अब तो आप जो कहेंगे, वही होगा ।' मैं मुस्कराया ।

मा देव प्रिया नें मुझे सहारा दिया । उस समय मुझे सहारा दिया जाना जरूरी था । बिना सहारे के चल पाना मुश्किल होता, सो सहारा मिल रहा था । बिना कहे मिल रहा था । मुझे अपनी चाल में यह लड़खड़ाती हुई नजाकत, यह कोमलता

बहुत मधुर लग रही थी। बाहर कारें खड़ी थीं। लोग कारों के अलावा स्कूटरों, गोटर साइकिलों व अन्य साधनों से ओशो अमृतधाम आश्रम पहुंचे। उन दिनों वहां ध्यान शिविर चल रहा था। अनेक संन्यासी जो स्टेशन आ पाए थे, वे आकर बड़े भाव से मिले। जब मुझे ध्यान कक्ष में ले जाया गया तो वहां ओशो का एक विशाल चित्र रखा था, वह इतना प्यारा व आशीष से भरा चित्र था, उसकी ओर देखो और वे (ओशो) देखने लगते। उस महा जीवंत चित्र को देखा तो देखता ही रह गया। क्षण भर को अपलक देखता रह गया। तत्पश्चात मेरी आंखें बंद हो गईं और ऐसा नमन घटित हुआ कि मैं स्वयं चकित। इतना धीमे-धीमे मेरा झुकना हुआ व जमीन पर माथा टेकना हुआ कि शायद पांच छः मिनट माथे को जमीन पर पहुंचने में लग गए व काफी देर बाद जब माथा ऊपर उठने लगा तो उठने में भी लगभग इतना ही समय लगा, तत्पश्चात मैं बैठ गया। सभी बैठ गए। जिस समय इतनी सब केमलतम घटनाएं घट रही थीं, उसी समय अशोक नगर के स्वामी पूर्णानंद ने बड़े सीधे-सपाट ढंग से पूछा—'आप कैसा महसूस कर रहे हैं?

यह वे ही स्वामी पूर्णानंद हैं जो काफी दिनों तक कुछ लोगों द्वारा भगवान पूर्णानंद कहलाते रहे हैं। उस समय उनका इस भांति पूछना मुझे थोड़ा कठोर सा लगा। एक तो वे अपने कमरे के सामने ही बैठे-बैठे पूछे जो कि लगभग 30-35 फीट की दूरी पर था। उनका पूछने का रंग-ढंग देख मैंने जान बूझकर कह दिया —'मैं एक कंफ्यूजन सा महसूस कर रहा हूं' और स्वामी जी निश्चित संतुष्ट होते हुए बोले—'अच्छा तो कंफ्यूजन महसूस कर रहे हैं।' इतने में ही वे समाप्त हो गए। कुछ ज्ञान की बातें करता तो वार्ता कुछ देर खिंचती ही। जब कंफ्यूजन है तो स्वभावतः सब बात ही खत्म। पुनः मैं प्रभु प्रेमियों से जुड़ गया जो कि आस-पास घेरे बैठे थे। कुछ देर बाद स्नान, भोजन, विश्राम। मा प्रेम अर्चना ने भोजन व आराम की विशेष व्यवस्था की थी। सारे सन्यासियों का भोजन वहीं था उस दिन। अपराह्न दो बजे के लगभग उठकर मित्रों के बीच बैठा। संध्या मौन सत्संग हुआ एक घंटे का। यह एक बहुत-बहुत सुंदर सत्संग था उस दिन। फिर तो कुछ न कुछ चलता ही रहा। पूरा महोत्सव का माहौल था। कोई उद्यान में गपशप कर रहा है। कोई कुएं के चबूतरे पर बैठा आकाश में छिटके तारों को निहार रहा है। कोई ग्रुप में बैठा गायकी कर रहा है। कोई मेरे पास आकर बैठ जा रहा है व अपना

प्रेम प्रगट कर रहा है। जिन्हें आश्रम में ही रहना था, उन्हें नींद नहीं आ रही है। जिन्हें शहर में अपने-अपने घरों में जाकर सोना है, वे सब भी कोई जाने का नाम नहीं ले रहे हैं। रात के साढ़े ग्यारह बज गए जब स्वामी आनंद विजय ने कहा—'भगवन आप तो चलिए, सो जाइए, ये लोग आज रात भर जागने वाले हैं। तभी स्वामी प्रेम चैतन्य ने मुझे उनके घर घमापुर चलकर सोने को कहा। मैंने उन्हें स्वामी आनंद विजय से पूछने को कहा। स्वामी आनंद विजय ने कहा, 'आधी रात कहीं जाने न दूंगा। आप सुबह आइए व ले जाइए।' मुझे स्वामी जी का निर्णय ठीक लगा। स्वामी प्रेम चैतन्य भी सहर्ष मान गए। अत: मैं कमरे में गया तथा नींद की गोद में चला गया। प्रात: उठने पर मालूम हुआ अनेक लोग आनंदातिरेक में रात भर जगते-बतियाते रहे, सोए नहीं।

लगभग दस बजे दिन स्वामी प्रेम चैतन्य मुझे लेने आए। मित्रों से विदा लीया और स्वामी प्रेम चैतन्य की कार में बैठ उनके निवास स्थान की ओर चल दिया। वहां पहुंच कर पाया कि सारे घर की विशेष सफाई की गई है मानो सारा घर कह रहा हो—स्वागतम। जिस कमरे में मुझे एक पलंग पर बिठाया गया, उस पर नया बिस्तर, नई चादर, नया तकिया लगा हुआ है। एक नया नेपकिन रखा है। चंदन की अगरबत्ती जलाई गई है। प्रेमियों के बैठने के लिए फर्श पर नई दरी बिछाई गई है।

कोई 25-30 स्त्री-पुरुष उस कमरे में फर्श पर—जिस पर दरी बिछाई गई थी व पास लगे कमरे में, बैठे हैं। ज्यादातर लोग भाव विह्वल थे। किसी को कुछ पूछना-ताछना नहीं था। लोग आते पांव छूते व स्थान ग्रहण करते ।...... दोपहर भोजनोपरांत आधे-घंटे विश्राम के बाद फिर लोग आकर बैठ गए। क्या बातें हुई आज कुछ भी याद नहीं । पर सारे लोग भावपूर्ण एवं गदगद थे। उन दिनों महाकोशल एक्सप्रेस का नाम कुतुब एक्सप्रेस था जो कि अपराह्न चार के लगभग छूटती थी। उसी से सतना वापस आने का कार्यक्रम था। पर कोई आने न देना चाहता था। अनेक प्रेमी चाहते थे कि उनके घर रुकूं। मैं किसी को भी निराश न करना चाहता था, मगर फिर भी कैसे सभी प्रेम से राजी हो गए और मैं कुतुब एक्सप्रेस पकड़ने के लिए लगभग 3.45 बजे घर से निकल रहा था। उस समय एक घटना घट गई। स्वामी प्रेम चैतन्य की एक बहन जो जबलपुर ही रहती है,

उसने जो मेरे पांव छुए तो एक तरफ लुढ़क गई । मैंने उसके मस्तक को स्पर्श किया और किए ही रहा । 2 -3 मिनट बीत गए । मेरी आंख खुली थी तथापि मैं ध्यान में था । उस समय मुझे समय का खयाल न था । स्वामी प्रेम चैतन्य ने कहा, 'भगवन चलें, ट्रेन का समय हो गया है, इस तरह की घटनायें तो अब आपके निकट घटती ही रहेंगीं ।' पर मैं अभी भी स्पर्श किए रहा । 2-3 मिनट और बीत गए, अब धीमे से उसकी सांस हरकत में आई, और वह उठकर बैठ गई । उसकी आंखें गहरी थीं, वह गहरे ध्यान से वापस लौटी थी ।

कई बार उन्हें भी ध्यान घटित होता है जो जानते भी नहीं कि ध्यान क्या है । मुझ स्वयं को ऐसा होता रहा है । मैंने कहा 'इसको संन्यास दिलवाओ, स्वामी जी,' और चल पड़ा ।

स्टेशन पर भव्य विदाई हुई । स्टेशन पर पुन: भावपूर्ण नृत्य-कीर्तन हुआ । ट्रेन चल दी । वापसी में भी एक बर्थ पर लेटे-लेटे मैं गया गया । वहां पहुंचकर मैंने पाया कि मेरा शरीर और भी नाजुक व संवेदनशील होता जा रहा है । बिना सहारा लिए चलना तो खैर मुश्किल ही है । अत: संबोधि का सहारा लेकर चल रहा हूं ।

शरीर की हालत देखकर डयूटी ज्वाइन करने का सवाल ही नहीं पैदा होता । सारा शरीर ऐसा लगता मानो मोम का आदमी है । भीतर छाती में, हृदय में, पेट में, पूरे शरीर के भीतर निरंतर कुछ गलता हुआ, पिघलता हुआ अनुभव होता रहता । वह एक बड़ी विचित्र अनुभूति थी जिसे ठीक-ठीक बता पाना असंभव ही है । शरीर गल रहा है, पिघल रहा है, इस प्रतीति में बहुत मीठा-मीठा दर्द सा अनुभव होता फिर भी जाने क्यों बहुत अच्छा सा लग रहा था यह सब । ऐसा कभी नहीं लगा कि यह इस तरह होना बंद हो जाता तो ठीक रहता । नहीं , पूरा मजा ले रहा था उसका । हर पल शरीर के यूं पिघलने का बोध बना रहता और मेरे चलने में बहुत कोमलता सी आ गई थी । ऐसा लगता कि यदि तनिक सा भी जल्दी चलूं तो पांव जांघ के पास से उखड़ कर पीछे रह जाएगा । सो तनिक भी तेज नहीं चल सकता था । यानी यहां तक अनुभव किया कि तनिक भी तेज चलना संभव ही नहीं रहा । जहां सारा शरीर गल-पिघल रहा था वहां तनिक भी तेज चलने में पांव तो पीछे छूट ही जाता, अगर मेरी ओर सांप या शेर चला आ रहा हो आक्रमण के लिए तो भी मैं केवल धीमे ही चल सकता था । ऐसी दशा थी शरीर की । स्वभावत: घर

पर ही पड़ा रहा।

गुरुपूर्णिमा पर पूना गया। संबोधि भी साथ थीं। उन दिनों आश्रम के भीतर जगह ही जगह थी अतः रहने की व्यवस्था अंदर ही थी। कई तरह की व्यवस्था थी। कृष्णा हाउस में थी, एकहार्ट में थी, और जहां आज (5 अक्टूबर 1994) बुक शाप है उसके सामने बोधिधर्मा था, जिसमें नीचे बुटिक था, जूसबार था और ऊपर डारमिटरी थी रहने के लिए। इस डारमिटरी में ही ठहरा था। पूरी डारमिटरी में दो विंग थे। हर विंग में दो कतारों में लगभग 15-16 लोग तक रहते थे। मेरे विंग में मुझसे पांचवें या छठे नम्बर पर एकदम कार्नर में प्रीति गांगुली अशोक कुमार की बेटी थी। दूसरे विंग में एक जैन साध्वी जिसने अब ओशो की शिष्यता स्वीकार कर ली है, वह थी। मा कृष्ण शक्ति उसका नाम है।

इस बार पूना विजिट निराला था। तमाम लोग मिलते और घेरे रहते। कोई साथ में बैठना चाहता, कोई घर ले जाना चाहता। मेरे भीतर से 'न' का अभाव हो गया था। मैं किसी को ना न कर पाता। एक मा शायद लता भारती के घर भी गया पूना में। साथ में दूसरे रिक्शों पर लगभग 15 लोग और आ पहुंचे। उस मा ने सभी का बड़े भाव से स्वागत-सत्कार किया। लगभग घंटे भर वहां बैठकर वापस आए। आश्रम में भी लोगों के साथ बैठा। अनेक लोगों की अनेक बातें सुना-समझा। जो समझ में आया गाइड भी किया। मजे की बात यह कि हर गाइडेंस सटीक रहती। क्योंकि बाद में वे मिलते तो सही रिपोर्ट देते। इस बार प्रातः सत्संग में बुद्धा हाल में बैठने जाता तो जयंती भाई की कृपा थी कि वे मेरे लिए सामने जगह खाली रखते। शायद प्रकाश स्वामी वहां खड़े रहते। जब मैं जाता और पीछे कहीं बैठने के लिए मुड़ने लगता तो वह स्वामी जी बड़े प्रेम एवं आदर के साथ आगे की पंक्ति की ओर बैठने का संकेत करते। मैं आगे जाता तो वे साथ-साथ जाते व खाली रखे गए स्थान की ओर संकेत कर देते। मैं जाकर स्थान ग्रहण कर लेता। संबोधि बेचारी बीच में छूट जाती व पीछे कहीं बैठती। लगता है कि यदि मुझे आगे बिठाते थे तो संबोधि को भी बिठाना था। क्योंकि मेरी केयर सारी जिंदगी व सतना से यहां तक व यहां भी ले रही थी।

पर कोई बात नहीं। मैं पूर्ण स्वीकार में जी रहा था। यह तो जो मुझे दिखा वह बताया।

इस बार डारमिटरी में बहुत तकलीफ थी। फर्श लकड़ी की थी। कई स्वामी जी पैर जोर से पट-पट करते चलते तो मेरे सारे शरीर में बहुत आघात व झटके लगते, यहां तक कि कई बार तो मैं रोने लगता। कभी-कभी लगता कि देह छूट जाएगी। कृष्णा हाउस में या कहीं भी एक रूम में रहने को मिलता तो आराम रहता। पर रूम के लिए पैसे ज्यादा देने पड़ते और पैसे सम्बोधि के पास इतने थे नहीं। मेरी इस तकलीफ को वह संन्यासिनी जो पहले जैन साध्वी थी, बिना बताए जान गई। वह आकर मेरे पांव बगैरह सहला जाती। धीमे से पांव सहलाने पर मेरी झटका खाई अस्त-व्यस्त ऊर्जा काफी शांत हो जाती, जिससे मैं आराम महसूस करता। पर जहां किसी न किसी का आना-जाना लगा ही रहता वहां शरीर कितनी देर आराम में रह पाता। उस संन्यासिनी को जैन शास्त्रों का व अन्य शास्त्रों का भी अच्छा ज्ञान था। उसने बताया कि जैन शास्त्रों में इस अवस्था का वर्णन है। शरीर बहुत संवेदनशील हो जाता है। ऐसे वक्त बहुत केयर लेने की जरूरत होती है आदि-आदि। वह जो लक्षण आदि बताती वह सब शतशः सही होते। मैं उन्हीं स्थितियों से गुजर रहा था। वह दिन में दो-तीन बार अवश्य मेरे हाथ-पांव सहला जाती।

क्या उसे हलका मसाज कहना चाहिए ? नहीं, उसे मसाज कहना ठीक नहीं। वह तो अतिशय कोमलता से सहलाना ही होता और उससे मुझे आराम मिलता। पैर जलते रहते, वे शीतल हो जाते। जिस व्यक्ति को यदि कोई बिजली का स्विच आन या आफ करता है तो उसे झटके लगते हों, नींद से जग जाता हो, उसे उस लकड़ी से बनी डारमिटरी में कितनी तकलीफ हुई होगी, अनुमान लगाया जा सकता है। तकलीफ के कारण अकसर मुझे रोना आ जाता। उस सन्यासिनी ने मेरी तकलीफ देखकर जयंती भाई से बात करने का निश्चय किया पर मैंने उसे मना किया। तब उसने दिल्ली के राजयोगा ग्रुप से बात की जो कृष्णा हाउस में एक रूम में ठहरे थे, अथवा दो रूमों में। मुझे खयाल आया, जोरबा में भोजन पर बैठे थे तब एक संन्यासिनी जिसका नाम याद नहीं, उसने मेरे हाथ पर कोमलता से अपना हाथ कुछ देर रखा रहा। उसकी ऊर्जा के स्पर्श से मैं पल भर में ही विश्राम में चला गया था। और सारा शरीर एक शीतलता का अनुभव करने लगा था ! वह भी राजयोगा से ही आई थी। राजयोगा वाले स्वामी ने उस संन्यासिनी से कहा कि

वहां जगह है, स्वामी जी व मा दोनों आकर रह सकते हैं, उन्हें कोई दिक्कत न होगी। फिर बोले बाकी ग्रुप से पूछकर आता हूं तब बताता हूं। परंतु वे लौटकर नहीं आए। इस संन्यासिनी ने जाकर पूछना चाहा, पर मैंने मना किया। इस संन्यासिनी को मेरी तकलीफ देखकर आंसू आ गए। उसके पास भी पैसों की कमी थी, पर रोज शाम लोगों के धमा धम चलने से मेरी सारी ऊर्जा डिस्टर्ब रहती व पांव जलते रहते तो वही आकर मेरी सेवा करती व सुलाती।

मैं सो जाता तभी वह जाती। वह मा संबोधि को सेवा न करने देती, खुद करती। लेकिन ऊर्जा-ऊर्जा में भी भेद होता है। यह बेचारी आधा घंटा सेवा करती तब जितना विश्राम व शीतलता अनुभव करता, उससे ज्यादा विश्राम व शीतलता दिल्ली वाली संन्यासिनी के स्पर्श करते ही अनुभव करने लगता। उसने दो बार मुझे स्पर्श किया था, दोनों बार ऐसा मैंने अनुभव किया था। उसे भी बहुत अच्छा अनुभव होता था, ऐसा उसने कहा भी और मुझे पता भी चलता था क्योंकि उसकी आंखें बंद हो जातीं और वह ध्यानस्थ हो जाती। शायद शशि उसका नाम था।

दिल्ली के स्वामी सतीश सत्यार्थी जब भी मिलते उनका भाव देखते ही बनता। यदि मैं कहीं जा रहा हूं, रास्ते में वे पड़ रहे हैं तो वे रास्ता छोड़कर बड़े आदर के साथ किनारे खड़े हो जाते व मुझे रास्ता दे देते। उन्होंने मुझे दिल्ली अवश्य आने का निमंत्रण बार-बार दिया और मैंने वादा किया जब भी मुझे अवसर लगा मैं आपके यहां अवश्य आऊंगा। उन्होंने फोन नंबर दिया कि आप जब भी आएं रेलवे-स्टेशन से फोन कर दें चटपट पहुंच जाऊंगा।

बंबई की मा योग सुजाता व स्वामी आनंद देव भारती ने तो इतना आग्रह किया कि गुरु पूर्णिमा महोत्सव समाप्त हो जाने पर भी वे रुकी रहीं कि बिना मुझे साथ लिए न जाएंगी। जब मैंने वादा किया कि मैं पूना से बंबई आऊंगा तभी सतना जाऊंगा, तब वे बंबई गईं। लेकिन तब भी स्वामी आनंद देव भारती को छोड़ गई कि वे साथ-साथ आएंगे ताकि हमें दादर में तकलीफ न हो।

स्वामी विजय भारती ओशो के दूसरे नंबर के भाई मुझे बिना मांगे बार-बार राय देते कि आप अपने को डाक्टर को दिखाइए, पूरा चैक अप करवाइए। यह जो आपका शरीर पिघलता सा रहता है, पांव जलते हैं, जरा सी आवाज से चोट और झटके लगते हैं, यह सब डाक्टर को बताइए व चैक अप करवाइए। आप इस

चक्कर में मत रहें कि इसका इन्लाइटेनमेंट की घोषणा से कोई संबंध है। वह घोषणा वगैरह कुछ भी नहीं है। मैं उनसे कुछ न कहता, उनकी सुन लेता, पर भीतर साफ जानता कि वे जो भी कह रहे हैं, वह गलत है। इसका संबंध केवल उस घोषणा से है और यह शरीर की गड़बड़ी कतई नहीं है। मैंने कभी किसी डाक्टर को इस बाबत नहीं बताया। मुझे लेशमात्र भी लगा ही नहीं बताने जैसा। यह डाक्टर का केस ही न था। मैं मन ही मन जानता कि स्वामी विजय भारती को कुछ नहीं पता और मेरा वह जानना ही सही था ! 0.000001 प्रतिशत भी तो कभी नहीं लगा कि यह कोई डाक्टर को बताने की चीज है। आश्चर्य तो यह है कि मैं गड़बड़ कर रहे शरीर के कारण ही करीब-करीब छह माह तक डयूटी ज्वाइन नहीं कर सका। फिर भी संबोधि जी को भी कभी नहीं लगा कि किसी डाक्टर को बताइए। गड़बड़ कर रहे शरीर तो लिखना पड़ रहा है भाषा की दरिद्रता के कारण वर्ना जो घट रहा था शरीर, मन, प्राण पर वह सब प्रसाद जैसा लग रहा था। वह महाशुभ लग रहा था। वह अवर्ण्य है। वह काया -कल्प जैसा हो रहा था।

हां, भूल गया, इस बार जब पूना गया तो आफिस में बुलाकर मुझे ओशो द्वारा भेजा वह प्रसाद दिया गया जो एक कागज के रूप में था जो आज भी मेरे पास है। कहा गया—यह है जो प्रसाद ओशो ने आपके लिए भेजा है। मैंने माथे से लगाया और खोला तो वह एक सर्टीफिकेट था जिस पर लिखा था :—

दो चिड़ियों वाला

मोनोग्राम

—भगवान श्री रजनीश

संबुद्ध स्वामी अगेह भारती,

एम० एम०, डी० फिल० एम०

(आर० आई० एम० यू०) आचार्य,

रजनीश के प्रणाम

जून 28, 1984

हां, संबोधि जी यह जरूर कहती थीं कि चलो पूना चलकर कुछ दिन रहो तो शायद ठीक हो जाए। पर मैंने पाया कि पूना आने से उस सब पर कोई फर्क नहीं

पड़ा। हां, एक बात और भूल गया बताने को। मेरे पांवों पर आनंद-ऊर्जा इतनी इफ़्रात में बहती रहती कि वह सहन न होती। अनेक बार आनंदातिरेक में रो पड़ता। उन दिनों पूना आश्रम की ओर से मौखिक सुझाव भी दिया जाता व यहां-वहां सूचना भी लिखी रहती कि 'विनती है कि कोई किसी के पैर न छुए। साथ ही पैर छूना प्रोत्साहित न करें क्यों कि यह उचित नहीं है।' यह सूचना मीटिंग्स में मैं भी सुनता, नोटिस लिखी भी शायद देखा एकाध जगह पर ठीक जयंती भाई के आफिस के सामने भी यदि मैं गुजर रहा हूं और कोई भावपूर्ण व्यक्ति झुका पांव छूने को तो मैं खड़ा हो जाता, उसे पांव छूने देता व मेरा हाथ भी उसके सिर पर सहज ही स्पर्श करने को पहुंच जाता। पांव पर वह आनंद ऊर्जा जो बहुत ज्यादा होने के कारण असहनीय होने लगती वह बंट जाती व सहन शक्ति के भीतर हो जाती। तो मैंने उस सूचना पर कभी भी अमल नहीं किया। मैंने प्रोत्साहित नहीं किया पर यदि कोई झुका तो मना नहीं किया। हां, उन दिनों यह राज किसी से नहीं बताया था कि कोई पांव छूता है तो कैसी राहत मिलती है क्योंकि ऊर्जा बंट जाती है। यदि यह किसी से बताता तो वह गलत होता। क्योंकि तब अनेक व्यक्ति लालच के वशीभूत हो पांव ही छूते रहते। अत: यह किसी को नहीं बताया। पर सहज ही जब कोई पांव छूने लगता, न केवल कि उसे कभी मना नहीं किया, मैंने कोमलता से उसे इसमें सहयोग ही दिया है। अर्थात मैं झुककर हाथ से उसके सिर पर स्पर्श किए रहता और न केवल पांव से, ऊपर से भी कुछ स्थानांतरित होता हुआ मुझे लगता। वह आशीष ही था। वह प्रेम ही था। वह प्रसाद ही था। वह अलौकिक ही था।

इस बार सासवड में कुछ उत्सव था। बहुत सारे संन्यासी इकट्ठा थे इस बार गुरुपूर्णिमा पर। शायद इसमें संबुद्धों की घोषणा व विधायक जीने के आवाह्न का भी हाथ था। कुछ लोग कारों में गए, ढेर सारे लोग बस में गए। मैं बस में था, संबोधि, रूपा आदि साथ थी। मुझे बस में धक्के लगते। यहां तक कि अंतत: मैं रोने लगा। तब किसी ने बस को खड़ी करवाया व बगल से जाती कार को रोक कर बताया गया तो मुझे कार में लिया गया। संबोधि, रूपा वगैरह बस में ही आए। मुझे वापसी में भी उसी कार में लाया गया।

पूना के बाद हम दोनों बंबई के लिए चले। संबोधि जी मेरे साथ ए० सी० में

थीं। स्वामी आनंद देव जी कहां बैठे थे, नहीं मालूम पर वे दादर रेलवे स्टेशन पर हमें मिलेंगे, ऐसा कह गए। और दादर आने पर वे बराबर उपस्थित मिले। सूटकेस वगैरह कुली से उतरवाया, बाहर निकले व एक टैक्सी किए मलाड के लिए। हां, मैंने पूना में सुजाता को बता दिया था कि अनुमानत: 99 प्रतिशत अमुक दिन अमुक ट्रेन से पूना से चलूंगा बंबई के लिए। यदि एक प्रतिशत न आ सका उस दिन तो अगले दिन उसी ट्रेन से। तो 99 प्रतिशत वाले दिन ही चल दिया था जब सुजाता जी के घर पहुंचा तो वहां 10-15 संन्यासी बैठे प्रतीक्षारत मिले। उन सब से मिलकर अच्छा लगा। सुजाता मुझे अपने भगवान के कमरे में ले गईं। ओशो का सुंदर सा चित्र प्रतिष्ठापित किया हुआ था। मैंने झुककर प्रभु श्री को प्रणाम किया। उस वक्त जिस ढंग से मुझे भगवान के कक्ष में ले जाया गया उस समय कुछ तो करना ही था। पर सच यह है कि उस दिन प्रणाम सहज नहीं हुआ था जैसा जबलपुर में स्वामी आनंद विजय के यहां हुआ था। वहां तो चित्र पर दृष्टि पड़ते ही, ओशो साक्षात देखने लगे। मैंने अपना यह भाव उस दिन सुजाता के यहां पहली बार मिले स्वामी किशोर भारती व माधुरी आदि से व्यक्त भी किया था कि जाने क्यों पांव छूने का भाव भीतर से नहीं होता। मेरी इस बात को किसने कैसे लिया, परमात्मा जाने। पर गुरुभाइयों से या जनता जनार्दन से भी मैंने कभी कुछ छुपाया नहीं। अनेक बातें छुपा सकता था। सामान्यत: लोग छुपाते ही हैं, पर मैं किसी से इतना फासला नहीं मानता कि कुछ छुपाया जाए। फिर क्यों छुपाऊं ? मैं हूं कहां जो छुपाऊं ? जो है, वह है।

मैंने इस बाबत एक बार स्वामी प्रज्ञान भारती (नरसिहंपुर) सतना आए हुए थे तो उनसे बात की थी। वे मेरे मित्र हैं व अच्छे साधक हैं। रेलवे का मेरा बड़ा बंगला था। वैसे तो हर कक्ष में ओशो के चित्र थे, पर मेरे कमरे में तो दीवाल दिखना मुश्किल होता। चित्र ही चित्र, रजनीश-टाइम्स से काट-काट कर ढेर सारे चित्र दीवाल पर टेप से चिपका दिए गए थे। तो मैंने बताया कि प्रज्ञान जी, इतना सब होने पर भी जब मैं डयूटी के लिए निकलता रहता हूं या कहीं के लिए भी, तो जाने क्यों प्रणाम नहीं होता भीतर से ? प्रज्ञान जी ने जो व्याख्या की वह मुझे ज्यादा सही मालूम पड़ी। उन्होंने कहा, 'इतना भी फासला नहीं है कि प्रणाम किया जाए इसीलिए नहीं होता भाव।'

मैंने ओशो-गाथा नामक पुस्तक में कहीं जिक्र किया है कि ओशो जबलपुर रहते थे तब भी ऐसा ही था। हमेशा प्रभु श्री के चरण नहीं छूता था। कभी भाव हुआ तो छुआ वर्ना ज्यादातर तो बस यूं ही उनकी मुस्कान में ही खो जाता था, फिर कौन छुए पांव ?

सुजाता ने जो मेरी सेवा की है वहां और सितंबर में पुन: मैं गया, उस समय भी, उसके लिए अनुग्रह व्यक्त करने को मेरे पास शब्द नहीं हैं। मैं उन्हें अपने प्रणाम निवेदित करता हूं। मेरे पांव में (पंजों में) जलन हुआ करती थी उन दिनों। पांव में जलन होती थी कहने के बजाय मेरे पांव जलते रहते थे कहना ज्यादा ठीक लग रहा है। हाथ से छूकर कोई जलता पांव महसूस कर सकता था। कई बार तो कोई हाथ रखते ही हटा लेता क्योंकि उसे लगता कि जैसे आग पर हाथ रख दिया हो। तो पांव यदि अधिक जल रहा हो तो सोना मुश्किल होता तो सुजाता बेचारी जब मैं सोने के लिए लेट जाता तो दोनों पांवों को धीमे-धीमे सहलाती रहती, कभी नीविया लगाकर, कभी वैसे ही, कभी गीली नेपकिन आदि रखती। पर वह पांवों को जितनी कोमलता से स्पर्श करती, बहुत कम लोग उतनी कोमलता से स्पर्श करना जानते हैं। मैं सो जाता और वह पांवों को अपने हाथों में लिए रहती। मैं कभी रात 12 बजे जगता कभी एक बजे तो सुजाता को उसी पोजीशन में पाता, यानी वह मेरे पांव अपने हाथों में लिए मिलती। तो मैं कहता, 'सुजाता तू सो भी जा, अब तो मेरे पांव शांत हैं, शीतल हो गए हैं।' तो वह कहती, 'भगवन आप सो जाएं मेरी चिंता न लें। मैं बहुत शांति व आनंद अनुभव कर रही हूं।' मैं फिर सो जाता। जाने वह कब सोती। मैं आज मा योग सुजाता को भरोसा दिलाता हूं कि उसकी वह सारी सेवा भगवन (ओशो) को ही पहुंचती थी। उसके लिए प्रभु से अनेक प्रार्थनाएं !!

तो सुजाता का नाम आ जाने पर आगे बढ़ने का मन ही नहीं करता। लगता है सुजाता द्वारा की गई सेवा के ही गुण गाता रहूं। मैं आज यह भी बताना चाहता हूं कि इस तरह के लोगों से बहुत सहयोग मिला है शरीर को सम्हालने में। यूं ही, उन्हीं दिनों, कभी भोपाल गया मा साधना व स्वामी प्रेम आकाश के आमंत्रण पर। तो साधना रात-रात मेरे पांवों को अपनी गोद में लिए सहलाती रहती। उन दिनों भी पांव आग जैसे जलते रहते। वह कपड़ा गीला कर-कर के पांवों पर रखती

रहती या कोई क्रीम लगाकर पांव सहलाती रहती रात 12-1 बजे तक, तब कहीं नींद आती। स्वामी प्रेम आकाश बेचारे छोटी बच्ची को सम्हालते और साधना इस बड़े बच्चे को सम्हालती। उन्हें भी अपने प्रणाम निवेदित करना चाहता हूं। याद आ रही है बंबई की नीरू, दरभंगा की मा आनंद इदा, जिन्होंने भी बेहद सेवा की है और मेरी कनेडियन मित्र मा जीवन मदा ने भी मेरे जलते पांवों की बड़ी केयर ली है। क्योंकि पांवों का जलना 1985 में भी था। कम हो गया था पर एकदम बंद नहीं हुआ था। यानी पहले यदि तीसों दिन जलता था तो 1985 में माह में 10 दिन जलता। आज भी एकदम बंद नहीं है। माह में 5-6 दिन जलता ही है, पर पहले से कम। मदा को भी मेरे प्रणाम। साधना व प्रेम आकाश को भी प्रणाम और इदा को भी प्रणाम। शरीर में बने रहने में इन सब का बड़ा सहयोग रहा है।

सुजाता ने भी मेरे उपयोग के लिए नई चादर, नया तकिया, तकिया का नया कवर सब नया ही लाकर रखा था। हर व्यक्ति संबोधन में भगवन ही कहता। मुझे मजा आ रहा था, इसमें तो कोई संदेह नहीं। क्योंकि मैं भीतर बाहर ओशोमय ही होता जा रहा था। अपूर्व विनम्रता का बोध होता जब कोई भगवान कहता। तो वहां से किशोर भाई के आमंत्रण पर एक दिन किशोर भाई के यहां गया उन्होंने भी बहुत प्यार किया जिसे भूलना असंभव है। वहीं पहली बार नीरू आई मिलने अपने भाई स्वामी कृष्ण वेदांत के साथ। भाई लगभग 8-10 साल से संन्यासी थे, पर नीरू को संन्यास का भाव कभी नहीं हुआ था। जब वह स्वामी कृष्ण वेदांत के साथ आई तो उसने पांव छुए और बस पांव छूने के साथ उसे भयंकर रोना आया जो कि स्वामी कृष्ण वेदांत वगैरह के लिए आश्चर्य का विषय था क्योंकि वह कभी रोती नहीं थी। बहुत दृढ़ व संकल्पवान किस्म की लड़की थी। पर वह न केवल रोई, फूट-फूट कर रोई। मैंने उसके सिर पर हाथ रख कर अपना स्नेह प्रगट किया। वह कुछ देर बाद सम्हली। उसकी सांसें व्यवस्थित हुईं तो मैंने स्वामी कृष्ण वेदांत से कहा, 'इसको पूना ले जाकर संन्यास दिलवाओ। घोषणा भर की जरूरत है वर्ना वह संन्यासी तो हो ही गई है।' और नीरू खूब हंसी-खूब हंसी। सभी चकित देखते रहे। नीरू के मामले में तो जो उसे जानते थे वे दंग थे कि यह क्या उल्टी गंगा बह रही है। जिसने भाई के कहने पर भी कभी पूना जाने तक का नाम नहीं लिया, वह संन्यास लेने जाने वाली है। और वह दो-चार दिन बाद गई व

मा प्रेम अर्चना होकर वापस आईं। नाम क्या खूब मिला, प्रेम अर्चना। मेरी ढेरों शुभकामनाएं।

प्रातः साथ बैठकर लोग सत्संग करते। सत्संग में बहुत ऊर्जा बरसती। तड़-तड़ ऊर्जा की वर्षा होती साफ मालूम पड़ती। काफी लोग एकत्रित हो जाते। जिसके यहां भी ठहरता, उसका खासा खर्च होता क्योंकि मिलने-जुलने वालों का क्रम चलता ही रहता प्रातः आठ से रात दस-ग्यारह बजे तक। अपराह्न सोता आधा घंटे तो उस समय भी कुछ लोग मेरे जागने की प्रतीक्षा करते रहते। इस तरह उस बार की बंबई यात्रा पूरी हुई, पर बंबई की यात्रा पूरी होते-होते एक और कमाल घटित हुआ। किशोर भारती जी ने कहा, 'आपका आरक्षण तो महानगरी एक्सप्रेस में है जो रात 11.55 बजे बंबई वी.टी. से छूटती है। कहें तो शाम निकल चलें। चर्च गेट में कौशिक भाई रहते हैं, बहुत प्यारे संन्यासी हैं, उनसे मुलाकात की जाए और वहीं से ट्रेन पकड़ ली जाए।' न तो मुझसे होती ही नहीं थी किसी चीज के लिए, फिर यह तो प्रेमी से मिलना था और उसी दिशा में रात जाना था ट्रेन पकड़ने। वहां से वी० टी० कार द्वारा 10 मिनट की दूरी पर था, रात में तो 5-7 मिनट ही। सो वहां गए तो पाया कि इन्हें पहचानता भर नहीं था वर्ना इन स्वामी को तो माउंट आबू कैम्प, आनंद शिला व करीब-करीब उन दिनों के सभी कैम्पों में देखा करता था जब ओशो स्वयं कैम्प लेते थे। एक तरह से यह उनसे पहली मुलाकात कही जाएगी। कौशिक भाई व मंजुला से मिलकर अच्छा लगा। वहीं से वी० टी० स्टेशन आए ट्रेन पकड़ने। ये दोनों भी भेजने आए। ए० सी० में आरक्षण था, ट्रेन प्लेटफार्म पर लगी हुई थी, लगेज रखा गया और कुछ क्षणों मे ही विदा।

सतना आकर भी आराम ही कर रहा था क्योंकि शरीर रेलवे डयूटी जाने योग्य न था। अतः डयूटी न ज्वाइन की, उल्टे चार माह की इकट्ठी छुट्टी ले ली। सितंबर में 'महापरिनिर्वाण दिवस' पर पुनः पूना गया। उत्सव में शामिल हुआ। इस बार संबोधि के अलावा स्वामी कृष्ण देव भारती व मा प्रेम गीता भी साथ थे। 'महापरिनिर्वाण दिवस' महोत्सव सुंदर ढंग से मनाया गया।

इन दो यात्राओं में से किसी एक बार जयंती भाई (स्वामी सत्य बोधिसत्व) ने किसी महीने के लिए पूछा कि, 'क्या आपका कोई कार्यक्रम रहेगा या घर पर उपलब्ध रहेंगे? क्योंकि आगरा में एक साधना शिविर है जिसके लिए वे समय

नहीं निकाल पाएंगे। वे मुझे सूचित कर देंगे। आने जाने की ए० सी० में व्यवस्था रहेगी, जाकर शिविर ले लेंगे । मैंने बताया कि मै उन दिनों घर पर ही रहूंगा। बाद में जयंती भाई द्वारा शायद तार द्वारा सूचना आई कि अब मैं जैसा चाहूं घूम-फिर सकता हूं। आगरा वाला शिविर रद्द हो गया है।

इस बार भी बहुतेरे प्रेमी मिले, सभी की तो याद भी नहीं रह गई है। नवसारी, सूरत, अहमदाबाद, नागपुर, अकोला, रायपुर व कहां-कहां के प्रेमी मिलते। यहीं खार वाला संन्यासियों का ग्रुप भी मिला जो इस बात के लिए मशहूर है कि इस ग्रुप में एक भी पुरुष नहीं। सभी की सभी महिला संन्यासिनें। लगभग सभी सिंधी परिवारों से आई हुईं, सभी अच्छी सुशिक्षित।

इस बार भी सुजाता का आग्रह था कि बंबई चलूं और स्वामी किशोर भारती तो जुलाई में वादा ही ले लिए थे कि अगली बार जब भी पूना आऊं बिना उनके यहां आए वापस न लौट जाऊं। और मैंने हां भी किया था। प्रेम के समक्ष मैं सदा समर्पित ही मिलूंगा। करूं भी क्या? अपनी मर्जी बंद होकर सहज ही प्रेमी की मर्जी चलने लगती है। मजा यह है कि प्रेमी ऐसी कोई मर्जी चलाता भी नहीं जिससे कष्ट हो। उसकी मर्जी व अपनी मर्जी एक हो गई लगती है।

तो इस बार मैंने तय किया कि पूना से स्वामी किशोर भारती के यहां पहले चला जाए। सुजाता व किशोर भारती पास-पास ही हैं, ज्यादा दूर नहीं हैं। चर्च गेट वहां से जरूर दूर है। तो किशोर भारती के यहां से सुजाता के यहां भी चला जाया जाएगा। किशोर भारती रोज पूछते व आग्रह करते उनके यहां चलने का। उनकी आंखें प्रेम से सदा भरी-भरी रहतीं। वह एक भक्त हैं, भगवान के। यह मैंने पहली मुलाकात में ही देख लिया था। सो मैंने उन्हें बता दिया कि हम किस दिन किस ट्रेन से दादर पहुंचेंगे। वे महोत्सव समाप्ति पर बंबई चले गए। हम दो तीन दिन और रुक कर जाते। किरण (बेटी) व राघवेंद्र (बेटा) भी पूना आश्रम में ही रहते थे। महोत्सव समाप्त होते ही हमारा चले जाना इन बच्चों को न पसंद आता। अतः हम एक-दो दिन और रुकते।

इस बार भी एक-दो दिन रुक कर जाने का कार्यक्रम बनाया था उसके अनुसार हम चारों जब दादर पहुंचे तो स्वामी किशोर भारती अपनी दो कारें लेकर स्टेशन आ चुके थे। कृष्णदेव व गीता को कहीं जाना था, एक कार द्वारा वे वहां भेज दिए

गए। हम दोनों को लेकर स्वामी जी अपने निवास (कांदिवली) के लिए चल पड़े। गाड़ी स्वामी जी स्वयं चला रहे थे। मेरा शरीर जुलाई से भी ज्यादा संवेदनशील हो चुला था। कार में मुझे झटके लग रहे थे जिन्हें मैं बड़ी मुश्किल से सहन कर पा रहा था। काफी देर सहता रहा। संबोधि जी ने बहुत मुझे सम्हालने की चेष्टा की। उन्हें तो कार रवाना होने के कुछ क्षणों बाद पता चल गया था कि मुझे गाड़ी में झटके ज्यादा ही लग रहे हैं और कि मुझे तकलीफ अवश्य होगी। और तकलीफ जब होने लगी तो उन्होंने काफी मुझे सम्हालने की कोशिश की। पर जब बहुत ज्यादा हो गया तो मैं रोने लगा। तब स्वामी जी को भी आभास हुआ कि कुछ गड़बड़ है वर्ना बंबई में तो कार चलाना पूरा ध्यान मांगता है, स्वामी जी ने कार किनारे लगा दी व पूछा, 'स्वामी जी क्या बात है, क्या झटके ज्यादा लग रहे हैं ? बताया गया कि हां, काफी लग रहे हैं। स्वामी जी बड़े दुखी हुए और उन्होंने कहा, 'ठहरिए मैं दूसरी कार का प्रबंध करता हूं।' मैंने पूछा, 'अभी कितना दूर रह गया है ?' वे बोले, '5 -6 किलोमीटर।' मैंने कहा, 'दूसरी कार मत ले आवें, चार-छह मिनट आराम करके इसी कार से चलेंगे।'

और 5-7 मिनट बाद हम फिर रवाना हुए और घर पहुंचे। स्वामी किशोर भारती ने बहुत प्रेम दिया व हमारी बड़ी सेवा की। दिन भर प्रेमियों का जमघट लगा ही रहता । रोज सुबह सत्संग में बैठा जाता। अच्छी गेदरिंग हो जाती। मलाड से स्वामी रसिक भारती, मा धर्म रक्षिता, स्वामी अकाम भारती, सुजाता, अर्चना, कृष्ण वेदांत व गोरेगांव से संन्यासी-संन्यासिनें सत्संग में प्रातः पहुंच जाते उसके बाद खूब मिठाइयां, फल-फ्रूट खाए जाते। स्वामी किशोर भारती को पिछली बार ही समझ में आ गया था कि मुझे मिठाइयां पसंद हैं, सो बंबई की अच्छी से अच्छी मिठाइयां मंगवाई गई थीं। एक-दिन हमें लेकर बाजार भी निकले। ढेर सारे कपड़े खरीदे, मेरे लिए, सम्बोधि के लिए। मेरे लिए बहुत श्रेष्ठ किस्म की बेडशीट खरीदी गई, जो शरीर में गड़े नहीं, आरामदायक रहे। ए० सी० में थोड़ी ठंड लग सकती है तो बहुत साफ्ट वाले दो कंबल कब खरीद कर मंगवा लिए, मुझे तो पता ही नहीं। ए० सी० में रिजर्वेशन सतना के लिए उन्होंने ही किसी को वी० टी० भेजकर करवाया। जितने दिन उनके यहां रहे वे प्रायः हर क्षण हमारे निकट उपस्थित रहे। अब नीरू मा प्रेम अर्चना बन चुकी थीं। वह भी आती जाती

रहतीं। वहीं से मा योग सुजाता के यहां भी जाया गया। मलाड वैसे पास ही है, सुजाता के यहां रहता तो स्वामी किशोर भारती रात देर तक मेरे पास रहते। एक दिन खार-ग्रुप वालों के यहां जाया गया, केवल घंटे डेढ़ घंटे बैठने के लिए। इस ग्रुप की खूबी यह है कि इसमें सब महिलाएं हैं। प्रेम योगिनी, कृष्ण दासी, कृष्ण सुरति, आनंद कविता, कृष्णवीना, आत्मा, प्रेमगीता, ज्योति, शील सागर, प्रेमरूपा और मा जिमी इत्यादि।

कौशिक भाई (स्वामी निर्वाण भारती) का भी फोन था। अत: तय यह किया गया कि यहां से दिन में चलकर रात वहीं से ट्रेन पकड़ेंगे सतना के लिए। लगभग एक घंटे की कार ड्राइव थी। स्वामी किशोर भारती ने तय किया कि शहर के बाहर बाहर हाई-वे से चलें तो आराम रहेगा। झटके कम लगेंगे। बात तो ठीक ही थी पर इतनी ट्रकें वगैरह चल रही थीं कि उनकी एक्जास्ट गैसेज से मेरा दम घुटने लगा व मैं करीब-करीब मूर्च्छित होने लगा। मैंने यह बात बताई तो स्वामी जी ने एक सलाह दी और वह काम कर गई। वह यह कि मैं सम्बोधि जी की गोद में सिर रख कर लेट जाऊं और सो जाऊं। मैंने यही किया। कार में पीछे हम दो तो थे ही अत: संबोधि की गोद में सिर रखा, आंखें बंद कीं और सो गया और ऐसा सोया कि कौशिक भाई के घर पहुंच जाने पर मुझे जगाया गया तब मैं जगा। सो अब कौशिक भाई के यहां महफिल लगी। फिर रात स्वामी किशोर भारती, स्वामी निर्वाण भारती (कौशिक भाई) मा देव मंजुला आदि स्टेशन पर विदा देने आए। नीरु के भाई स्वामी कृष्ण वेदांत व एकाध स्वामी और मलाड से सीधे रेलवे स्टेशन आए। रात 11.55 ठीक समय ट्रेन चल दी। आंखें सभी की गीली थीं विदा के समय। मुझसे फिर आने का वचन सभी ने लिया। एक आश्चर्यजनक बात यह थी मेरे साथ कि जहां भी रहा वहां से कहीं और जाने का जी कभी न होता। कहीं और का खयाल तक न आता, पर जो कार्यक्रम बना रहता उसी अनुसार ठीक समय ठीक ट्रेन से सदा चल देता, एक घंटे भी ज्यादा न रुकता। यहां तक कि ट्रेन में भी इतना रिलेक्सड रहता कि मानो कहीं जा नहीं रहे हैं, बस ट्रेन में ही होना होता। इस बात को निरंतर बड़ी पूर्णता से अनुभव कर रहा था। किशोर भाई के यहां हैं तो उस समय दुनिया में कहीं दूसरी जगह न होती जो याद आती। सही समय सुजाता की याद आती और वहां चल देता तो फिर सुजाता के यहां इतना

समग्रता से रहता कि यही भूल जाता कि किशोर भाई का कहीं घर द्वार है। और कौशिक भाई के यहां जाता तब भी ऐसा ही अनुभव होता। और ट्रेन चल देती तो बस ट्रेन में होता। बंबई से चलने पर तो सोने का समय रहता अतः सो जाता।

ठीक समय सतना पहुंचा वहां बच्चे स्टेशन पर लेने आए थे। सतना पहुंचकर सतना का हो गया। ड्यूटी ज्वाइन करने का सवाल ही न था। शरीर में अभी वह सब ज्यों का त्यों हो रहा था। यानी भीतर हाड़-मांस-मज्जा सब कुछ निरंतर गल रहा था। वह गलना मीठा दर्द लिए हुए था पर बहुत अच्छा एवं प्रसादपूर्ण लगता। भीतर कुछ हो रहा है जो समझ के बाहर है, यह बात भी मजा दे रही थी, मानो कुछ जानने का भाव समाप्त हो गया था। सोचा यह गया कि पड़े-पड़े क्या रहा जाए आखिर ड्यूटी जा नहीं सकता और कोई तकलीफ भी नहीं है तो दिल्ली, अमृतसर क्यों न घूम आया जाए। सितम्बर में ही दिल्ली चला गया। रेलवे स्टेशन से स्वामी सतीश सत्यार्थी को फोन किया। वे फोन पर मिल गए और "तत्काल पहुंच रहा हूं" कहा उन्होंने। दस-बारह मिनट बाद ही स्वामी सतीश सत्यार्थी हजरत निजामुद्दीन रेलवे स्टेशन पर थे। याद दिला दूं उन दिनों चटक गेरुए कपड़ों का जमाना था, माला कपड़ों के बाहर रखी जाती। स्वामी जी बहुत गदगद एवं भावाविष्ट थे। वे साक्षात मुस्कराते हुए सामने दिखने लगे हैं। वे दौड़ पड़े हैं और पास आकर चरणों को स्पर्श किया है। मैंने उन्हें स्पर्श किया है। वे इतने भाव-विह्वल थे कि कुली बुलाने के बजाए मेरा सूटकेस स्वयं उठा लिए हैं और ब्रीफ केस भी स्वयं ही ले लिए हैं। बाहर निकलकर कार में रखे हैं और दरवाजा खोलकर मुझे बैठने का संकेत किया है।

मैं भीतर गया। उन्होंने दरवाजा बंद किया व कार ड्राइव करने लगे हैं। साउथ एक्सटेन्शन में ही तब आवास था उनका। घर पहुंचकर उनकी पत्नी मा प्रेम आराधना व बच्चों रजनीश एवं काकू से मिलना हुआ है। स्वामी जी ने यहां-वहां फोन करके सूचित कर दिया है, क्योंकि मैं तो स्वामी जी को भी बिना सूचित किए पहुंच गया था। धीरे-धीरे वहां संन्यासियों का मेला लगने लगा। और फिर मेला तब तक रहा जब तक मैं वहां रहा। मेला बढ़ता ही गया, घटा नहीं। आज सभी के नाम खयाल नहीं—मा आनंद भगवती, स्वामी प्रेम जागरण, स्वामी प्रेम चैतन्य, मा प्रेम चेतना, स्वामी प्रेम देवेश, मा दिव्यम गीता, प्रेम अनुराग, स्वामी विजय भारती,

मा शशिन, मा शशि, स्वामी आनंद राज, स्वामी गुलशन भारती, राजयोगा के बहुतेरे संन्यासी- संन्यासिनें, स्वामी ज्ञान हंस भारती, मा परितोष इत्यादि इत्यादि। दस-पंद्रह बीस संन्यासी सदा ही बने रहते। स्वामी सतीश जो करते हैं पूरी तरह करते हैं। उन्होंने मेरे आगमन की खुशी में वहां आने वालों की आवभगत भी खूब ही की। मिठाइयों, फलों, कोल्ड ड्रिंक्स से फ्रिज भरा ही रहता। वह खाली हो इसके पहले पुन: भर जाता। स्वामी जी फर्श पर ही बैठते मेरे सामने, हालांकि अन्य लोग मेरे साथ बैठते, मैं उन्हें भी पास बैठने को कहता पर वे मुस्कराकर 'ठीक है, ठीक है' कहते और फर्श पर ही बैठते। दिल्ली में बहुत चुटकुलेबाजी, गीत सब होता रहता। सब मिलाकर निरंतर उत्सव चल रहा था।

स्वामी सतीश ने टेलर बुलवाया व मेरे लिए कई गाउन, सफारी वगैरा की नाप ली गई। मेरे छोटे भाई राजवंत व बहू इंदु, बच्चों समेत यहीं मिलने आए। एक दिन वहां भी रहने गए तो स्वामी सतीश सत्यार्थी कार से छोड़ आए। अगले दिन निर्धारित समय पर लेने आ गए। स्वभावत: यदि संन्यासियों की महफिल हो तो गैर संन्यासियों में उतना मजा भी नहीं आता। संन्यासियों के बीच जो ऊर्जा का उफान देखने-भोगने को मिलता है, वह अवर्ण्य है। वह तो गूंगे केरी सरकरा ही है। यहां भी अनेक चीजें सहज ही घटित होती रहतीं जो बेबूझ थीं पर आज दस बरस बीत जाने पर कुछ याद नहीं रह गया। इतना निश्चित याद है कि प्रात: आठ नौ बजे से रात 11 बजे तक संन्यासियों की महफिल लगी रहती। एक छोटी सी घटना याद आई। एक दिन शशिन मिलकर जा रही थी। उसने कहा "चलते हैं, स्वामी जी।" मैंने कहा "फिर आना।" उसने मुस्कराकर मेरे हाथ के पंजे पर अपना पंजा रख दिया क्षण भर को और फिर उठाने लगी। लगभग 4-5 इंच की दूरी पर उसका पंजा रुक गया है। वह हटा ही नहीं पा रही है। मैं भी अपना पंजा वहां से नहीं हटा पाया। एकाध बार ताकत भी लगायी पर नहीं हटा। मानो दोनों एक दूसरे से उतनी दूरी पर चिपट गए हों। कुछ देर बाद स्वयंमेव वह दशा विलीन हो गई। शशिन ने बताया कि उसने भी एकाध बार ताकत लगायी कि पंजा हटा ले पर पंजा हिलता तक न था। शायद एक अदृश्य ऊर्जा क्षेत्र निर्मित हो गया था उस समय वहां। इस तरह की भी घटनाएं घटती रहतीं। पर आनंद व मस्ती लगातार उफान पर थी वहां जब तक था—लगातार।

स्वामी सतीश सत्यार्थी ने इच्छा व्यक्त की कि 2 से 11 अक्टूबर 1984 तक होने वाले शिविर में रजनीश तीर्थ नव संन्यास कम्यून, पोखरा, नेपाल चलूं। तारीखें वगैरह कुछ याद नहीं पर घटना क्रम याद है। मुझे अभी अमृतसर भी जाना है कपिल, कुसुम से मिलने। सतीश स्वामी का आग्रह इतना था पोखरा चलने के लिए कि उस सयम ना तो कह ही न सकता था। वह भी जबकि ड्यूटी पर जाना नहीं है अभी। शरीर ड्यूटी पर जाने को तैयार नहीं। स्वामी सतीश ने एजेंसी को फोन किया और उसी हवाई जहाज से एक टिकट और बुक करने को कहा जो कि कन्फर्म भी हो गया। ए. सी. में आरक्षण अमृतसर के लिए भी करने को कहा, वह भी कुछ घंटों बाद कन्फर्म हो गया। सतना संबोधि जी को पत्र लिख दिया कि अमृतसर से लौटने पर पोखरा नेपाल जाऊंगा स्वामी योग चिन्मय जी के कम्यून। 2 से 11 अक्टूबर साधना शिविर अटेंड करूंगा। वहां से फिर जहाज से दिल्ली ही लौटूंगा तब कुतुब एक्सप्रेस से सतना आऊंगा लगभग 15 या 16 अक्टूबर तक।

स्वामी सतीश को नेपाल लायक मेरे कपड़ों की व्यवस्था करनी थी। मैं तो सितंबर में दिल्ली, अमृतसर के हिसाब से आया था। सो उन्होंने पुलओवर, हाफ स्वेटर, गर्म शाल, एक कंबल, वूलन पूरी बनियान व ट्रॉजर्स (पायजामा), हाथ के दस्ताने, गर्म मोजे यानी सर्दी से बचने का पूरा सामान मंगवा कर मेरे उपयोग के लिए रख लिया। स्वामी सतीश की ऊर्जा इस बात से और उत्सवपूर्ण हो गई कि मैं भी पोखरा चलूंगा, दो संबुद्धों की मुलाकात होगी। स्वामी जी ने संबुद्ध स्वामी योग चिन्मय जी को सूचित कर दिया था कि संबुद्ध स्वामी अगेह भारती भी आ रहे हैं काठमांडू एवं आनंद अरूप को भी खबर कर दिया। अमृतसर भी कपिल, कुसुम को फोन पर बता दिया कि किस ट्रेन से संबुद्ध स्वामी अगेह भारती आ रहे हैं।

जब अमृतसर के लिए प्रस्थान कर रहे थे, स्वामी सतीश सत्यार्थी, मा प्रेम आराधना, मा आनंद भगवती, स्वामी प्रेम जागरण व कुछ संन्यासी और थे जिनके नाम स्मरण नहीं कर पा रहा हूं, ये स्टेशन चलने को थे मुझे विदा देने। ठीक प्रस्थान करने के पहले एक नन्ही सी घटना घटी। जैसे मैं उठा तो घड़ी कलाई से नीचे बिस्तर पर सरक गई। देखा तो वह पट्टा बेकार हो गया था। बिजली की फुर्ती से मा आनंद भगवती ने अभी-अभी खरीदी नई घड़ी अपनी कलाई से उतारी

और मेरी कलाई में बांधते हुए कहा, 'यह अब आप ही बांधें, ऐसा मेरा भाव है और अमृतरार से लौटेंगे तो उस घड़ी का भी पट्टा बदलवाया रहेगा।' टूटे पट्टे वाली वही घड़ी थी जिसे ओशो ने अमरीका से मेरे लिए भेजा था। अब हम रेलवे स्टेशन के लिए चल पड़े। क्या आलम था वह, वर्णन करना असंभव है। जैसे एक समय भगवान चलते तो उनके आस-पास हम चलते थे वैसा ही था सब कुछ। भगवान की ही बारात लगती सदा, हर क्षण उत्सव लगता। शायद तीन कारें चल रही थीं। स्टेशन पहुंचे। ट्रेन आई। लगेज रखा गया। स्वामी सतीश ने कहा, 'मैं आपके लौटने की प्रतीक्षा कर रहा हूं।

'हां मैं लौट रहा हूं, बस दो दिनों में', और ट्रेन चल दी। मैं लेटा अपनी बर्थ पर और सो गया। ट्रेन अगली सुबह 7 या 8 बजे के आस-पास पहुंचेगी।

सुबह अमृतसर रेलवे स्टेशन पर स्वामी कपिल भारती व स्वामी धर्मराज भारती लेने आए हुए हैं। अमृतसर में तो सुबह थोड़ी सर्दी है। हम प्लेटफार्म से बाहर निकले। मकबूल रोड स्थित स्वामी कपिल के घर पहुंचे। पागल कुसुम से मिलना हुआ। कुसुम की आंखें एकदम वही हैं 1984 में भी जो 1969 में थीं। तब वे लुधियाना हुआ करते थे और ओशो वहां आते थे। एकदम प्रेमरस में डबडबाई, भरी, लगता आंसू अब छलके और होंठ मुस्कराते रहेंगे। अरे यह तो असंग काफी बड़ा हो गया है। वहां भी मित्रों का आना-जाना शुरू हुआ। दिन में विश्वविद्यालय घूमने गए। रात डिनर 30-35 संन्यासियों के साथ होटल में लिया गया। अगली प्रात: स्वर्ण मंदिर भी देखा। स्वर्ण मंदिर में अकाल तखत पर गोलियों के निशान अभी भी हैं। हालांकि काफी कुछ मुरम्मत कर दिया गया है। दो संन्यासी संन्यासिनें स्वर्ण मंदिर के बिल्कुल पास रह रहे थे। चलती हुई गोलियां, गोलियां चलाने वाले एवं मशीनगनें सब उनको दिखाई पड़ते। वे सब ओशो को याद करते रहे, बचने की तो कोई संभावना ही न थी, पर ओशो के संन्यासियों को एक खरोंच भी न आई। वे पूर्णत: बच गए। यद्यपि वे गोलियां चलने के मुख्य मार्ग पर सामने ही पड़ते थे।

तत्पश्चात ओशो ध्यान केंद्र पर ले जाया गया। वहां कोई चालीस-पचास संन्यासी एकत्रित थे। मुझे बोलने को कहा गया। मैंने जो कुछ भी बोला लेकिन लोगों को पसंद आया। वहां से उठकर घर गए। कपिल जी ने कपड़े की दुकान

पर चलकर कपड़े पसंद करने को कहा। मैंने बताया कि कपड़े काफी हैं और मैं नहीं गया। स्वामी कपिल भारती को ओशो ने बोधिसत्व घोषित किया था। कपिल-कुसुम का बहुत प्यार मिला था। हमें उनसे मिलने का भाव प्रगाढ़ हुआ था सो मिलकर बहुत आनंदित हुए। स्टेशन पर विदा देने आए स्वामी कपिल भारती एवं स्वामी धर्मभिक्षु। और कोई रहा हो तो याद नहीं। स्वामी कपिल ने पहले ही ए. सी. में आरक्षण करवा रखा था दिल्ली के लिए। अमृतसर से भी चलते समय शाम थी अत: रात फिर सोया। सुबह दिल्ली पहुंचे तो स्वामी सतीश, मा आराधना व और भी एकाध संन्यासी लेने आए थे।

हर खाद्य पदार्थ में इतना स्वाद आने लगा था। हर क्षण पूरा जीया जाता। कहीं कोई अतीत नहीं, कहीं कोई भविष्य नहीं, पूरी तरह वर्तमान में जीता।

धीरे-धीरे पोखरा नेपाल चलने का समय करीब आता जा रहा है। संन्यासी प्रेमियों का आना जाना लगातार बना हुआ है। इनमें से कई पोखरा चल रहे हैं। शशिन को मैंने कहा, 'तू भी चल।' और स्वामी सतीश सत्यार्थी ने उससे पूछकर एजेंट को फोन किया और एक टिकट उसके लिए भी बुक करवा लिया। पर वह बेचारी चाहकर भी न चल सकी। वास्तव में उसके मां-बाप का भयंकर विरोध होने के कारण उसने पिता का घर छोड़ दिया था व राजयोगा में रहती व वहीं काम करती थी। पोखरा चलने के लिए 'हां' करने में ही वह झिझक रही थी कि शायद स्वामी ओम प्रकाश सरस्वती जाने से मना करें। और आखिर वही हुआ। वह खुद नहीं आई बताने। एक स्वामी को भेजकर खबर करवाया कि वह नहीं चल पाएगी। क्योंकि स्वामी ओम प्रकाश सरस्वती ने साफ कह दिया कि 'तुम्हें नहीं जाना है और यदि मना करने के बावजूद जाती हो तो वापस आने पर यहां नहीं रहोगी।' अत: शशिन ने जाना रद्द कर दिया।

स्वामी सतीश सत्यार्थी ने एक पेपर पर मेरा हस्ताक्षर लिया जिस पर मात्र नाम, पिता का नाम, उम्र आदि टाइप किया हुआ था। यह एक शपथ पत्र था कि मैं भारतीय नागरिक हूं। स्वामी सतीश का कहना था कि वैसे तो नेपाल जाने में कोई दिक्कत नहीं पर वह नहीं पसंद करेंगे कि कहीं चैक इन या चैक आउट की जगह पर या कहीं भी एक क्षण को भी मुझे रुकना पड़े। वह शपथ पत्र नोटरी से साइन करवाया। मुझे तो कहीं जाना नहीं पड़ा।

दिल्ली हवाई अड्डे पर जब हम क्षण भर को खड़े थे—हम 20-25 संन्यासी थे—तो तीन चार विदेशी स्त्री- पुरुष आकर मुझसे बात करने लगे। उनमें से एक ने मुझसे पूछा कि आप पूरे ग्रुप में अलग एवं विशेष लग रहे हैं, ऐसा क्यों है ? मैंने कहा ऐसा तो कुछ नहीं पर मा आनंद भगवती ने उसके पास जाकर धीमे से कुछ कहा—मेरा अनुमान है उन्होंने यही कहा होगा कि यह ओशो द्वारा इंलाइटेंड घोषित किये गए हैं। बहरहाल हवाई अड्डे पर और कोई खास बात नहीं घटित हुई जो कि याद हो। हमारा हवाई जहाज दिन के लगभग तीन बजे नई दिल्ली से उड़ा। यह मेरी पहली यात्रा थी हवाई जहाज से। इतने संन्यासियों के ग्रुप में हीरो होना अच्छा लग रहा था। संन्यासी होना ही सौभाग्य था फिर 'उन्होंने' हीरो भी बना दिया था। एयर होस्टैस चाय, कॉफी, केक, टॉफी वगैरह सर्व करती तो रेलवे का पिछड़ापन पता चलता।

'अरे यह क्या ? जहाज उतर रहा है ?'

'हां काठमांडो आ गए।'

'इतनी जल्दी ?'

'हां लगभग एक घंटे की उड़ान तो है ही।'

और हम उतर कर बाहर निकल रहे हैं। बाहर आकर टैक्सियां बुलाई गईं और हम हवाई अड्डे से थोड़ी ही दूरी पर एक सुंदर से होटल में ठहर गए। पता नहीं फाइव स्टार था या फोर स्टार। अगली फ्लाइट कल दिन को होगी काठमांडो से पोखरा। शायद कई लोग बाजार घूमने जा रहे थे। स्वामी सतीश भी जाने को थे, उन्होंने मुझसे पूछा। मैंने कहा, 'मैं तो बाजार नहीं जाऊंगा।' मैं आराम करता रहा। वे लोग दो ढाई घंटे बाद बाजार से अनेक खरीदारी करके लौटे। मालूम हुआ यह शाल मेरे लिए है, दिल्ली में जो शाल खरीदी गई थी, वह रास्ते में कहीं खो गई। रात जल्दी सो गया। अगले दिन जहां तक स्मरण कर पा रहा हूं, डोमेस्टिक फ्लाइट अपराह्न तीन के आसपास थी जो लगभग 35 मिनट में पोखरा पहुंचा दी। टैक्सियों द्वारा रजनीश तीर्थ नव संन्यास कम्यून पहुंचा गया। वहां पहले से ही खबर थी कि अगेह भारती आ रहे हैं। अत: रिसेप्शन पर शायद निर्देश था कि उनसे चार्ज न लिया जाए, वे कम्यून के अतिथि रहेंगे। पर सतीश स्वामी ने आग्रहपूर्वक शुल्क यह कहते हुए जमा किया कि अभी तो अगेह भारती जी उनके

ही गेस्ट हैं। मुझे जिस रूम में ठहराया गया था—मेरी एक ओर बोधिसत्व स्वामी आनंद अरूण, काठमांडो तथा दूसरी ओर महासत्व स्वामी कृष्ण नारायण भारती, बिहार वाले थे।

आज तो याद नहीं रह गया कि कितने कमरे थे एक लाइन में, लगभग आधा दर्जन बाथरूम व टायलेट लगभग 100 फीट की दूरी पर थे। दूसरी ओर थोड़ा हटकर किचन व भोजन लेने की जगह बाकायदा बेंचेज व टेबल। उसके बाद बगल में ही कुछ टेन्टस थे। एक सुंदर बुद्धा हाल था। पास में संबुद्ध स्वामी योग चिन्मय का गोलाकार आवास था जिसे 'हट' कहते थे। एक स्विमिंग पूल बनने के क्रम में था। आस पास खुला मैदान था। उस कम्यून में स्वामी योग चिन्मय के अलावा कोई 15 मित्र स्थाई रहते थे। वहां मुझे इतना प्रेम मिला कि एक दिन प्रेमवश ही उन सबके नाम एक कापी में लिख लिया था। नहीं मालूम था कि दस वर्षों बाद उन नामों के उल्लेख का मुझे अवसर मिलेगा। अस्तु:

1. संबुद्ध स्वामी योग चिन्मय, कम्यून कोआर्डिनेटर
2. मा प्रेम आरती
3. मा प्रेम ज्योति
4. मा श्रद्धा
5. मा आनंद राधा
6. मा ध्यान संगीता
7. मा देव निर्वेश (यूरोप)
8. मा प्रेम प्रार्थना
9. स्वामी कृष्णानंद भारती, काठमांडो
10. स्वामी कवींद्र सत्यार्थी, काठमांडो
11. स्वामी आनंद ऋषि, बिहार
12. स्वामी आनंद असीम, राजकोट
13. स्वामी कृष्ण सरस्वती, राजकोट
14. स्वामी चिद विलास

वहां सत्संग को मिलाकर प्रति दिन तीन ध्यान होते। रजनीशपुरम के नव्यतम वीडियो दिखाए जाते। ओशो के टेप प्रवचन होते। ओशो की पुस्तकों व टेप का

विक्रय होता। एकाध दिन एक हिमालय न नदी में सामूहिक स्नान हुआ जिसने ध्यान सा मजा दिया। हिमालयन झीलों में भी नौका विहार आदि हुआ।

मैं आज यहां कहना चहता हूं कि वहां का कम्यून बहुत सुंदर चल रहा था, 15 मित्र इस तरह रह रहे थे मानो वे एक हों। जैसे व्यक्ति एक होता है, उसके हाथ, पैर, आंख, कान आदि अंग होते हैं, वैसे ही वे सब एक दूसरे से पूर्णतः सदा जुड़े एक- ऊर्जा की भांति थे। इसे मैंने बहुत करीब से देखा-जाना है। वहां हर संन्यासी अपने-अपने कार्य को आनंद व मस्ती से पर बड़ी सजगता से करता। स्वामी योग चिन्मय जी ध्यान के प्रयोग जो करवाते थे वे अपने-आप में अद्‌भुत थे। पूरे बुद्धा हाल में ऊर्जा की ऐसी बारिश होती जैसे मैदान में घनघोर जलवृष्टि होती है। मेरे लिए प्रवचन सुनने व वीडियो देखने हेतु प्रथम पंक्ति में बैठने का प्रबंध था। ध्यान के समय मेरी जो मौज हो, वह करूं। मैं ज्यादातर मौन बैठा रहता—उस समय भी जब सक्रिय तरह के ध्यान होते रहते।

स्वामी जी ने जो ध्यान प्रयोग पोखरा कम्यून में रहकर करवाए हैं, वे मेरी दृष्टि में बहुत अद्‌भुत रहे हैं। यहीं एक चर्चा अनायास आना चाह रही है और जो सहज आ रही हो, उसे रोकना मेरा ढंग नहीं है। वह यह कि जब मैं पोखरा से लौटा तो कोई छः-आठ माह बाद कहीं पोखरा कम्यून की चर्चा हो रही थी। कोई कह रहा था कि सुना है स्वामी योग चिन्मय ओशो के सक्रिय ध्यान को विकृत करके करवाते हैं। मैंने कहा यह किससे सुना? उस स्वामी ने कहा ओशो की बहन मा योग भक्ति से। मैंने कहा मैं वहां लगभग 13 दिन रहकर आया हूं। मुझे तो वहां का सब कुछ अद्‌भुत लगा है। ध्यान के प्रयोग बहुत ऊर्जावान, गहन। तो मेरे हिसाब से जो मा योग भक्ति कह रही थीं वह गलत, स्वामी योग चिन्मय जो करवा रहे थे वह सही। जो मैंने स्वयं देखा, अनुभव किया है, वही कह सकता हूं। वास्तव में इस संबंध में अपना दृष्टिकोण आज यहां अंकित कर देना चाहता हूं। और वह यह है कि ओशो की बहन होना अथवा ओशो का भाई होना एक बात है और समझ एवं बोध होना एकदम दूसरी बात है। इस लिहाज से मैं मानता हूं कि ओशो ने यह भी एक बहुत बड़ी क्रांति एवं अपने शिष्यों पर अनुग्रह किया है कि परिवार को उन्होंन अलग से कोई महत्व नहीं दिया, वर्ना ये परिवार वाले सारे लोगों की छाती पर हावी हो जाते और उससे बड़ी आत्मिक हिंसा होती। ओशो के कृत्यों

को समझने में सदियाँ लग जाएंगी। भीतर के जगत में तो महाक्रांति की ही है उन्होंने। मेरी समझ है कि बाहर भी ओशा ने अनेक क्रांतियां एक साथ की हैं। हां, ओशो ने क्रांतियां ही क्रांतियां की हैं। हर कदम पर, हर ओर, प्रसंगवंश एकाध का उल्लेख कर दे रहा हूं।

1. सारा कुछ महिला संन्यासिनियों के हाथ में दे दिया।

2. अपना कोई उत्तराधिकारी नहीं नियुक्त किया। एक इनर सर्किल बना दिया कि व्यवस्था सम्हाले रहे, सब। (यह बात और है कि इनर सर्किल के मित्र कभी कभी अपनी शक्ति की मर्यादा का उल्लंघन भी करते हैं। वे कभी-कभी भूल जाते हैं कि जहां तक इनर सर्किल की बात है, उन्हें ओशो ने मैनेजर बनाया है, गुरु नहीं)

3. परिवार को अलग से महत्व नहीं दिया। यदि परिवार को महत्व देते तो दो बातें होतीं एक तो परिवार के लोग जो नासमझ हैं वे तमाम दुनियां के ओशो-शिष्यों पर अपनी नासमझियां आरोपित करते जिससे बड़ी आत्मिक हिंसा होती। दूसरी बात, यह तो प्रकारांतर से वही पुरानी बात होती कि ब्राह्मण के घर में जो जन्म ले वह ब्राह्मण जबकि ओशो सदा सिखाते रहे कि पैदा तो सब एक जैसे ही होते हैं, फिर जो ब्रह्म को जान ले, वह ब्राह्मण। तो उन्होंने जन्म के आधार पर ब्राह्मण, क्षत्रिय, वैश्य, शूद्र की जड़ काट दी परिवार को महत्व न देकर। तीसरी बात, परिवार में जो योग्य है वह तो पार हो ही जाएगा। वह तो बोध जगाएगा ही। वह चूकने वाला नहीं है। तो परिवार को महत्व न देकर बहुत बड़ी क्रांति की है ओशो ने। बहुत बड़ी दूरदृष्टि सन्निहित है इसमें । जो योग्य है वह विकसित होगा, ब्राह्मण बनेगा, जो अयोग्य है वह दूसरों की छाती पर नहीं बैठ पाएगा।

पर कुछ बातें हैं जिन्हें कोई इन्कार नहीं कर सकता... ओशो भी नहीं। कि ओशो स्वामी देवतीर्थ भारती एवं मा अमृत सरस्वती के पुत्र हैं। वे अपनी मां का दूध पीकर बड़े हुए। वे गाडरवारा में रहते थे व गली-कूचों में विचरण करते थे, बहन-भाइयों को प्यार करते थे। जबलपुर रहने लगे थे तो भी यदि कहीं यात्रा पर नहीं गए हैं तो राखी पर गाडरवारा बहनों से राखी बंधवाने आते, हंसी मजाक, गपशप करते थे। भक्ति बहनों में बड़ी होने के नाते भइया कहकर बात करती रही होंगी। तो इन बातों को इंकार नहीं किया जा सकता। नहीं किया जाना चाहिए। जो कि पूना कम्यून एक अर्थ में कर रहा है। मुझे एक भी आदमी नहीं दिखाई पड़ा

कम्यून में जिसका ध्यान कभी इस तरफ जाता हो कि उनके परिवार के लोगों से बातचीत करके ओशो की बाबत हजारों संस्मरण प्राप्त कर लिए जाएं जो कि बाद में नष्ट हो जाएंगे। आज मेरी सात पुस्तकें छपी हैं तो जानता हूं कि दुनिया ओशो की बाबत अधिक से अधिक जानना चाहती है, जानना चाहेगी। वह ओशो के प्रवचन तो सुन लेगी, पढ़ लेगी पर वह उतने से सन्तुष्ट नहीं होगी। वह उनके बारे में और भी कुछ जानना चाहती है कि प्रवचन तो ठीक पर उसके अलावा समय में वह महामानव कैसे उठता-बैठता, चलता था, साथियों से कैसे बातें करता था, परिवार वालों से क्या कोई संबंध नहीं रखता था ? आदि आदि। कम्यून इस पक्ष की एकदम अवहेलना कर देता है। वह कहता है ओशो ने संस्मरणों को प्रोत्साहित करने को मना किया है कि वे जो जरूरी था, सब कह दिए हैं। मैं कहना चाहता हूं ओशो की अपनी जगह है जहां से वे बोल रहे हैं। भक्त की अपनी जगह है जहां से वह देख रहा है। वह जो देख रहा है वह भी सत्य है उसे भी कहा जाना चाहिए। फिर मनीषा, अमृतो, नीलम, देवगीत सब कदम-कदम पर ओशो की बातें बताते रहते हैं वह संस्मरण नहीं तो और क्या है ? और ओशो की बातों को आदेश की तरह, लकीर के फकीर की तरह माने जाने की जरूरत नहीं है। उससे वही मूढ़ता पैदा होगी जो सदा होती रही है।

ओशो की हर बात का एक आशय है। आशय को समझना चाहिए। यदि आशय समझ में आ जाए तो लकीर के फकीर की भांति आदेश मानने की जरूरत नहीं है। वह तो मूढ़ता ही होगी। जैसे संस्मरणों की बाबत मेरी दृष्टि यह है कि उन्होंने जो मना किया, वह ठीक किया क्योंकि बहुतेरे लोग सामने आएंगे और नमक-मिर्च मिलाकर ढेर सारी बातें बताएंगे। कुछ के इरादे नेक रहेंगे तब भी कुछ का कुछ लिख जाएंगे। एक बार एक सज्जन मुझे ट्रेन में मिले... लगभग 1988 की बात होगी, मुझे कहने लगे ओशो की माता जी का निधन हो गया है और पिता जी जिंदा हैं। मैं उनके गांव में रहता हूं, आप जानते होंगे। जबकि वस्तुस्थिति यह है कि पिता जी का महापरिनिर्वाण 08.09.79 को हो गया था और माता जी की छाया अभी हम पर है। एक बार एक नालायक मिला और ओशो की बाबत जानकारी का दावा करते करते कहने लगा वह ओशो का भाई है। मैंने डांटा उसे कि मैं ओशो के हर भाई को जानता हूं तू तो नालायक लगता है। एक बार तो

स्वामी निकलंक भारती (ओशो के भाई) से ही एक आदमी कहने लगा कि वह ओशो का भाई है। निकलंक जी ने नहीं बताया कि वे खुद ओशो के भाई हैं। वे मजा लेते रहे। तो कहने का आशय यह कि प्रेमियों में भी प्रेमवश ही लोग नमक-मिर्च मिलाकर, बढ़ा चढ़ा कर बातें करते हैं, करेंगे। कुछ अप्रामाणिक बातें करेंगे। मैं ऐस मित्रों को जानता हूं। तो ऐसी बातों को ओशो ने प्रश्रय नहीं दिया। तो क्या है उपाय ? उपाय यह है कि या तो इतनी समझ विकसित करो कि कहने वाला जो कह रहा है उसमें क्या सही क्या गलत जान लो क्योंकि गलत कहते समय उसके चेहरे की छवि बदल जाती है। अरोमा चेन्ज हो जाता है और या जो समझ सकता हो उसे इस कार्य के लिए अधिकृत करो। मैं तो समझता हूं भाई। कोई जब बात करता है तो कब गलत शुरू किया एक पल को भी ओझल नहीं होता। स्वयं मैंने संस्मरणों में कुछ घटाया-बढ़ाया नहीं। ज्यों के त्यों रहने दिया है। यदि मुझे कुछ कहना है तो अपनी जबानी कहता हूं, अपनी जबानी कहने में क्या झिझक ? क्या डर ? किससे डर ? जब संस्मरणों की बात मा योग नीलम से चली और उन्होंने कहा, 'शायद मैं ठीक-ठीक शब्द नहीं दे पाऊंगी। आनंदो (मा देव आनंदो) इनर सर्किल की सेक्रेट्री से मिलना तो वह बताएंगी परंतु इतना है कि ओशो ने संस्मरणों को प्रोत्साहन नहीं दिया।' मैंने तत्क्षण कहा, 'मेरे ऊपर यह लागू नहीं होता।'

और जब आनंदो से मिला व बताया कि ओशो पर और किताबें लिख रहा हूं जिसमें एकाध तो संस्मरणों की पुस्तक है। तो आनंदो ने मुझे न मना किया न यह ही कहा कि ओशो ने प्रोत्साहित नहीं किया है। आनंदो ने पूछा, 'क्या आपको सब याद है ?' मैंने कहा, 'प्रसंग भूल जाते हैं लेकिन प्रसंग याद आने पर तो सब कुछ याद हो आता है जैसे अभी कल की ही बात हो। तो ओशो ने मना किया होगा क्योंकि संस्मरण हर व्यक्ति नहीं लिख सकता। यह हर आदमी के वश की बात नहीं है। कुछ का कुछ लिखेगा। मैं एक उदाहरण देता हूं। मैं हरियाणा गया हुआ था। वहां एक संन्यासिनी गवर्नमेंट डिग्री कालेज चंडीगढ़ में हिंदी की प्रोफेसर हैं। मैं उनके यहां दो दिन रहा। लौट कर आया तो उन्होंने ओशो टाइम्स हिंदी को एक लेख लिख भेजा—'एक भेंट स्वामी अगेह भारती से'। उन्होंने उसकी कापी हमें भी भेजी। उस लेख में उन्होंने मुख्य चीज तो कुछ और ही लिखी थी परन्तु मेरे

द्रारा सुनाए गए संस्मरणों का भी उपयोग किया था जो कि एक दम गलत था। एक संस्मरण दूसरे में, दूसरा तीसरे में तो मिक्स हो ही रहा था और भी कई त्रिटिपूर्ण बातें थीं। जब कि मेरी मुलाकात ताजा थी। मिलने के तीन चार माह बाद लिख भेजा होगा। तो संस्मरण हर आदमी नहीं लिख सकता। थोड़ा सा बोध चाहिए, थोड़ा सा होश चाहिए। करीब-करीब आधा दर्जन लोगों ने मुझे यह बात कही है कि मेरे द्रारा वे गत 20 वर्षों में कई बार एक ही संस्मरण पुन: पुन: सुने हैं पर कहीं एक शब्द तक का फर्क नहीं होता। वही का वही। ज्यों का त्यों। संस्मरण सुनाते समय चेहरे का हाव-भाव, गेस्चर तक वही होता है। जब भी किसी ने ऐसा कहा, यह मेरे लिए सचमुच पुरस्कार था।

तो बात चली थी ध्यान की विधि पर। कोई कहता कि वे विकृत कर रहे हैं तो मैं कहता कि मेरी दृष्टि में वे ठीक कर रहे हैं। स्वामी मोहन भारती, लखनऊ, जनवरी 1993 में जब ओशो महोत्सव के समय पूना आए तो एक दिन बातचीत के दौरान मैंने कहा कि कोई ध्यान की विधि किसी की समझ में आ जाती है तो क्या करे वह। समझ में आ गई तो आ गई। ढूंढे बगैर चाबी मिल गई तो क्या करे। तो स्वामी जी ने थोड़ा रोष में आते हुए कहा कि बुद्ध पुरुष के सिवा कोई ध्यान विधि निर्मित नहीं कर सकता। मैं उनके रोष को स्वीकारता हूं। वे भक्त हैं। वह रोष स्वाभाविक था। पर मैं जो कह रहा था वह भी स्वानुभव पर निर्भर था। अत: चुप तो नहीं हो सकता था। हां, उन्हें दुख न पहुंचाते हुए मैंने अपनी बात पुन: कहने की कोशिश की। यद्यपि वे इस बात से राजी नहीं लगते थे, पर अर्से से मुझे प्रेम करते रहे हैं तो वे भी मुझे नाहक दुख नहीं पहुंचाना चाहते थे, अत: धीमे से चुप हो गए। वह प्रसंग हट गया। और जैसा मैंने कहीं कहा है—मेरी बात का समर्थन ओशो सदा कर देते हैं, कभी एक दो दिनों, कभी एक दो महीनों में। तो 19 मार्च 1993 को बुद्धाहाल मे शाम वीडियो दिखाया जा रहा था 'ता हुई' शृंखला का प्रवचन नं० 14। उसमें ओशो कहते हैं कि तुम कितनी ही ध्यान विधियां स्वयं निर्मित कर सकते हो बस फंडामेंटल तीन चीजें उसमें होनी चाहिएं: 1. रिलेक्सेशन (शिथिलता, विश्राम), 2. विटनेसिंग (साक्षी) 3. नानजजमेंटल (अनुमान रहितता, राय रहितता)। तब मैंने स्वामी मोहन भारती को पत्र लिखकर बताया कि बात की पुष्टि में उन्हें 'ता हुई' का प्रवचन नं० 14 सुनना अथवा पढ़ना चाहिए। ओशो वही

कह रहे हैं जो उस दिन मैं कह रहा था। अत: मेरी दृष्टि में स्वामी योग चिन्मय जो करवा रहे थे वह पूर्णत: ठीक था।

पोखरा कम्यून की भौगोलिक स्थिति को कभी भुलाया न जा सकेगा। प्रात: कमरे के सामने खड़े हो जाइए और हिमाच्छादित हिमालयन पीक्स के दिव्य दर्शन करिए। हां, दिव्य दर्शन ही होता है जिसे देखकर आप आवाक रह जाएं, चित्त स्थिर व शांत हो जाए, ध्यानावस्था में हो जाए। वह दिव्य दर्शन ही है। वह हिमाच्छादित शृंखलाएं दिन भर हिमाच्छादित रहतीं। दिन भर क्या, उन शृंखलाओं की पूरी बर्फ कभी पिघली ही नहीं। कितनी हजारों मीटर पर्त तक सूरज की गर्मी कभी पहुंची ही नहीं। पिघलने का सवाल ही नहीं पैदा होता। उन शृंखलाओं के आज नाम याद नहीं हैं, न उनकी ऊंचाई याद है। सब मिलाकर दर्जन के लगभग शृंखलाएं हैं। सभी आस-पास ही। ज्यादा भी हो सकती हैं, संख्या याद नहीं। पर इनमें एक शृंखला है जिसकी ऊंचाई-यदि मैं भूल नहीं रहा हूं तो-एवरेस्ट के बाद सर्वाधिक है यानी दूसरे क्रम पर है। मैंने पूरा नेपाल तो नहीं देखा है परंतु लगता है पोखरा नेपाल की शायद सर्वोत्तम जगह हो। आज उन शृंखलाओं की स्मृतियों ने मुझे आ घेरा है। हो सका तो एक बार पोखरा घूमने पुन: जाऊंगा। वाह ! हिमालय को क्यों स्वयं प्रभु श्री प्रवचनों में बार-बार याद करते हैं। कहना न होगा कि ये शृंखलाएं अपने कम्यून की बहुत बड़ी शोभा थीं। कम्यून में कहीं भी खड़े होकर दिन भर में कभी भी उन शृंखलाओं की ओर लगातार देखिए और कुछ ही क्षणों में ध्यान लग जाएगा। क्या कमाल की जगह चुनी थी स्वामी योग चिन्मय ने या अस्तित्व ने।

यह शिविर और भी बहुत जोरदार हो रहा था। दो-दो संबुद्धों की उपस्थिति ! लोग और भी डूब रहे थे।

वैसे तो बहुत से लोग मिलते, अनेक लोग पांव भी छूते, अनेक लोग कुछ देर को साथ में बैठने आते। अनेक लोग अनेक सवाल भी पूछते। मैं ही आसानी से उपलब्ध था। स्वामी योग चिन्मय जी तो अपनी 'हट' में रहते। स्वभावत: वहां हर समय तो आदमी जा नहीं सकता था। और मैं तो लोगों के बीच ही ठहरा था, तो काफी लोग संपर्क में आते। कुछ नाम आज भी याद हैं। बोधिसत्व स्वामी आनंद अरूण तो थे ही, स्वामी विमल परवर दिगार, स्वामी आत्मतीर्थ भारती, डा. मा प्रिया

भंडारी, स्वामी योग तेजस्वी, मा प्रिया भारती, डा. सकूरा राज भंडारी, स्वामी कृष्ण मोहन भारती व स्वामी प्रेम धर्मेश व उनकी पत्नी, मा नीर्वा स्वर्गो, स्वामी ध्यान जयदेव, व दिल्ली का पूरा ग्रुप था ही व और भी ढेर सारे मित्र जिनके नाम आज याद नहीं। एक काली देवी सी मा थी शक्ल याद आ गई जिसकी इतनी ऊर्जा जग गई थी कि वह आखिर के तीन दिन तीन रात चीखती-चिल्लाती ही रही, पति को खासी सेवा करनी पड़ी।

पोखरा में ही मेरी मुलाकात हुई मा आनंद इदा एवं स्वामी सहजानंद (दरभंगा) से। मा आनंद इदा ने पहले ही दिन से मेरा इतना ध्यान रखा कि धीरे-धीरे वे मेरी 'केयर टेकर' ही हो गई जब तक मैं वहां रहा। (1986 जनवरी में काठमांडो में भी इन्होंने मेरी पूरी केयर ली; इनके मित्र ने भी, पर अभी केवल पोखरा की बात 1984 अक्टूबर की करूंगा) तो उनका भोजन की टेबल पर मुझे हाथ का सहारा देकर ले चलना व मेरे बैठ जाने के बाद जाकर थाली, कटोरी लेना, खाद्य सामग्री व पानी का गिलास लेना और ले आकर मेरी टेबल पर रखना व बैठकर भोजन करवाना। और कुछ जरूरी हो तो पुनः ले आना। जब मैं भोजन कर लूं तो मुझे सहारा देकर कमरे तक पहुंचा आना, तब स्वयं भोजन लेना। उसका मित्र खाना लेकर आता कभी मेरे साथ बैठता, कभी वह भी इदा की मदद करता और दोनों बाद में साथ भोजन लेते। मैंने एकाध बार कहा भी कि तुम अपने लिए भी साथ ही ले आया करो पर 'बाद में लूंगी' ही कहती वह। तब मैंने कहना बंद कर दिया। मा आनंद इदा व स्वामी सहजानंद की मित्रता है और वह बहुत गहरी समझ पर आधारित है जो कि विरल है।

एक दिन की बात है अपराह्न मैं सोया था। इदा और सहजानन्द मिलने आए सो वहीं फर्श पर पड़ गए कि स्वामी जी जब जगेंगे तो मिलकर ही लौटेंगे। बिस्तरों की व्यवस्था वहां कमरों में यूं थी कि जहां तक याद कर पाता हूं पहले एक दरी, उसके ऊपर मैटरस (गद्दा) बेड शीट व तकिया, रजाई आदि। तो गद्दे के अलावा जगह नंगी फर्श थी। उसी पर दोनों पड़ गए। इदा मेरे पांव के पास आई यूं ही आनंद में, अकारण, वह अपने हाथ की उंगलियों को मेरे पांव के करीब ले आई। उसे छूना नहीं था - बस यूं ही भाववश, बेइरादे। पर उसकी उंगलियां जब मेरे पांव की उंगलियों के नजदीक आई तो उसने अनुभव किया कि मेरी हर उंगली

की टिप्स से बहुत ऊर्जा निकल रही है जो फुर-फुर साफ पता चल रही है। उसने सहजा को संकेत से बताया। सहजा ने देखा तो उसने भी पाया कि सच ही ऊर्जा निकल रही है और काफी ज्यादा निकल रही है। इदा ने पुन: देखना चाहा। वह अपनी उंगलियों को थोड़ा और पास ले आई। यद्यपि उंगलियां छू नहीं गई पर एक रेंज में आते ही उसकी उंगलियां पीछे फिंक गईं। मैंने एक झटका अनुभव किया और अचानक आंखें खोल पीछे मुड़कर देखने लगा। वह तो दंग रह गई पल भर को। मैं मुस्कराता हुआ उठकर बैठ गया और पूछा कि क्या हुआ ? तब उसने उपरोक्त बातें बताईं। तभी मुझे भी ज्ञात हुआ कि पांव की दसों उंगलियों से ऊर्जा निरंतर बहती रहती है। घर लौटकर संबोधि को भी बताया था, उसने भी इसे अनुभव किया। यह साल-डेढ़ साल के आस-पास रहा। उसके बाद बहुत कम होता गया, कम होता गया। अब तो मुझे नहीं अनुभव होता।

एक दिन हम शिविरार्थी हिमालयन नदियों का नजारा देखने निकले और एक नदी में स्नान भी किया। वहां दो धाराएं एकदम पास-पास से बहतीं थीं। एक गर्म पानी की, एक ठंडे पानी की। स्नान के लिए लगभग तीन किलोमीटर इतने संन्यासियों का दो संबुद्धों से युक्त ग्रुप में जाना, स्नान करना व आना , सभी कुछ बेहद रोमांचकारी था यह तो महसूस करने की बात है।

लोग स्वामी योग चिन्मय से व्यक्तिगत रूप से मिलने के लिए समय लेते। पता नहीं यह काम किसके माध्यम से होता। एक दिन शायद चौथे दिन-मैंने खुद कहा 'मैं भी आपसे मिलना चाहता हूं।' वे बोले, 'मैं भी मिलना चाहता हूं, मैं बुलाऊंगा आपको।' चार-पांच दिन बाद एक अपराह्न मैं सोकर जग गया था मगर लेटा ही था। इदा बैठी थी। अचानक देखा तो स्वामी योग चिन्मय जी कमरे के द्वार पर। मैं झट खड़ा हो गया। वे आगे बढ़े और बोले मैं आ गया हूं आपको लेने। और कुछ भी याद नहीं है कि हम बात शुरू किए या गले मिले या नहीं मिले। कुछ भी याद नहीं है पर कुछ भी समझा जा सकता है। न गले मिलने में कोई अड़चन थी, न न मिलने में। इसका कोई अर्थ ही नहीं है। जैसी स्थिति उस वक्त अपने आप बन गई होगी सहज। क्योंकि चिन्मय जी जब इधर आने लगे होंगे तो पहले दो चार लोग साथ हुए होंगे, फिर दस पंद्रह और फिर तो लगभग पचीस तीस लोगों का काफिला उनके साथ था जब वे आए। उन्होंने क्षण भर को

रूम पर नजर डाली। मुझसे पूछा, 'स्वामी जी, आपको कोई तकलीफ तो नहीं है यहां ?' मैंने कहा, 'बिल्कुल नहीं, मैं तो बहुत आराम से हूं।' तब उन्होंने अपने किसी लेफ्टीनेंट को निर्देश दिया कि मैटरस तो एक और स्वामी जी के लिए ले आकर बिछा दो, जो कि तत्काल ले आई गई व बिछाई गई। वे मेरा हाथ अपने हाथ में लिए हुए चल पड़े। स्वामी जी कम्यून के संबंध में विभिन्न जानकारी देते हुए चले। सारे कमरों के सामने से मुख्य द्वार तक काफिला और बड़ा हो गया जो साथ-साथ चल रहा था। कैमरामैन अपना कार्य कर रहा था। मुख्य द्वार से स्विमिंग पूल की तरफ होते हुए, हाथ बहुत प्रेम से अपने हाथ में लिए हुए चलते गए। कैमरे भी चलते गए। कम्यून के फोटो ग्राफर स्वामी का कैमरा, दूसरे एक-दो स्वामियों के कैमरे। और आखिर स्वामी जी की 'हट' पर पहुंच गए। 'हट' के द्वार पर पूरा काफिला रुक गया। भीतर स्वामी जी मेरा हाथ थामे प्रवेश किए तथा पीछे स्वामी सतीश सत्यार्थी, नई दिल्ली। स्वामी सतीश सत्यार्थी का आर्थिक रूप से पोखरा कम्यून में काफी योगदान रहा, वे एक मुख्य स्तम्भ थे। चिन्मय जी ने मुझे बिस्तर पर बैठने को कहा। बाद में वे भी आ गए। और इतना मुझको प्यार किया, इतना मुझको प्यार किया, मेरी गर्दन में, सिर, दाढ़ी से जैसे गाय का बच्चा देर बाद अपनी मां को मिलने पर करता है या फिर जैसे मां गाय देर बाद अपने बछड़े को पाकर करती है। वह शब्द में कही जा सकने वाली बात नहीं है, वे क्षण अद्‍भुत थे। और काफी देर तक यूं करते रहे। तब उसके बाद उन्होंने उस डबल (गोल) बैड पर दो तकिए एक के ऊपर एक स्वयं रखे व मुझे कुछ देर आराम कर लेने को कहा। मैंने एक तकिया उन्हें लेने को कहा तो 'जरूरत नहीं है' कहा उन्होंने और कहा कि मैं दोनों इस्तेमाल करूं। मैं दोनों तकिए लगाकर लेट गया। वे बिना तकिया लगाए लेट गए। इस सारे समय स्वामी सतीश चुपचाप फर्श पर बैठे रहे। हम दोनों ने लगभग 15 मिनट आराम किया। तत्पश्चात उठे तो कुछ देर बात चीत हुई।

मैंने स्वामी जी को बताया कि मेरा शरीर भीतर ही भीतर निरंतर गलता हुआ सा प्रतीत होता रहता है। स्वामी जी ने बताया, 'आप पर ओशो का महा आशीष हैं। जो हम लोगों के शरीर पर हुआ है आश्रम में, सासवड में काम कर-कर के, वह आप पर सहज बिना वह सब किए हो रहा है। पूना आश्रम में हम लोगों से बहुत

मेहनत का भी काम लिया गया है, जैसे सासवड में पत्थर तोड़ना आदि। तो उसमें हमारे शरीर वही नहीं रह गए है जो पहले थे, सब नरम हो गया है। वह मेहनत नहीं करवा रहे थे ओशो। अब समझ में आता है वह शरीर को तैयार करवा रहे थे। तो जो इतनी मेहनत करवा-करवा कर शरीर पर हुआ है, वह आपको प्रसादरूप घट रहा है, आशीष स्वरूप घट रहा है। योग में विधियां हैं कायाकल्प की। आपका काया-कल्प बिना कुछ किए स्वत: हो रहा है, गुरु कृपा से हो रहा है।'

इसके सिवा जहां तक याद है, अपनी ओर से मैंने कुछ बात नहीं किया वे ही प्रेम स्वरूप गपशप करते रहे। मेरे वहां आने के प्रति भी बहुत खुशी जाहिर किया उन्होंने। सब मिलाकर डेढ़ घंटे के आस-पास उनके आवास पर रहा। एक बुद्ध पुरुष के पास होने-सा अनुभव निरंतर मुझे होता रहा। स्वामी जी के साथ उन क्षणों के लिए एवं पोखरा में बिताए पूरे तेरह दिनों के लिए अस्तित्व का धन्यवाद करता हूं और स्वामी सतीश सत्यार्थी नई दिल्ली का भी जो आग्रह करके लिवा ले गए थे। खैर, तो हमारी मुलाकात समाप्त होने पर स्वामी जी 'हट' से निकलकर बाहर दस-पंद्रह कदम तक मुझे विदा देने आए। सच यह है कि आग्रह करने पर ही वापस लौटे। स्वामी सतीश जी मेरे रूम तक साथ आए।

पोखरा जब तक रहा रोज सुबह उठकर नंगे पांव टहलने का मजा लिया। हमारे कमरों के सामने इतनी सुंदर बड़ी-बड़ी दूब थी, कि वह टहलने के लिए आमंत्रित करती सी लगती। सुबह उस पर ओस भी खूब पड़ी रहती। मोतियों सी बूंदें दूब की पत्तियों पर लदी रहतीं। एक दिन टहलते-टहलते जैसे दांया पांव जमीन पर रखा, एक मोटा सा बबूल का कांटा लगभग डेढ़ इंच लंबा चभाक से पांव में घुस गया। मुझे तनिक भी दर्द नहीं हुआ। मैं केवल साक्षी था कि पांव में कांटा घुसा। उल्टा मैंने पाया कि मेरे पांव ने कांटे को बड़े प्रेम से जगह दी। पांव मैं नहीं था, पांव मुझसे दूर था, मैं केवल दृष्टा था। मैंने कांटे को रुकावट नहीं डाली, उसे भीतर पांव में घुसने दिया। जब पूरा-पूरा घुस गया तब मैं बैठ गया, उसे प्रेम से देखा व एक हाथ से प्यार से उसे निकालने के लिए पकड़ा तो जरा सा ही खींचने पर वह ऐसी सरलता से निकल आया मानो उसने निकलने में सहयोग किया हो। आश्चर्य यह है कि निकालने में भी दर्द नहीं हुआ। मेरे लिए यह बड़े आश्चर्य की बात थी कि इतना बड़ा कांटा चुभा और दर्द नहीं हुआ। निकालने के बाद भी पांव

में तनिक भी दर्द न हुआ। बस एक बार भल्ल से खून अवश्य निकल आया था। क्षण भर दबाए रहकर छोड़ दिया, रक्त स्राव भी बंद हो गया दर्द तो हुआ ही नहीं। मुझे बाद में खयाल आया कि यदि मेरा शरीर बाधा देता, रेसिस्ट करता चुभने में, तो वह टूटता भी और दर्द भी करता। मालूम है कांटे कई-कई दिन दर्द करते हैं।

एक दिन स्वामी सतीश सत्यार्थी अपराह्न कहने लगे कि कल हम लोग एक चार्टड फ्लाइट से हिमालय दर्शन को चलेंगे। मैंने कहा, 'ठीक'। स्वामी जी ने कहा, 'तीन बार से शिविर के दिनों में कोशिश की जा रही है पर संभव नहीं हो पाया था। इस बार यह संभव हुआ। स्वामी जी ने आगे बताया 'इस बार भी एयर पोर्ट पर जो अधिकारी होते हैं उन्हें कहकर रखा गया था। कुछ देर पहले खबर आई है कि कल एक जहाज पोखरा आएगा व डेढ़ घंटे बाद वापस उड़ान भरेगा तो इस बीच एक घंटे का समय आपको दिया जा सकता है हिमालय दर्शन हेतु। तो चलेंगे?' मैंने कहा, 'चलूंगा'। स्वामी योग चिन्मय को खबर गई कि मैं चलूंगा। क्षण भर में लोगों को सूचित कर दिया गया। 700 रुपए एक व्यक्ति के लिए लगना था। तमाम लोगों ने 700 रुपए के हिसाब से पैसे जमा कर दिए। सहजा ने इदा के लिए 700 रुपए जमा किए कि वह मेरे साथ जहाज में जाए, मेरी देख-रेख के लिए। इदा का आग्रह था कि वह भी चले। पैसों की कमी थी अतः वह नहीं जाना चाहता था। पर वह चाहता था इदा अवश्य जाए ताकि मेरी केयर रखे। मैंने सहजा को कहा, 'भाई तुम भी चलने की व्यवस्था कर लो, पर चलो जरूर।' रात सहजा ने बताया कि पैसों की व्यवस्था हो गई है पर इदा को कल चलते वक्त सरप्राइज देना चाहता हूं।

इस तरह हम अगले दिन टैक्सियों में एयरपोर्ट पहुंचे। समय याद नहीं है आज, पर दिन की चमचमाती धूप थी जब हम गए थे। और उड़ान भरने से ठीक आधा घंटा हिमालयन शृंखलाओं की बगल-बगल एक दम बगल से जाते समय उड़ते रहे और आधे घंटे वापसी में। नीचे कहीं जमीन तो दिखती ही न थी वहां शृंखलाओं में प्रवेश करने के बाद। हो सकता है जमीन हो भी न। बर्फ ही बर्फ हो। पर नीचे ढेर सारे बादल रुई के फाहों जैसे दिखाई पड़ते। बादल, बादल और बादल। जैसे गन्ने खड़े रहते हैं तो जमीन नहीं दिखती वैसे यहां नीचे बादल थे। अंतर केवल यह कि बादल गोल आकार में थे। पर नीचे बादलों के सिवा कुछ

नहीं दिखता था मीलों-मीलों, सैंकड़ों मीलों। और हिमालय बगल में कैसा दिखता था? कैसे बताया जाए। सोना भी तो वैसा नहीं चमचमाता जैसी वह बर्फ चमचमाती थी। धीमे से बताया गया कि वह दाईं ओर जो दिख रहा है दूर, वह ल्हासा है, तिब्बत की राजधानी। वहां बर्फ व बादल के सिवा कुछ न दिखता था स्वभावत: एक गहन शांति उतर आई चित्त पर, एक गहन मौन। आधे घंटे बाद जहाज घूमा और वापस उड़ने लगा। ठीक आधे घंटे उड़ता रहा तब हवाई अड्डा फिर दिखा, उतरा जहाज, हम उतरे। हम अभी भी मौन थे। बोलने का जी नहीं कर रहा था। टैक्सियां की गईं। कम्यून जाने की सड़क अत्यधिक ऊबड़-खाबड़ थी। उसमें सभी शांति निकल गई। यह हिमालय-दर्शन से ठीक उल्टा था। स्वामी योग चिन्मय ने बताया यह पहले और भी खराब थी अब तो काफी ठीक की गई है। एक साल के भीतर भीतर और ठीक करवाएगा नेपाल प्रशासन। मुझे लगा कि इस तरह का हिमालय दर्शन तो गहरी ग्रुप थेरेपी जैसा भी किया जा सकता है बस वापस आने पर एयरपोर्ट पर या कहीं पास ही एक एक व्यक्ति के लिए एक एक कमरा हो, पड़ा रह जाने को, बस।

इस तरह मौज-मस्ती में शिविर समाप्त हुआ। हम एक-दो दिन और अधिक रुके स्वामी जी के आग्रह पर। आखिर एक दिन तो चलना ही था, सो चल दिए उस नैसर्गिक वातावरण की थोड़ी हवा भीतर भर कर। पोखरा से फिर उड़े, काठमांडो। फिर उसी होटल में ठहरे। अगले दिन दिल्ली के लिए उड़ान थी। संध्या एक बाबा जी के यहां घुमाने ले गए सतीश जी। वह काफी दूर था। टैक्सी से जाने में भी काफी देर लगी थी। वह बहुत बड़ा बाग है जिसके बीच वे रहते हैं। वहां बंदर बहुत हैं। बाबा जी स्वयं तो अब नहीं हैं पर उनकी गद्दी पर उनके एक शिष्य थे जिनकी आयु उस वक्त 70-75 के आस-पास रही होगी। अगले दिन दिल्ली पहुंचे। जहाज पर भी बड़ा काफिला साथ था। आते समय कुछ लोग बढ़ ही गए थे जैसे स्वामी कुंज बिहारी भारती, सुमन सूरी आदि। वहां पहुंचने के बाद सतना के लिए आरक्षण करवाया गया। स्वामी जी का आग्रह था कि दिल्ली से खजुराहो जहाज में जाऊं, खजुराहो से सतना टैक्सी से क्योंकि तब कुतुब एक्सप्रेस में ए. सी.कोच नहीं लगती थी। पर मैंने कहा कि मुझे प्रथम श्रेणी में भी सीधे रेलमार्ग से सतना यात्रा करना ज्यादा आरामदायक रहेगा। अत: रेलवे ट्रेन

से ही वापस सतना आया। एक बहुत मजेदार यात्रा रही यह।

कुछ दिन सतना रहकर लखनऊ गया। स्वामी अनिल भारती अनेक दिनों से बहुत आग्रहपूर्वक बुला रहे थे। मा मनीषा, शाश्वत तथा एक नवजात शिशु जिसका अभी नामकरण भी न हुआ था। स्वामी अनिल जी ने कहा 'स्वामी जी आप ही नाम रख दें।' मैंने कहा सीधी सी बात है मनीषा को संगीत प्रिय है। शाश्वत है ही, अत: इस नवागत का नाम संगीत। सो उसका नाम संगीत ही हो गया। लखनऊ में स्वामी राकेश भारती, मा अर्चना भारती, महरोत्रा जी, वाजपेई जी, जब तक लखनऊ में रहा, वहां भी सोते छोड़कर, दिन भर बड़ा काफिला साथ रहता। सभी मुझें मिलकर बड़े आनंदित थे। उससे ज्यादा मैं आनंदित था उन्हें मिलकर। इसी बीच कभी वाराणसी गया स्वामी गौरी शंकर भारती व मा पदमा भारती के बुलावे पर। मा उमा भारती उस समय कानपुर में थीं उनको कहीं से फोन पर पता चला कि मैं वाराणसी आया हुआ हूं तो वह कार द्वारा रातों रात वाराणसी पहुंचीं। वह प्रात: स्वामी गौरी शंकर जी के यहां आ रही थीं, हम रास्ते में मिले, गाजीपुर जा रहे थे। स्वामी रामेश्वर भारती का जबरदस्त आमंत्रण था। वे भी वहीं से साथ हो लीं। रास्ते में कार फेल होने का भी भरपूर मजा लिया गया। इन लोगों की दशा यह थी कि कार फेल तो दूर, कुछ भी हो जाए, मैं साथ में रहूं तो सब आनंद। यह एक चलता फिरता बुद्धाफील्ड था। वहां से शाम लौट आए। अगले दिन चकिया गए स्वामी मोहन भारती व मा शैला भारती, मीना आदि से मिलने। लेकिन नहीं चकिया पहले जाया गया था। वहां से बबुरी ध्यान केंद्र पर। जहां भी जाता इतनी तेजी से चारों ओर खबर पहुंच जाती कि हर जगह निरंतर ओशो के प्रेमी शिष्यों से यह आदमी घिरा रहता। बहुत प्यार मिला। हर जगह बहुत प्यार मिला। हर जगह लोग आपस में बतियाते, सचमुच चमत्कार है। अगेह जी एकदम बुद्ध हो गए हैं। चाल में क्या अपूर्व मस्ती है। उठने, बैठने, चलने, बोलने में क्या प्रसाद है। छोटी से छोटी बात का इतना खयाल रखते हैं। भीड़ में कोई पीछे पड़ गया आदमी भी धीमे से अपने यहां ले जाने के लिए फुसफुसाता तो स्वामी जी को सुनाई पड़ जाता। न केवल सुनाई पड़ जाता वहां वे जाते भी। हर जगह प्रभु ओशो की अपार अनुकंपा बरसती रही। हर जगह आनंद का सागर हिलोरें लेता रहा। हर जगह सत्संग रखा जाता। हां ओशो का एक भी शिष्य उन

दिनों नहीं खयाल में आता जिसको अगेह भारती बुद्ध नहीं दिखाई पड़ते रहे। स्वभावत: हर जगह हर तरह से बुद्ध जैसा प्रेम, आदर, सम्मान, केयर।

सतना में भी लोग मिलने जुलने (उनकी भाषा में दर्शन करने) आते रहे। दिसम्बर में ओशो जन्मोत्सव पर फिर पूना गया। ड्यूटी पर जा ही नहीं रहा था। इस बार अकेला गया था। संबोधि नहीं जा सकीं। राघवेंद्र भारती व किरण भारती पूना में ही थे। यह तो बिना बताए समझ लीजिए कि उन दिनों जहां भी गया, ढेर सारे प्रेमियों से सदा घिरा रहा और सहज ही बहुत प्यार मिला, केयर मिली।

दिसंबर में भी पूना के बाद बंबई गया हूं स्वामी किशोर भारती के आग्रह पर। वहां मा प्रेम अर्चना (नीरू) विशेष केयर लेतीं। वह छाया की भांति साथ-साथ रहतीं। हर रोज सत्संग होता। पचासों लोग नित जमा होते। एक दिन मा कृष्ण वीणा के आग्रह पर उनके घर गया। यह काफी दूर था। लगभग एक घंटे का कार ड्राइव। वहां भी पचास के आस-पास सत्संगियों से घंटे डेढ़ घंटे का मिलन रहा। इसी बिल्डिंग में दुलारी मा भी रहती थीं। यद्यपि वे उस महफिल में मौजूद थीं पर उनकी भावना थी कि उनके घर भी कुछ क्षणों के लिए चलूं। अत: उनके यहां भी गया। नीरू साथ में थी। उन्होंने नीरू को कुछ गिफ्ट दिया था कि स्वामी जी के लिए है जो नीरू ने चर्च गेट कौशिक भाई के यहां आने पर मुझे बताया। कृष्ण वीणा ने भी कुछ दिया था, किसी ने क्या दिया था का मूल्य नहीं है पर हर प्रेमी अपना हृदय उड़ेल रहा था, यह मजेदार था।

बंबई से लौटने पर दिसंबर के आखीर में मैंने ड्यूटी ज्वाइन किया पर दो-चार दिनों बाद पुन: अवकाश लेना पड़ा। शरीर पहले से बेहतर था फिर भी अभी आराम चाहता था। इसी बीच पता चला कि ओशो ने किसी प्रवचन में कहा कि संबुद्धों की घोषणा एक मजाक थी। मैंने जैसे संबुद्धत्व की घोषणा को सहज लिया था वैसा ही सहज यह भी लिया। बाद में वह कैसेट सुना तो वह बहुत रहस्यपूर्ण प्रवचन लगा, खासकर वह अंश जो संबुद्धों की घोषणा के संबंध में किसी के प्रश्न का उत्तर देते समय प्रभु श्री ने कहा। खैर... वह तो व्यक्ति स्वयं सुने व समझे। जो वह समझे वही सही है। पर इस घोषणा का जितना मजा मैंने लिया है शायद ही किसी अन्य ने लिया हो। क्योंकि ज्यादातर घोषित लोग कम्यून वासी थे। कम्यून में काम-धाम रहता है, वातावरण भी थोड़ा भिन्न रहता है। बहुत सी बातें

नहीं बता रहा हूं, क्योंकि नहीं बताना चाहिए। सब कुछ नहीं कहा जाता। कुछ समझने वालों के लिए भी समझने को छोड़ दिया जाता है, छोड़ दिया जाना चाहिए।

जाने किस माह में कटनी मा धर्म प्रिया (मीरा) के यहां गया था। वहां भी मेला लगा था संन्यासियों का। मैं तो रात 11 बजे सो गया, अगले दिन मालूम हुआ स्वामी वेद सरस्वती आदि तमाम प्रेमी इतने आनंद एवं उमंग में थे कि रात भर सोये ही नहीं, बतियाते रहे। आश्चर्य यह है कि मुझे तनिक भी आश्चर्य नहीं होता था जब सारे के सारे लोग मेरे साथ ऐसा व्यवहार करते मानो मैं बुद्ध हूं।

स्वामी प्रेम आकाश, मा साधना के विशेष आग्रह पर भोपाल गया। जब यहां गया तो शायद बुद्धत्व की घोषणा को ओशो मजाक कह चुके थे। भोपाल स्टेशन अधीक्षक मेरे मित्र थे श्री एन.के.पावरा। उन्होंने स्वामी पूर्णानंद को फोन करके बताया। वे आए तो उन्होंने पहले मा प्रेम पूर्णिमा के यहां चलने का प्रस्ताव रखा। अत: वहां गए हम दोनों। सुबह नौ बजे वहां पहुंचे होंगे। अपराह्न साधना आई तीन बजे के आसपास तो मिठाई वगैरह लेकर आई, प्रसाद बांटा, कुछ देर रुककर उसके यहां गए। उसी के यहां रहकर अनेक जगह गया, घूमे, देखे, मिले। साधना व प्रेम आकाश ने जो सेवा की है वह अभूतपूर्व है। वह मेरे पांवों को अपनी गोद में लिए रात देर-देर तक क्रीम वगैरह लगाती, सहलाती रहती। कभी कभी पांव अधिक जलता। हाथ से छूने पर पता चलता। अनेक बार तो हाथ हटा लेता छूने वाला, लगता जल जाएगा। कई बार साधना गीले नेपकिन वगैरह रखती तो अच्छा लगता। मुझे सुलाए बगैर वह कभी नहीं सोती। वे खुद नहीं जानते उन्होंने मेरी कितनी सेवा की है। इतने प्रेमियों के प्रेम ने मुझे शरीर में बने रहने में अनजाने ही सहयोग किया है। उन्हें वे क्षण भूल गए होंगे पर मुझे याद हैं। उनकी स्मृतियां हो सकता है धुधंली हो गई हों पर वे मेरी यादों में ताजा हैं। एक एक प्रेमी याद है। मैं बुद्ध हूं या नहीं, तब भी नहीं जानता था, आज भी नहीं जानता। तब भी लोग प्रेम करते थे, आज भी प्रेम करते हैं। ओशो के प्रेमी जिन्हें मैं पूजनीय, श्रद्धेय मानता हूं, वे ही उल्टा प्रेम करें, मुझसे मिलकर आनंदित हों, इससे बड़ा और सौभाग्य क्या होगा ! यह प्रेम मिलता रहे तो बुद्ध न भी होकर बुद्ध ही हूं। प्रेम के सिवा भी जीवन कुछ है तो मुझे नहीं मालूम।

और प्रेम बहुत मिलता रहा है, बहुत मिल रहा है—पढ़ें, एकाध पुराने पत्र, एकाध एकदम ताजा पत्र :—

1969 में जयति शुक्ला जो बाद में मा योग मीरा बनीं, और अब देहातीत हैं, उनका हर पत्र एक भक्त का पत्र होता रहा है, पर एक पत्र में तो पूरे पृष्ठ पर और कुछ लिखा ही नहीं सिवा—'रजनीश यानी शिव, शिव यानी मीरा, मीरा यानी रजनीश, रजनीश यानी मीरा, मीरा यानी शिव, शिव यानी रजनीश, रजनीश यानी शिव.......... यह है भक्तों का पागलपन ।

1972 की 17 नवंबर को नीमच से स्वामी आनंद वेदांत लिखते हैं:- 'अभी अभी युक्रांद मिला । सबसे पहले तुम्हारा लेख पढ़ा । पढ़ते ही तुम्हें बधाई देने हेतु लिखने को प्रेरित हुआ । तुमने जो कुछ भी लिखा, मैं पूर्ण सहमत हूं कि वह न तो संस्मरण है, न कविता, वह केवल आमने-सामने की बातचीत ही है । कितने सहज सरल ढंग से बातें आप से कह लेती हैं । यह आपके भीतर की सरलता के कारण ही संभव हो पाता है । अब समझ में आया कि आपके प्रेमियों की संख्या इतनी अधिक क्यों है । आप सरीखे प्रभु-प्रेमी पर कौन न न्यौछावर होगा ।......'

1973 की 6 सितंबर को स्वामी परमानंद भारती अजमेर से लिखते हैं:— '...... कल से ही तुम्हें कोस रहा हूं, कशिश इतनी है कि और कुछ लिखने की इच्छा ही नहीं होती । इतनी अकुलाहट कहां छिपी पड़ी थी, मुझे इसका पता हीं नहीं था और किसे मालूम था कि बेचैनी का दौरा इतना बुरी तरह पकड़ लेगा और झकझोरता ही चला जाएगा, जैसे कि कोई मेरे अस्तित्व को ही जड़-मूल से उखाड़ फेंक देना चाहता हो । तुम कितने प्यारे क्रूर हो, इस क्रूर-कृपा के लिए मेरा तुच्छ धन्यवाद स्वीकार करोगे, तो अवश्य मुझे कुछ तसल्ली होगी । सप्रेम प्रणाम भी स्वीकार करना ।

बात ऐसी हुई कि एक मित्र के यहां गया था, तो उन्होंने दिसंबर 69 के 'युक्रांद' की प्रति पकड़ा दी । कहा, पुराने कागजों में पड़ी मिली थी । मांगकर ले आया पढ़ने को ।

सबसे पहले पढ़ना शुरू किया 'स्मृतियों के इंद्रधनुष' के अंतर्गत तुम्हारे द्वारा प्रस्तुत द्वितीय वि. हि. धर्म सम्मेलन के विवरण को और तभी से उक्त दशा का शिकार हो गया ।

बार-बार मेरे दिमाग में तुम्हारी वह प्यारी मूर्ति ही उभर कर आती रही, जब तुम स्टेज की तरफ दौड़े होगे, बेतहाशा, यह पूछते हुए कि 'क्या हो गया, क्या हो गया' और अंत में प्रस्तुत तुम्हारे उदगार जो भगवान श्री के प्रति तुम्हारे अथाह प्रेम के सूचक हैं।

काश। प्रेम की पावन सरिता में बहने का सुयोग सभी को प्राप्त होता और दयालु की कृपा इतनी अधिक है कि अनेक द्वारों से बहुत बार उसका आमंत्रण प्राप्त भी होता है, परंतु सभी समझदार चूक जाते हैं और कुछ पागल उसको स्वीकार कर पाते हैं। पागलों की गिनती में कुछ नासमझ भाग्यशाली हैं और उनमें एक तुम हो इसलिए तुम्हें वंदन। यह कृतज्ञता ज्ञापन, एक मीठी चुभन के साथ कि मुझे भी परमात्मा इस लायक बनने की सूझ प्रदान करे। तुम्हारी शुभ कामनाएं हिम्मत बढ़ायें मेरी, ताकि उतर सकूं सरिता में मैं भी तुम्हारी तरह। तुम जैसे औरों की भांति।

सप्रेम प्रणाम।

सविनय,
परमानंद भारती।

स्वामी योग प्रताप भारती का पूना से दिसंबर 8, 1985 का लिखा पत्र:—
प्यारे भाई सा. व भाभी,

प्रणाम।

मैं नवंबर 21 को दिल्ली आ गया था। कुछ समय वहां रुक कर गांव जाने का मन था। वहां कुछ अर्सा दूधू-बाबू की सेवा में होने की इच्छा थी, फिर आप लोगों से मिलना और पूना घूमने जाना, ऐसा मन था। किंतु बातें एकाएक बदलीं और मुझे सीधे पूना आ जाना पड़ा। कल शाम 6 बजे झेलम से यहां पहुंचा। जैसे ही संभव हो पाएगा आप लोगों से मिलते हुए गांव जरूर जाने का मन है, फिर देखें कितनी जल्दी यह संभव हो पाता है। किरण, राघवेंद्र यहां अच्छे हैं, मेरे आने से और भी खुश हैं, सभीं खुश हैं। फिल्हाल इस जगह के प्रेसीडेंट स्वभाव जी व सेक्रेटरी बागमार जी घोषित किए गए हैं। अभी चार्ज दोनों ने नहीं लिया है। स्वभाव जी दिल्ली में हैं। बागमार जी की लड़की की शादी कल ही आश्रम पर थी। चीजें तेजी से बदलाहट की ओर रुख ले रही हैं यहां। जब भी संभव हो

आइएगा आप लोग ।

दिल्ली 6 की प्रात: तक था । रमन भाई के घर बेटे का जन्म हुआ दिसंबर 3 को दिन में सवा तीन बजे विलिंग्डन हास्पिटल में । मैं मौजूद था उस दिन । सारा दिन उन लोगों के पास ही रहा । बेटा प्यारा है । मेरे दिल्ली होने से वे सब खुश थे । कुल मिलाकर 3 या 4 दिन उन लोगों के घर रहा व सोया रात । 6 की दोपहर वे लोग हास्पिटल से घर वापिस होने वाले थे ।

'पुरम 17 नवंबर की दोपहर छोड़ने के 2-3 दिन पूर्व ही मदा का पत्र आया था, उसके पहले एक फोन, जिसमें पता चला कि आप संपर्क में थे उनसे और कि आप हम लोगों की चिंता कर रहे थे । उन्होंने कहा कि कभी भी मैं वहां आ सकता था, यदि वैसी आवश्यकता अथवा स्थिति हो, पर ऐसी कोई जरूरत नहीं पड़ी । मैंने उनके पत्र का जवाब भी नहीं दिया था । आप लिखने वाले हों तो सूचना दे दीजिएगा कि मैं यहां आ गया हूं । एकाएक ही मेरा मन आ जाने का हुआ था और चौबीस घंटे के भीतर ही निकल पड़ा था । शायद किसी और हिस्से में नगर के या उसी मोटल के किसी और भाग का उदघाटन वगैरह हुआ था मेयर द्वारा । मदा ने कई चित्र भी पत्र में रखे थे उसके । वे अब मार्केटिंग मैनेजर हैं ।

भगवान के बारे में चिंतित थी, स्वभावत: । भगवान मनाली में स्वास्थ्य लाभ कर रहे हैं । मैं वहां गया नहीं । सब जैसा होना चाहिए वैसा ही हो रहा है ।

मनहर पुरम ही थीं । अभी किसी मामले वगैरह में उनकी भी गवाही की तारीख आदि थी सो आ नहीं सकीं । निवृत्त होते ही जैसे उनकी मर्जी हुई आ मिलेंगी । मेरा वहां लौटने का कोई मन नहीं , चाहता हूं यहीं हम एक दुनिया बसाएंगे हिंदुस्तान में । अमेरिका कुरूप हो गया है । भगवान के बीज वहां बहुत गहरे में पड़ गए हैं, जब उन्हें अंकुरित, पल्लवित, पुष्पित होना होगा, होंगे । काम पर लौटने में आपको कोई असुविधा तो नहीं हुई ?

राजन, गीतू, राहुल, बबलू, भइया, हरकेश व ललन को प्रेम, बबूल कैसा है ? सबको प्रेम सहित — प्रताप ।

स्वामी योग प्रताप भारती का पूना से 17 जुलाई 1987 का लिखा पत्र :—

प्यारे भाई सा,

प्रणाम।

वहां सबको स्मरण व प्रणाम।

आज प्रात: 9.30 बजे डिसकोर्स के बाद आदरणीय संबुद्ध स्वामी आनंद मैत्रेय जी अपने बिस्तर पर दिवंगत पाए गए। मेरे रूम पार्टनर थे वे। डिसकोर्स में नहीं गए थे वे। मैं भी नहीं गया था। 9.30 बजे नहा-धोकर जब मैं बाहर निकलने को था ब्रेकफास्ट के लिए तब उनके हिस्से में मैंने नजर डाली कि मैत्रेय जी हैं कमरे में अथवा नहीं। और मुझे लेटे हुए दिखे जो कि सर्वथा अस्वाभाविक था उनके लिए। सो मैं अंदर गया और देखा कि प्यारे मैत्रेय जी जा चुके हैं। फौरन खबर की सबको। पीछे उनका शरीर बुद्धाहाल में पोडियम पर लाकर रखा गया, जहां गीत-संगीत व उत्सव चलता रहा। प्राय: आधे घंटे बाद भगवान स्वयं आए। अपने प्रिय शिष्य को फूल अर्पित किए। देखा, निहारा। लंबे पल तक उनके सिर पर हाथ रखा, आंखें बंद किए खड़े रहे। अदभुत था वह दृश्य, वह क्षण। प्रभु श्री के जाने के बाद काफी देर उत्सव चलता रहा। पीछे नदी तट पर उनका दाह-संस्कार किया गया— गीत-नृत्य व समारोह के साथ।

अभी शाम के प्रवचन में शुरू में भगवान आधे घंटे तक उनके संबंध में बोलते रहे।

मैत्रेय जी धन्यभागी हैं।
हम सब धन्यभागी हैं।
सारा अस्तित्व धन्यभागी है-
भगवान को पाकर।

सप्रेम

—प्रताप।

पुनश्च: शेष सब आनंद ही आनंद। रघु अच्छा है। पुन: प्रणाम सहित। (मैत्रेय जी 71.5 वर्ष के थे)

स्वामी प्रेम सुदर्शन, शाहजहांपुर का 23 अगस्त 1992 का लिखा पत्र :—

श्रद्धेय स्वामी अगेह भारती जी,

स्नेहपूर्ण नमन।

12.8.92 का पत्र 22.8.92 को मिला है।

ओशो-विला की उत्सवपूर्ण स्मृतियां अभी तक जीवंत हैं। सचमुच शिविर जैसा पूरा आनंद वहां प्राप्त हुआ।

ओशो- विला उन सभी मित्रों के लिए एक तीर्थ हो गया है जो ओशो को आपके निमित्त से अपने हृदय में समाहित किए हैं।

ओशो-आंदोलन को आप अपनी इकाई से किस प्रकार अग्रसारित करेंगे? आदि-आदि विषयों पर आपसे उस दिन चर्चा करनी थी, किंतु वातावरण की मस्ती और कुछ अन्य कारणों से वे सब चर्चाएं न हो सकीं। अलबत्ता जब भी पूना जाएं, मा नीलम से खुलकर बात करें। आपका ध्यान शिविरों का संचालन करना और तमाम लोगों के लिए बहुत मंगलकारी होगा।

मा संबोधि को प्रणाम ही प्रणाम।

स्वामी प्रज्ञान भारती की याद अक्सर आ जाती है। अमित सिंह बाबा को याद-याद।

घर के सभी बंदे आपको प्रणाम भेजे रहे हैं।

पुनः प्रणाम सहित,

—स्वामी प्रेम सुदर्शन।

स्वामी प्रज्ञान भारती, नरसिंहपुर का 10-11 नवंबर 1992 का लिखा पत्रः—

भाई साहिब,

प्रणाम।

आपके पत्र 28/10 तथा 31/10 का लिफाफा प्राप्त हुआ और अंतरंग संवाद प्राप्त हुआ।

पत्र जितनी आपकी आंतरिक दशा-दिशा और पीड़ा अभिव्यक्त कर सकता है, कर रहा है, जानता हूं कि पीड़ा इससे भी कहीं अधिक है।

यह पीड़ा क्या है, इसे तो ध्यानस्थ हो अपने-आप में बैठकर ही ठीक-ठीक जाना जा सकता है और यह क्रमशः आप पर घटित भी हो रहा है।

कुछ बातें जो संभावित हैं और मुझे दृष्टव्य होती हैं उस पर संकेत कर रहा हूं।

यह पीड़ा एक भक्त की है कि वो अपने प्रियतम का गुणगान करना चाहता है, उनकी महिमा गाना चाहता है।

यह पीड़ा एक शिष्य की है कि वो अपने सदगुरु की करुणा को जो कि उसने जानी है, जी है, उसे व्यक्त करना चाहता है।

यह पीड़ा एक साहित्यिक मन की छटपटाहट है कि वो अपने समग्र अनुभव को औरों में बांटकर अभिव्यक्त होना चाहता है।

यह पीड़ा एक ऐसे जीवनानुभवी की है कि वो इसे उन तक पहुंचाना चाहता है जो उसी की तरह उस राह पर हैं जिन पर वह चला है।

यह पीड़ा भरे हुए कुम्भ की है कि वो छलकना चाहता है, बंटना चाहता है। यह पीड़ा अलग-थलग पड़ जाने की है या कि अपने प्यारे के कार्य में सक्रिय न हो पाने की।

यह पीड़ा अपने-आप में बहुआयामी हो सकती है लेकिन जो बात आपके साथ सदा होती रही है और जिसे आपने व्यक्त भी किया है कि आप आक्रामक कभी नहीं हुए—आक्रामक से मेरा आशय है कि आपने स्थापित होने की कभी कोशिश नहीं की है। आगे होने के लिए, जो कि आक्रामकता ही है, एक तरह से आपने अपने को बचाकर ही रखा, आपने सहजता से पीछे हट जाना स्वीकारा मेरे देखे आपका पीछे हट जाना आपकी कमजोरी नहीं थी, आपका पीछे हट जाना आपकी सजगता थी और वहां होकर भी आप आगे होने वालों की गतिविधियों के प्रति हमेशा सजग-सतर्क रहे हैं। वहां होकर आप बहुत बारीकी से आगे होने वालों को जानते रहे हैं और आज भी जानते हैं। अनेक सूक्ष्म प्रसंगों पर हमारे आपके बीच विवेचनाएं भी हमने पूर्व में की हैं और आपकी सजग दृष्टि का परिचय मुझे हमेशा ही मिला है।

आपकी इस पीछे रहने की स्थिति को ओशो ने भी जाना है और इसीलिए स्वयं ही प्राय: हर बार आपको बुलाया है, भेंट दी है। क्योंकि शायद वे जानते रहे हैं कि आप धक्का-मुक्की करके आगे नहीं बढ़ेंगे और पीछे भले ही हो जाएं।

आपने पीछे रहकर भी ओशो को जिस तरह जीया है उस तरह जीने वाला अग्रिम पंक्तियों में कोई भी नहीं दीखता। अग्रिम पंक्तियों में खड़े लोग अपने चेहरों पर मुखौटे लगाए हुए थे और उनमें से अनेकों आज भी मुखौटे लगाकर ही व्यवस्था में सम्मिलित हैं। स्थापित व्यवस्था के लिए ऐसे लोग उपयुक्त हैं और ये कुशलता से उसे संचालित भी कर सकते हैं क्योंकि इन्हें मशीन बनकर जीने में भी कोई एतराज नहीं है।

बुद्धत्व किसी घोषणा या सर्टिफिकेट पर निर्भर नहीं करता लेकिन किसी सदगुरु द्वारा किन्हीं शिष्यों को संबुद्ध उदघोषित करना (फिर उनके अनुसार वह उनका मजाक ही क्यों ना हो।) सिर्फ मजाक ही नहीं है। अगर यह मजाक भी है तो इस मजाक के लिए चुने गए व्यक्ति होना भी अपने आप में एक सार्थकता रखता है। ओशो ने इसे मजाक कहा है लेकिन इसी कारण वे व्यक्ति मजाक या उपहास या उपेक्षा का विषय नहीं बन जाते हैं। उन्होंने जिसको घोषित किया है वे संबुद्ध हो ही चुके हैं। सदगुरुओं के वचन फिर चाहे वे जैसे भी कहे गए हों सत्य ही होते हैं। इसे मजाक बताकर उन्होंने उन व्यक्तियों की सुरक्षा का ही उपाय किया है, मुझे यही लगता है।

जहां तक मुझे समझ पड़ता है आपके सामने कुछेक विकल्प हैं जिन पर सोचना और अमल करना आप पर ही निर्भर करता है।

पहला यही कि आप जमाने की (और जमाने में पूना आश्रम भी शामिल हैं) चिंता छोड़कर अपने आपको अपने तक सीमित कर लें और पूरी समग्रता से औंधा सिर करके लिखने में लग जाएं और सिर तभी उठाएं जबकि उसमें लिखने-बोलने जैसा कुछ भी न रह जाए।

दूसरा यह कि अगर लिखना कष्टदायक है और बोला जाना सहज है तो रिकार्डर और कैसेट की व्यवस्था करें और ओशो को समर्पित करके उन्हें ही हाजिर-नाजिर श्रोता समझकर अपने एकांत में बोलकर रिकार्ड कर लें। (इस विकल्प में एक गुंजाइश कहिए या मेरा निवेदन कि मुझे सूचित करिए अगले महीने के दूसरे सप्ताह में जितने दिन की कहें छुट्टियां लेकर मैं वहां आ जाऊं फिर हम और आप हों और सिर्फ रिकार्डिंग हो।)

तीसरा विकल्प यह है कि आप लिखना बोलना जो कि श्रम साध्य भी है, सब

कुछ छोड़कर अपने आपको ओशो धाम को समर्पित हो जाइए और फिर जैसा हो उसे होने दीजिए। सारे पुराने परिचय और निकटताएं-विशिष्टताएं समाप्त जानकर बिल्कुल नवीनतम होकर अनजान होकर वहां कुछ दिन बिता दीजिए। इससे भी आपको अपने आपके बारे में समझने में सहयोग मिलेगा। वह ऐसे कि अगर लिखना- बोलना अस्तित्व आपसे नहीं चाहेगा तो कोई प्रश्न ही नहीं है और अगर इसके पश्चात भी आपका हृदय हरियाली बनाए रखता है तो फिर लिखना बोलना अस्तित्वगत अनिवार्यता होगी, ओशो का आदेश होगी।

विकल्प अन्य अनेक भी हो सकते हैं लेकिन उनके प्रयोग के लिए आपको किसी धनपति की नहीं हार्दिकता की ही जरूरत होगी। हम एक दो खुले हृदय के लोग ही उसके लिए काफी रहेंगे। यूं भी यह कार्य धन की नहीं हृदय की ही मांग करता है।

अपने उपलब्ध सीमित साधनों से ही हम अपनी जिन्दगी को जीने की क्षमता रखते हैं। पंख भले ही छोटे हों, पग भले ही छोटे हों, कदम दर कदम लाखों मील चला जा सकता है, सैकड़ों आसमान मापे जा सकते हैं।

मेरे अपने अनुभव से तो मुझे यही लगता है और ओशो के ओशो होने तक की गाथा भी यही संकेत देती है।

भाई साहब, ओशो की कृपा और करुणा जिन्होंने पा ली है वे अब किसी अन्य व्यक्ति या संस्था का सम्मान पाने के मोहताज नहीं हैं। ऐसे व्यक्तियों को व्यवस्थाएं सम्मानित करके अपने पैरों पर कुल्हाड़ी नहीं मारा करतीं, व्यवस्थाओं की उपेक्षा ऐसे व्यक्तियों के प्रति यही दर्शाती है कि वे उन व्यक्तियों के लिए छोटी और अनुपयुक्त हैं। व्यवस्था में आसीन लोग यांत्रिक होने में सुविधा पाते हैं और वे ऐसे किसी भी व्यक्ति को स्वीकार करने से परहेज ही रखते हैं जिसे यंत्र बनाया जाना संभव न हो। यह व्यवस्था द्वारा उपेक्षित प्रत्येक व्यक्ति के लिए सत्य नहीं है क्योंकि कुछ लोग व्यवस्था में स्थान पाने के लिए भी छटपटाते हैं, हाथ पांव मारते हैं और यहां तक कि कई बार व्यवस्था से सीधे टकराकर अपने आपको शहीद की श्रेणी में रखने की कोशिश भी करते है। ऐसे व्यक्ति व्यवस्था के प्रति अपने आक्रोश केवल इसलिए अभिव्यक्त करते हैं क्योंकि वे व्यवस्था में स्थान नहीं बना पाए या कि व्यवस्था ने ही उन्हें निकाल फेंका हो। स्वामी चैतन्य भारती

ने लगभग चौदह पेज की विस्तृत **सनसनीखेज** दास्तान साइक्लो-टाइप कर विभिन्न स्थानों को प्रेषित की है—क्या आपको प्राप्त हुई ?

उसमें उन्होंने व्यवस्था में जिन लोगों पर अनेक प्रश्न उछाले हैं विशेष रूप से चैतन्य कीर्ति और नीलम तथा साधना से तो जैसे सीधी लड़ाई ही लड़ी गई है। मुझे लगता है अभी वह पत्र आप तक नहीं पहुंचा है अन्यथा आपने उसके संबंध में चर्चा अवश्य की होती। अगर नहीं मिला है तो मुझे लिखिएगा मैं फोटोकापी करवाकर प्रेषित करूंगा।

उसमें 1 अक्टूबर के ओशो टाइम्स में 'दो सखियों का सामायिक' (नीलम का इंटरव्यू) पर भी लम्बी छीछा-लेदर है। उस पर कुछ लिखना अपने आप में एक लंबा विषय है, उस पर चर्चा करना ही सार्थकता है लिखे जाने में वह सिमट नहीं पाएगा।

सच कहूं भैया कि अपने जीवन को, अपने ओशो -प्रेम को जीना हमें स्वयं ही है। अपनी समग्रता से, मग्नता से, गहनता से हम जीवन को अपने रंग देते रहें और आनंदित हों यही सार्थक है। प्राय: प्रत्येक विधा अपने आप में साधना है और साधक उस विधा के माध्यम से ही अपना निर्वाण प्राप्त करता है, बुद्धत्व को उपलब्ध होता है। प्रश्न है स्वयं के प्रति स्पष्टता और उस स्पष्टता में लिए गए निर्णयों को साकार करने का। स्मरण हैं ओशो के वे पत्र-शब्द जो उन्होंने बम्बई के डेरिया जी को लिखे थे—'आज नौकरी ज्वाइन करते हुए हस्ताक्षर करते हुए क्षण भर को रुक गया हूं, क्योंकि मैं जानता हूं कि मैं इस सबके लिए नहीं बना हूं—लेकिन वह क्षण आए तब तक प्रतीक्षा तो करनी ही होगी, उस क्षण के लिए अस्तित्व से प्रार्थना करता हूं।'

अब जबकि आपको एहसास हो रहा है कि जीवन में आपने जो पाया है उसे कहने को आपके पास बहुत कुछ है और उसकी उपादेयता भी प्रकट है तब कोई और यह एहसास कि उम्र घटती ही जाती है आप जाने के पहले उसे लुटा देना चाहते हैं, भी आपकी तड़प दर्शाता है। प्रभु आपकी पीड़ा को विस्फोट दे। आमीन।

एक कहावत है कि जिनकी हैंडराइटिंग खराब होती है वे प्रेम में बड़े सफल लोग होते हैं। इस मामले में आप और हम बड़े ही धन्यभागी हैं। अगर पत्र

हैंडराइटिंग के कारण ही पढ़े जाते हैं तब तो उनमें दिल को कुछ लेना-देना ही नहीं है । दिल मिले हों तो लोग कोरे कागज पढ़ लेते हैं फिर हमारे संवाद तो शब्दों में और शब्दों के बीच के अंतराल में भी निहित हैं ।

यह हमारे बीच पत्राचार नहीं है— पत्राचार से अधिक व्यापक है । इसे अनाम ही रहने दिया जाए ।

यहां भी घड़ी रात के 01.00 बजे से आगे सरक गई है । सारा घर नींद के सन्नाटे में है, घड़ी की टिक-टिक चल रही है और लाउडस्पीकर कहीं दूर से अखंड-रामायण की चौपाइयां सुना रहा है । बाहर कार्तिकी चांदनी फैली पड़ी है और रजाई में भी ठंडी हवा घुसकर गर्म होने की कोशिश कर रही है ।

अब नी़टू का स्वास्थ्य लौट रहा है । इस महीने दीवाली से अभी तक लगभग दो हजार रुपए तो दवा-दारू में ही निकल गए हैं । वो तो ओशो कृपा है कि गंभीरतम स्थितियों में भी हल्के बने रहने की कला काम कर जाती है और उन क्षणों में भी उत्सवधर्मिता साथ नहीं छोड़ती । 29 अक्टूबर नीटू का जन्म दिन उसकी बीमारी, निधि की अस्वस्थ्ता के बाद भी इस तरह मना कि उनके चेहरे भी दमकने लगे । ये और बात है कि इससे बीमारी "छू" होकर नहीं भागती मगर इतना तो है कि मन को गंभीरता और बीमार नहीं कर पाती । अम्मां स्वस्थ हैं ।

पिपरिया में स्वामी जी की नातिन की शादी 24/11 को है । निमंत्रण पत्र यहां आने पर प्रेषित करूंगा ही । फिलहाल इसे ही निमंत्रण जानें । मैं यहां से 22 नवंबर को पिपरिया जाऊंगा और 25 को वापिस होऊंगा । यहां नीलू का जन्मदिन 28/11 को मनाकर संभवत: 1/12 को लौंडी निधि के पास पहुंचूंगा । उनका जन्म दिन 2/12 को है । उसके स्वास्थ का समाचार आने पर आपको अन्य कार्यक्रमों की सूचना दूंगा । तो ये थे सचाचार ।

बातें बहुत सी होती हैं सहभागिता के लिए लेकिन लिखने की अपनी सीमाएं हैं । तमाम सीमाओं के पश्चात भी हमें अपना सा करने में कोई रुकावट नहीं है । अब यहीं देखिए अपने प्यारे मित्र सोम जी हैं । वह भी जब से ओशो-धारा में हैं, उनका हृदय गा रहा है । कोई उन्हें सुने या न सुने यह आवश्यक नहीं है । लेकिन उनके हृदय का झरना बहता ही रहता है । मेरी तमाम सक्रियताओं में उन्होंने मेरे दाहिने अंग का काम किया है, प्रेम किया है । उनके-मेरे बीच भी एक ऐसी

अव्यक्त स्थिति है कि उसे शाब्दिक कर पाना संभव नहीं है। यूं प्रकटत: मेरी सक्रियता कर्मक्षेत्र में सिमटी हुई है लेकिन वह अभी भी टाइम्स बिक्री, पुस्तक, कैसेट बिक्री और सरकुलेशन में लगे हैं। इस काम में कहीं से भी कोई धन सहयोग या श्रम सहयोग उन्हें उपलब्ध नहीं है लेकिन वे आनंदपूर्वक इसे करते हुए ओशो कार्य तो कर ही रहे हैं, अपने आपको बांटने का अभियान भी कर रहे हैं। बिना किसी व्यवस्था का हिस्सा बने अपने हाथों से जो हो सकता है उसे करते जाने में स्वयं को परितोष और धन्यता तो मिलती ही है साथ ही ओशो के कार्य में विधायक सहयोग भी होता ही है। भले ही व्यवस्था से कोई लाभ प्राप्त न हो, हम अपना उत्तरदायित्व कहें या प्रेम कहें, उसे तो जीते ही हैं।

खैर, सोम जी आपके लिए भी अपरिचित नहीं हैं और यहां उनका उल्लेख किसी प्रशंसात्मक भाषणबाजी के कारण भी नहीं कर रहा हूं। मुझे यह बात इंगित करने जैसी लगी सो निवेदन किया हूं।

वैसे सम्बोधि मा ने सक्रिय ध्यान की शुरूआत करके और आपके शामिल होने से एक विकल्प पर तो शुरूआत करवा ही दी है। स्त्रियां बोलती कम हैं लेकिन उनके सुझाव बड़े कारआमद हुआ करते हैं। सम्बोधि मा ही एकमात्र अब वह व्यक्ति हैं जो आपकी उड़ान में शक्ति व ऊर्जा का काम करेंगी। हो सकता है ओशो ने उन्हें ही आपके लिए माध्यम की तरह चुन लिया है। आपके जीवन की तमाम उपलब्धियों के पीछे जो व्यक्ति मौन-मूक परदे के पीछे रहकर आपके पंखों को कुव्वते-परवाज देता रहा वह सम्बोधि मा के अतिरिक्त अन्य कोई नहीं है। क्या यह संभव नहीं है कि आप दोनों अब आपको उपलब्ध समय का ऐसी गहनता से एक दूसरे के साथ जीने में लगाएं कि तमाम जिंदगी जिस निकटता की कमी रही वह पूरी हो सके।

शायद यह संभव नहीं है अन्यथा आप जैसा व्यक्ति इसे पहचान कर इस पर अमल शुरू कर ही देता। खैर।

इस पत्र को अब यहीं विराम देता हूं। इस प्रार्थना के साथ कि अस्तित्व और ओशो- करुणा ने जो आपको दिया है वह जिन तक पहुंचे उन्हें प्रशस्त पथ दे।

यह प्रसाद आपके पुरुषार्थ से ही बंटेगा। किसी अन्य धन और शक्ति की आवश्यकता नहीं है। रहस्यवादी ईसाई सन्त ऐजोईका का कहना है— "ईश्वर

का राज्य उन्हीं का है जो शक्तिशाली हैं ।"

शेष प्रणाम ।

—प्रज्ञान

कार्तिक पूर्णिमा 92

10 -11 नवम्बर 92

स्वामी प्रेम शादाब, शिमला से 4 अगस्त 1994 को लिखते हैं :—

मेरे प्रिय स्वामी अगेह जी,

सादर प्रणाम ।

आशा है आप मा योग सम्बोधि सहित सकुशल सतना पहुंच गए होंगे । मैंने सोचा था शायद आप 31 रात को कालका से जायें । मैंने 31 को शाम 8 बजे फोन किया । पता चला आप तो 30 रात को ही दिल्ली निकल गए ।

आपसे मिलना अति रोमांचक रहा । बड़ी प्यास थी आपसे मिलने की, एक बुद्धपुरुष से जिसे दुनिया के सबसे विद्रोही बुद्धपुरूष ने इतना प्रेम किया है, वह कैसा होगा, कैसे बात करता होगा, कैसे चलता- फिरता होगा, कई सवाल थे । आज कोई सवाल शेष नहीं है । सवालों का स्थान एक आनंदानुभूति ने ले लिया । मैंने आज तक तीन साधना शिविरों में भाग लिया है । लौटने पर एक बड़ी आनंदपूर्ण तृप्तिदाई अनुभूति होती थी । आपके साथ जो समय बीता मैंने अनुभव किया उससे ज्यादा मस्ती, अंतस को प्रेम से सद्यस्नात अनुभव किया है । ओशो को तो देखा नहीं, आपको देखकर आपके सान्निध्य में बैठकर कुछ अहसास हुआ कि ओशो के पास बैठना कैसा लगता होगा । आज यह अर्थ भी स्पष्ट हो आया है कि क्यों सद्‌गुरु के पास बैठने को इतना महत्व दिया जाता रहा है । मेरी इच्छा यही थी कि आपके साथ ज्यादा से ज्यादा रह सकूं । जहां मैं रहता हूं, रास्ता बड़ा उतराई चढ़ाई का है । ऐसा न होता तो घर में ही ठहराता । मुझे इस बात की प्रसन्नता है कि आपने होटल में आराम अनुभव किया ।···

··· शारदा , प्रज्ञा और प्रतिभा की ओर से मा योग सम्बोधि और आपको सादर प्रणाम ।

शेष फिर ।

सप्रेम,
प्रेम शादाब

सागर से सुश्री नीतू 30 सितम्बर 1994 को लिखती हैं:—

प्रिय अगेह जी,

प्रेम ।

तुम्हारा पत्र 3-4 रोज पहले मिल गया था पर उसी समय जवाब इच्छा होते हुए भी न दे पाई । मैं प्रसन्न हूं और आशा करती हूं कि तुम भी स्वस्थ हो और "लेखन के लिए" भरपूर ऊर्जावान ।

... मुझे तुम्हारी सरलता बहुत भाई । वाकई पत्र क्या कह सकते हैं, बहुत असमर्थ हैं वो । सामने मिलना तो अलग ही अनुभव है । तुम्हारी स्पष्टता पसंद आई ।... तुम्हारी बात भी बहुत भाई । तुम्हारा बेशर्त प्रेम पसंद आया और मुझे यह भी लगा कि वाकई तुमने स्वयं को कितना सस्ता और सहज सुलभ बना रखा है । तुम पर कबीर की बात "जो घर बारे आपना, चले हमारे संग " बिल्कुल सही साबित होती है । कहीं कोई सुरक्षा नहीं, कहीं कोई बंधन नहीं ।......

पुनश्च: तुम वाकई बहुत भोले हो, सरल हो और चूंकि बिल्कुल खुले हो, इसलिए किन्हीं अर्थों में असुरक्षित भी । तुम्हें वाकई किसी केयर टेकर की आवश्यकता है ।

अगेह को प्रणाम सहित,

नीतू

और आखिर में पढ़ें एक पत्र रीवा के युवा संन्यासी स्वामी बोधि तोषण का जो मुझसे मात्र एक बार मिला है । उस दिन लगभग डेढ़ घण्टे उससे बात हुई और उसने मुझसे तो ऐसा कुछ नहीं कहा, यद्यपि वापस जाने पर सतना के दैनिक "देशबन्धु" में "एक अविस्मरणीय मुलाकात" शीर्षक के अंतर्गत उक्त स्वामी का पत्र छपा देखा जो यूं है:—

"नि: संदेह ओशो का आशीष उनके ऊपर आज भी उतना ही है जितना ओशो की उपस्थिति में रहा करता था । स्वामी जी (स्वामी अगेह भारती) एक सुपात्र थे,

उसमें कोई शक नहीं, शायद इसीलिये ओशो स्वामी जी को हमेशा अपने पास रखना चाहते थे (यह मेरा अनुमान है) ! जबलपुर से लेकर रजनीशपुरम (अमेरिका) तक ओशो ने स्वामी जी को कभी विस्मृत नहीं किया । एक भक्त के लिए इससे बड़ा वरदान और इससे बड़ा सौभाग्य क्या हो सकता है !

स्वामी रामकृष्ण परमहंस ने विवेकानंद को इसीलिए अपना उत्तराधिकारी चुना क्योंकि वे एक सुपात्र थे । मैं स्वामी जी (अगेह भारती) को विवेकानंद से कम नहीं मानता बल्कि उनसे ऊपर रखने को राजी हूं । क्योंकि विवेकानंद केवल एक पंडित थे लेकिन अगेह जी एक संबुद्ध व्यक्ति हैं । उनके पास बैठने पर सहज ही इस बात का अहसास हो जाता है । क्षण भर को अपने भगवान (ओशो) की याद में उनकी आंखें आंसुओं से भर जाती हैं तो दूसरे क्षण ठहाके लगा के हंसना उनकी गहराई को प्रदर्शित करता है । उनका शिशुवत हंसना ही सामने बैठे व्यक्ति को गहराई में ले जाता है । उनका एक साथ हंसना और रोना देखकर तो मेरे भीतर आश्चर्य कम और आनंद ज्यादा आया । धन्य हो गया उनके सत्संग में । शायद उन्हें पता न हो लेकिन उन्होंने सहज ही भगवान का आनंद अपने भीतर से उंडेल दिया । उस आनंद को समेटने में मेरे दामन छोटे पड़ गए । धन्य हैं प्रभु श्री जिन्हें अगेह जी जैसा भक्त मिला और धन्य हैं हम जिन्हें ओशो जैसा सद्‌गुरु मिला । जब इतना आनंद उनके प्रिय शिष्य में है तो सहज ही अनुमान लगाया जा सकता है कि वे आनंद के सागर रहे होंगे ।

यह पत्र पढ़कर सतना के कुछ संन्यासियों को बहुत पीड़ा हुई, कारण उनकी ईर्ष्या । उन्होंने छदम नाम से मेरे पास एक पत्र लिखा । पत्र में मेरे लिए जो अभद्र बातें लिखीं वह तो लिखी ही हैं, ओशो तक के लिए "मूर्ख" शब्द का उपयोग किया गया है । शायद इसीलिए ताकि इन स्वामी मित्रों पर सन्देह न हो । समझने के लिए इतना भी काफी है यदि वे समझना चाहें । मुझे भरोसा है कि एक दिन उन्हें समझ आएगी ।

खण्ड : तीन

मेरे हाथ की लिखावट में 71 पृष्ठ होकर यह कृति तीन साल तक पड़ी रही, कारण समयाभाव। उस बीच यह अधूरी कृति तीन मित्रों को इसी क्रम से दिखायी। 1. स्वामी प्रज्ञान भारती, नरसिहंपुर, 2. स्वामी योग प्रताप भारती, ओशो कम्यून पूना (शरीर से मेरे छोटे भाई), 3. स्वामी निकलंक भारती (ओशो के अनुज)। स्वामी निकलंक भारती को मेरी कृतियां सदा पंसद आई हैं। उन्होंने कहा कि बहुत सुंदर है, पूरा कर डालें, और नेचुरल ढंग से जैसा कृति विस्तार ले रही है, उसे लेने दें, बीच में स्वयं आकर कुछ हटाएं नहीं।

स्वामी योग प्रताप भारती संबुद्धों की सूची के बाबत कुछ जानकारी दिए हैं जो कि आखीर में दे दूंगा। चूंकि वे रजनीशपुरम में भी थे, और संबुद्धों की जो संसद ओशो ने अचानक 11 जून 1984 को बुलाई थी, उसमें भी थे, अत: सूचनार्थ आखीर में दे दूंगा। बाकी यह कोई सरकारी रिकार्ड तो है नहीं, यह सब काम तो आफिस वालों का है, कम्यून का है। मैं तो केवल अपने बाबत लिख रहा हूं। जो कहीं से जुड़े जा रहे हैं, प्रसंगवश वे आ जाते हैं, पर मूलत: यह आत्माभिव्यक्ति है।

स्वामी प्रज्ञान भारती ने कहा, 'भइया, यह पुस्तक ऐसे लोगों के हाथ में भी पड़ सकती है जो नहीं जानते होंगे कि बुद्धत्व क्या है और जो जानता भी होगा तो वह पढ़ेगा अचानक बुद्धत्व की घोषणा। पहले की पृष्ठभूमि कुछ नहीं मालूम इस व्यक्ति की। और चलना शुरू नहीं हुआ और मंजिल आ गई। तो मेरे ख्याल से आप प्रारंभिक जीवन के संबंध में थोड़ा अवगत कराएं पाठक को, तभी उसके साथ न्याय हो पाएगा।'

बात तो प्रज्ञान जी की ठीक है। मैंने बहुत सोचा पर प्रारंभ अचानक हुआ है, वैसा ही रहने देना ठीक लगा मुझे। जीवन की पृष्ठभूमि बाद में दे दी जाएगी, मैंने सोचा। अस्तु:

मेरा जन्म एक साधारण आर्थिक स्थिति वाले उत्तर प्रदेश के जनपद प्रतापगढ़ में सांगीपुर के पास ग्राम भुड़हा में हुआ। सही जन्म तिथि नहीं मालूम किसी को। स्कूल में शिक्षक ने स्वेच्छा से जो तिथि दर्ज कर ली वह है 11 मार्च 1934। सुना है मेरे बाबा ठाकुर गंगापाल सिंह काफी पैसे वाले थे। उनका ऐलान था लगभग

सात-आठ मील के क्षेत्र में कि किसी के पास लड़की की शादी के लिए पैसे न हों या दाह संस्कार के लिए पैसे न हों तो वह कभी भी उनसे ले जाए। इस तरह पैसे बांटने वाला कंगाल हो ही जाएगा। जैसा कि ओशो ने कहा है कि धन बांटने से घटता है, प्रेम बांटने से बढ़ता है। पिता जी श्री रमेश बहादुर सिंह जो बाद में ओशो के शिष्य हुए व स्वामी आनंद रमेश कहलाए, बंबई के खटाउ मैकेंजी मिल्स में अर्से तक सिपाही का कार्य करते रहे। बाद में जमादार पद से सेवा निवृत्ति ले ली थी। मैं गांव में ही पढ़ता था। निर्धन होने के बावजूद बेईमानी मुझसे न होती। मा फीस देती स्कूल में जमा करने को, यदि एक पैसा भी उसमें बचता तो लौटा देता। कभी यह कहने पर आधी फीस माफ हो जाती कि हमारे गांव में सूखा पड़ा है। तो घर से (उन दिनों के) दो आने फीस महीने की ले गया हूं तो एक आना ही लेकर छोड़ दिया जाता तो एक आना मा को वापस कर देता। दूसरे द्वारा बेईमानी बरदाश्त भी नहीं कर पाता था। एक बार शिव बहादुर सिंह नामक गांव के सहपाठी के साथ एक खेल खेल रहा था। उसे हमारे गांव में चिम्भी कहते हैं। आज कल तो गांव से वह सब खो गया। तो उस खेल में वह हार रहे थे पर बेईमानी के बल पर जीतना चाहते थे। शारीरिक ताकत में भी वे ज्यादा थे। अतः मैं उनकी बेईमानी का विरोध नहीं कर पा रहा था। अंततः उनकी सरासर बेईमानी असह्य हो गई और मैंने पत्थर फेंक कर मारा। उनका सिर फट गया। खून बहने लगा। शोर गुल हुआ और मुझे अपने बाबा के डर के मारे दिन भर छुपे रहना पड़ा।

एक बार बड़े भइया श्री राममूर्ति सिंह ने दो भैंसों को आसपास खड़ा किया और मुझे कहा उनकी पूंछों को एक में करके गांठ दे दो तो मजा आ जाएगा। तब मैं कुछ जानता न था कि क्या मजा आएगा गांठ देने से। मैं बहुत छोटा था अतः जैसे भइया ने कहा मैंने गांठ दे दिया। जब मैं दूसरी गांठ लगा रहा था तभी वह लापता हो गए और मैं खड़ा देखता रहा कि क्या मजा आएगा। दोनों भैंसें विरोधी दिशा में खींचा-खींची करने लगीं और उनकी पूंछें पूरी तरह कस गईं। पूंछें जितना कसीं उतना ही वह ज्यादा ताकत लगाने लगीं। उनकी पूंछ उखड़ने से मृत्यु तक हो सकती थी। बड़ी खतरनाक स्थिति बन गई। 10-12 तगड़े नवयुवकों ने मिलकर भैंसों की जान बचाने के लिए उनकी पूंछ काट दी। पूंछें इतना कस चुकी

थीं कि खुलने का तो सवाल ही नहीं था । इस पर पिता जी ने मुझे बेंत से मारा था । जांघ पर निशान बन आए थे । पर मैं जानता था कि गलती मेरी नहीं, बड़े भइया की थी । आज तो बड़े भइया स्वीकार करते हैं सच्ची बात ।

मैं विद्यार्थी जीवन में अपने शिक्षक श्री राम शंकर शुक्ल व श्री राम दास मौर्य का विशेष चहेता विद्यार्थी था । श्री शुक्ल ने अपने एक पत्र में लिखा है 'मैं अपने शिक्षण काल में इतने विद्यार्थियों के निकट संपर्क में आया हूं पर तुम जैसा ईमानदार, निर्दोष कोई दूसरा विद्यार्थी मैं नहीं जानता और पढ़ने में भी होशियार, खासकर इंगलिश में । श्री शुक्ल जी व श्री मौर्य से पढ़ाई के बाद बीसेक वर्षों तक नियमित पत्र व्यवहार था । प्रिंसिपल श्री अवध बिहारी लाल सक्सेना जी मेरे प्रति बहुत प्रशंसात्मक भाव रखते थे । मैंने हाई स्कूल करने के बाद पढ़ाई बंद कर दिया तो श्री शुक्ल एवं श्री मौर्य मुझे घर से बुलवाए और वे चाहते थे कि मैं आगे पढ़ूं । पढ़ाई के खर्च वे वहन करेंगे, पर मैंने बताया कि बात खर्च की नहीं है । मैं जल्दी नौकरी करके परिवार की मदद करना चाहता हूं ।

और मैं रेलवे सर्विस कमिशन, बंबई द्वारा अप्रेंटिस फायरमैन ग्रेड 'ए' पद हेतु चुना गया । रेलवे ट्रेनिंग स्कूल बीना में ढाई माह की ट्रेनिंग हुई । मासिक परीक्षा में, द्विमासिक में व फाइनल में भी क्लास में टॉप किया । इसी आधार पर मेरे मनचाहे मंडल जबलपुर में पोस्टिंग हुई और मैं 26 जनवरी 1955 को जबलपुर आकर ड्यूटी ज्वाइन किया । जबलपुर पसंद करने का एक मात्र कारण यह था कि यह प्रतापगढ़ (घर) से मध्य रेलवे का निकटतम मंडल था । तब मुझे क्या मालूम था कि बात इतनी ही नहीं है, मनचाहे मंडल जबलपुर में पोस्टिंग होना मेरे जीवन की सर्वाधिक महत्वपूर्ण एवं सौभाग्यशाली घटना हो जाएगी । क्योंकि यहीं मेरे प्रभुश्री ओशो मिलेंगे । जबलपुर में साढ़े छह माह के व्यावहारिक प्रशिक्षण के बाद लगभग आठ-दस माह ही फायरमैन का काम किया । इंजिन टर्नर पद पर उन्नति हो गई एवं 1957 की जनवरी में ड्राइवर्स ट्रेनिंग हेतु पुनः बीना गया । क्लास में पुनः टॉप किया । वापस जबलपुर आकर कुछ और व्यावहारिक परीक्षाओं से गुजरने के बाद गुड्स ट्रेन ड्राइवर का काम करने लगा । तब स्टीम इंजिन हुआ करते थे । भारत में डीजल इंजिन सर्वप्रथम 1962 में नई कटनी जंक्शन में आए । 1963 मार्च में मुझे भी डीजल इंजन की ट्रेनिंग दी गई व डीजल ड्राइवर बन गया । 1970 में

मैंने अपना केडर बदल लिया। ड्राइवर से असिस्टेंट लोकोफोरमैन पद पर कार्य करने लगा। फिर पावर कन्ट्रोलर, फिर लोको इन्स्पैक्टर, फिर सीनियर लोको इन्स्पैक्टर और आखीर में लोको फोरमैन पद से 16 अक्टूबर 1991 को स्वैच्छिक सेवानिवृत्ति ले ली। 1989 में असिस्टेंट मैकेनिकल इंजीनियर पद के लिए टेस्ट देने हेतु बंबई बुलाया गया था पर मैं नहीं गया क्योंकि परीक्षा की मेरी तैयारी भी न थी और उस पद पर तत्काल दूर स्थानांतरण होता है वह भी असुविधाजनक था। लोको फोरमैन के पद पर रहकर मैं पूरे लोको शेड का इंचार्ज था जो कम प्रतिष्ठा की जगह नहीं थी, अत: रिटायरमेंट तक लोको फोरमैन पद पर ही बना रहा।

बचपन में कंकड़हा बीर बाबा और बरगदहा बीर बाबा रास्ते में पड़ते थे स्कूल के तो सबकी देखादेखी उन्हें नमस्कार करता था। फिर थोड़ा बड़ा हुआ तो हनुमान चालीसा पढ़ा, तुलसीकृत रामायण पढ़ी, पर मेरे इष्ट बने योगिराज कृष्ण। गीता का नित पाठ करता। पाठ करने का मेरा अपना नियम था अत: घर रहूं या यात्रा में, पाठ में कहीं कोई व्यवधान न आता था। घर पर होता तो गीता का पाठ करने के बाद कृष्ण का एक प्रिय चित्र जो दीवार पर टंगा था, उसकी पूजा करता। पूजा का नियम भी मेरा अपना था। वह यूं था कि अगरबत्ती जलाकर खड़ा हो जाता व कृष्ण की ओर देखता और भाव करता। जब उनके मुस्कराते हुए लाल होंठ दिख जाते तो मेरी पूजा समाप्त हो जाती। मैं उन्हें प्रणाम कर अगरबत्ती वहीं बगल में बने स्थान पर फिक्स कर देता। तो उनके खिले हुए होंठ दिखना ही मेरी पूजा की पूर्णता थी। कभी वे होंठ क्षण भर में ही दिख जाते, कभी पांच मिनट, कभी दस मिनट, कभी-कभी आधा पौन घंटा भी। मैं मनाता-गिड़गिड़ाता रहता कि मैं तो अनजान बालक हूं, मुझसे भूलें ही हो सकती हैं। पर यदि तू ही रूठ जाएगा तो मैं कैसे जी पाऊंगा। तेरे सहारे ही तो जिंदा हूं। यूं ही प्रार्थना करता और वे प्रसन्न हो जाते, मुस्करा देते। उनके लाल खिले होंठ साक्षात् मुझे दिख जाते इसमें कोई भ्रम की बात नहीं है। वे कब नाराज होते यह तक मुझे पता था। कुछ भूलें होतीं। भूलें कैसी ? वही मान्य धारणाओं के विपरीत कुछ करता तो। आज तो साफ पता है कि वह मेरी पूजा-भावना की समग्रता के कारण मेरा चित्त देख लेता था मुस्कराता हुआ चेहरा। पर था वह मन ही। इसीलिए तो मन में जो धारणाएं जमी हुई थीं

उनके हिसाब से यदि कुछ गलत करता तो वे नाराज हो जाते और उस मुस्कराते हुए लाल होंठों के दर्शन के लिए उन्हें मनाना-गिड़गिड़ाना पड़ता । पर तब तो यह बोध न था , तब तो इसे पूर्णता से जीता था । इसे ही पूजा समझता था । कृष्ण का भक्त हूं ऐसा सब आस-पास वाले जानते थे । ऐसा भी वक्त रहा है कि आंख बंद करता और कृष्ण के दर्शन होने लगते, कभी कदंब पर चढ़े हुए बांसुरी बजाते हुए, कभी गाएं चराते हुए । इस तरह के दर्शन सैकड़ों बार हुए हैं । इस देश में तो अपने बाबत कोई इतना ही प्रचारित करे, तो पूजा पाने के लिए पर्याप्त है । पर आज मैं जानता हूं कि वह सही दशा न थी । वह तो मेरा मन ही कृष्ण को देख लेता था । यह मन भी यदि बंटा-बंटा न हो, थोड़ा संयुक्त हो, इकट्ठा हो, बिखरा-बिखरा न हो, तो काफी शक्ति है इसमें । यह इष्ट के दर्शन साक्षात कर लेने में सक्षम है । फिर इष्ट चाहे कृष्ण हों चाहे प्रेमी-प्रेमिका हों ।

एक बार तो एक बड़ी अद्‌भुत घटना घटी । प्रताप (स्वामी योग प्रताप भारती) मेरे पास रहते थे जबलपुर में । तब वह विद्यार्थी थे । पिता जी गांव से बंबई वापस जाते हुए रास्ते में रुके हुए थे हमारे यहां । प्रताप को अचानक तकलीफ शुरू हुई । आज याद नहीं है सही कि तकलीफ कान में थी या सिर में पर यह याद है कि वह बैठे हुए दाएं-बाएं झूमते और कहते कि अगर कोई मुझे थोड़ा भी प्यार करता है तो मेरी गर्दन काट दे । नहीं सहा जाता इतना दर्द । वह बहुत तकलीफ में था । दर्द इतना अचानक हुआ कि मैं समझ गया कि यह कोई प्रेत-आत्मा ही है, बीमारी नहीं । मैं एक-एक कर तीन ओझाओं को बुला ले आया । हर एक जब कमरे में प्रवेश करता तो जो प्रताप झूमते व कराहते रहते वह बंद हो जाता और भारी आंखों से एक बार उस ओझा की ओर कड़ी नजर से देखते । ओझा बेचारा हिम्मत हार जाता व हाथ जोड़कर पिता जी की ओर कहता : 'माफ करिए ठाकुर साहब, मेरे वश की बात नहीं है यह ।' इस तरह एक के बाद एक तीन ओझाओं (झाड़-फूंक एक्सपर्ट) को ले आया, पर सभी के साथ वही हादसा हुआ । मैं दो दर्द एक साथ झेल रहा था । एक तो भाई की असहनीय तकलीफ, दूसरे मैं एक पिता के दर्द को भी महसूस कर रहा था जिसके हाथ में सिवा वहां बैठे-बैठे अपने बेटे की असहनीय तकलीफ देखने के और कोई चारा न था । मैं तो यहां वहां ओझा लेने जाता तो इस जाने-आने में, इस प्रयत्न करने में कुछ मानसिक राहत मिल जाती

होगी, पर वे तो केवल एक जगह बैठे उसे इतने कष्ट में देख रहे हैं। तो मैं दो दर्द एक साथ झेल रहा था अपने दिल पर। अंततः जब तीसरा ओझा लौटा तो मैं कृष्ण के सामने खड़ा हुआ और उस दिन विनय करने के बजाय दुख की अधिकता में उनसे झगड़ा सा करने लगा। (यद्यपि जानता हूं वह प्रेम ही था) कि आज जब मेरी पूजा समाप्त होगी (पूजा समाप्त होने का नियम वही कि उनके खिले होंठ दिख जायें) और जब मैं गर्दन पीछे घुमाऊं तो चाहे भूत -प्रेत हो, चाहे कोई बीमारी ,मेरी गर्दन घूमने के साथ प्रताप को आराम हो जाना चाहिए वर्ना तेरा चित्र उठाकर सड़क पर जहां कचरा फेंका जाता है, उसी के ऊपर रख दूंगा ताकि दुनिया जान ले कि कहीं कोई कृष्ण वगैरह नहीं है, सब झूठी बकवास है और दुनिया को बता सकूं कि मैं अंधे की तरह पूजा नहीं कर सकता। सब ढकोंसलेबाजी है। आगे प्रार्थना जारी रखी—और बदनामी तो तेरी ही हो रही है। सभी जानते हैं कि यह कृष्ण का भक्त है और इसके घर में इतना कष्ट है तो मेरा क्या, बदनामी तो तेरी ही होगी। इतना भाव करते-करते कृष्ण के होंठ खिल गए।

मैं अगरबत्ती फिक्स कर गर्दन घुमा ही रहा था कि चमत्कार हो गया। प्रताप का कराहना, झूमना सब बंद हो गया और वह जो भिन्न व्यक्तित्व लगता था, वह भी सामान्य हो गया यानी लाल प्रताप दिखने लगा। मैंने कृष्ण की ओर देखा और आनंदातिरेक एवं अनुग्रह में मेरे आंसू निकल आए। मैं कृष्ण की ओर देख ही रहा था कि पुनः प्रताप के कराहने की आवाज सुन पड़ी। जब मैंने प्रताप की ओर देखा तो पाया क वह फिर तकलीफ में है और व्यक्तित्व भी पुनः बदला हुआ है यानी किसी के प्रभाव में है। मैंने कृष्ण की ओर पुनः देखा और मेरे मुंह से निकला—"क्या तू भी भूत-प्रेतों सा व्यवहार करेगा?" और तब तक प्रताप के माध्यम से वह चेतनां जो उस पर सवार थी वह बोलने लगी कि वह कौन है और क्यों आई है। वह मेरी पहली मां थी। उनसे कोई बच्चे नहीं थे। शादी के थोड़े ही दिन बाद उनका निधन हो गया था। हम छह भाई व एक बहन दूसरी मां से हैं। उस पहली मां का निधन हुए उस समय लगभग 28-30 वर्ष हो चुके थे। वे इसके पहले कभी भी किसी पर नहीं आई थीं। उन्होंने बताया कि वह अपने मायके में घर के सामने जो पीपल का पेड़ है, जब से उनका निधन हुआ है वे उसी पर रहती हैं। और कि वे हमारे परिवार पर सदा नज़र रखती हैं कि कोई किसी तरह का

नुकसान न पहुंचा पाए। इस परिवार का कभी कुछ न बिगड़ेगा यह मेरा आशीष है। मुझे (अगेह भारती को) अपनी गोद में लिटाकर बड़ा प्यार—दुलार किया और पिता जी से कहा— "यह तुम्हारा बहुत लायक बेटा हैं।" यह पूछे जाने पर कि इस छोटे बेटे (प्रताप) को क्यों उन्होंने तकलीफ दिया। उन्होंने बताया कि इसने भारी गलती की है, इसीलिए इसको सचेत करने आना पड़ा। उन्होंने बार-बार मेरी प्रशंसा की। मेरा बड़ा पुत्र कुलदीप सिंह (स्वामी कृष्ण देव भारती) उस समय मुश्किल से तीन हफ्ते का रहा होगा, उसे भी गोद में लिया व आशीष दिया। सम्बोधि जी से पुत्र जन्म का लड्डू खाने की इच्छा जाहिर की और खायी। पिता जी ने हम लोगों से अलग हट जाने को कहा ताकि वे किसी ऐसी बात का जिक्र करें मेरी उस मां से जो पिता जी व उस मां के सिवा किसी को मालूम नहीं ताकि पुष्टि हो सके कि वे ही हैं। हालांकि प्रताप के चेहरे पर छवि उस मां की ही झलकती थी ऐसा पिता जी ने बताया। सम्बोधि व मैं अलग हट गए तब पिता जी ने प्रताप के ऊपर सवार मेरी उस मां की चेतना से कुछ पूछा जो कि उस दिवंगत मां एवं पिता जी के सिवा कोई न जानता था। तो वे हंस दीं और "हां" कहा । पिता जी का कहना था कि जिस समय वे उनको उक्त बात का उत्तर दे रही थीं उस समय प्रताप के चेहरे पर एकदम वही छवि उभर आई थी जो उस प्रसंग के समय 28-30 साल पूर्व उस मां के चेहरे पर उभर आई थी। बहरहाल पिताजी 100 प्रतिशत आश्वस्त थे कि वे ही हैं और मैं 200 प्रतिशत आश्वस्त था बिना कुछ पूछे-ताछे कि ये वही हैं। मुझे उनके बयान की सहजता बता रही थी कि वे सच कह रही हैं। मेरे लिए वे प्रेत-योनि में नहीं, देवी थी। मैंने उनके प्रति देवी सा ही अनुभव किया। सब से सब तरह की बातचीत होने के बाद उन्होंने पुनः मेरी तारीफ की और फिर कभी न आएंगी पर परिवार पर नजर रखेंगी, कह कर सिर जमीन पर जो रखा तो पांच-सात मिनट बाद उठाया। अब साफ ही प्रताप थे, मेरे भाई। इसके पूर्व वे न थे। प्रताप थके हुए थे, आराम करने को कहा गया।

मेरे मन में उस मां के लिए देवी जैसा भाव इतना प्रगाढ़ हो गया कि मैं रोज प्रातः जब कृष्ण के लिए दो अगरबत्ती जलाता तो एक उस मां के लिए भी जलाने लगा। तीनों अगरबत्ती एक साथ हाथ में लिए रहता। पूजा समाप्त होने पर जब कृष्ण को नमन करता तो मां को भी नमन करता और यह बात कृष्ण व मां दोनों को

साफ कर दिया था कि दो अगरबत्ती कृष्ण के लिए, एक मेरी देवी जैसी मां के लिए। यह क्रम मेरा पांच-सात माह बिना एक दिन के नागा के चला। और अचानक कब मां के लिए अगरबत्ती बंद हो गई, मुझे ख्याल ही नहीं रहा। जब कोई 15 दिन बाद मुझे ख्याल आया तो ताज़ुब हुआ कि क्यों बंद हो गई अगरबत्ती। जब मेरे मन में यह प्रश्न प्रगाढ़ होता तो ऐसा लगता मानो कहीं दूर से आवाज़ आ रही हो कि अब मैं उस योनि से मुक्त हो गई हूं। तू जो मेरी भक्ति करता था वह परमात्मा को मिलती थी और उसके फलस्वरूप मेरी मुक्ति हो गई हैं, वर्ना अभी उस योनि में और रहना पड़ता। तब मैंने उस मां के लिए अगरबत्ती नहीं जलाई। मुझे उनके द्वारा दी गई सूचना पर पक्का भरोसा था, आज भी है। यह एक अलग विषय है, इसमें बहुत गहरे में जाना यहां अभीष्ट नहीं, पर मुझे उस सब का बाकायदा अनुभव है। मेरी दूसरी वाली मां जो उस समय जीवित थीं, जिनसे हम सब पैदा हुए थे, वे उस दिवंगत मां की प्रशंसा में कहती थीं कि 27 वर्षों से वे यहां हैं और उनके पांच बेटे व एक बेटी (तब पांच भाई थे) पर कभी वे किसी को नहीं दिखीं, सपने में भी नहीं। मैंने बताया कि उनका कहना था कि वे परिवार की सकुशलता पर हमेशा नजर रख रही हैं। प्रताप से कोई भूल हुई है इसलिए वे उन्हें सचेत करने आई थीं।

मैं उस मां को जिसे देखा नहीं था, देखने का कोई उपाय ही नहीं था, मेरी मां की शादी के पूर्व ही वे विदा हो चुकीं थीं तो उन्हें उस घटना से मैं देवी ही मानता था। कृष्ण के साथ-साथ उनके लिए अगरबत्ती जलाकर अपनी श्रद्धा ही प्रकट करता रहा। और उनकी कही सभी बातें सही उतरीं, एक भी गलत नंहीं। वे 28-30 वर्षों से प्रेत योनि में होते हुए भी एक बार भी कभी किसी को नहीं सतायीं और न बाद में कभी सतायीं और कुछ माह बाद प्रेत-योनि से मुक्त हो गयीं। प्रताप को सतायीं, अवश्य ही कोई गलती किए रहे होंगे जो उस देवी को ठीक न लगी जिसे न उन्होंने बताया न हमने पूछा। पर निश्चित ही उनका व्यवहार भूत-प्रेतों सा कतई नहीं था। वे साक्षात् देवी थीं। प्रताप तो मेरे साथ रहकर पढ़े ही, नौकरी भी यहीं रहकर ढूंढी। उनसे छोटा राजवन्त भी मेरे साथ रहकर आठ वर्षों में पढ़ाई पूरी किया। आज वह ज्वाइंट डायरेक्टर हैं केन्द्रीय सरकार की डिफेन्स प्रयोगशाला में। उनसे छोटा स्वामी सत्यानन्द भारती (हरकेश) कटनी में रेलवे में हैं। उसने भी

मेरे पास रहकर ही नौकरी ढूंढी व शादी भी मेरे पास रहकर की। उससे छोटा भी यहीं रहा, नौकरी लगी थी, पर सब छोड़-छाड़कर अब दिल्ली में है। ओशो से सबसे पहले जुड़ने वाला अगेह भारती तत्पश्चात् मा योग सम्बोधि (पत्नी) तत्पश्चात स्वामी योग प्रताप भारती (भाई) स्वामी कृष्ण देव भारती (पुत्र), स्वामी राघवेन्द्र भारती (पुत्र) मा किरन भारती (पुत्री), स्वामी अमृत भारती (पुत्र) मा प्रेम गीता (स्वामी कृष्ण देव भारती की पत्नी), स्वामी नवनीत भारती (भतीजा), मा प्रेम कोमला (स्वामी अमृत भारती की पत्नी) स्वामी आनंद राहुल (नाती), स्वामी आनंद रमेश (पिता जी), मा आनंद मीरा (माता जी), पिता जी 86 वर्ष की आयु में बड़े शांत भाव में विदा हुए। माता जी लगभग 76 वर्ष की आयु में बड़ी अद्‌भुत दशा में विदा हुईं। तो उनका यहां यह कहना कि आपका यह लड़का बड़ा लायक है, एक अर्थ में सही था, गलत नहीं। ऐसा मेरा सारा गांव भी कहता है। हमारे मां-बाप भी ऐसा ही कहते रहे हैं। समस्त परिवार को व और भी सैकड़ों को ओशो से जोड़ने में माध्यम बनना मां के कथन के औचित्य की पुष्टि करता है।

तो मेरी कृष्ण की पूजा यूं ही चल रही थी। वह औपचारिक नहीं थी। वह हार्दिक थी इसीलिए इस तरह के चमत्कार घटित हुआ करते थे। तभी एक प्रेम संबंध में मुझे ऐसा आघात लगा कि मेरी आस्था की सारी जड़ें हिल गईं। मेरी आत्मा कांप गई और भीतर एक प्रगाढ़ प्यास जग आई कि जानूं कि आखिर यह स्त्री क्या है। सो स्त्रीको जानने समझने में करीब-करीब पागल हो गया, विक्षिप्त तो हो ही गया। पाठक उस प्रेम- सम्बन्ध को जानना चाहेंगे, पर मुझे अपने बारे में बताने का अधिकार है, दूसरे के नहीं। मैं खुद नग्न हो सकता हूं, दूसरे को नग्न नहीं कर सकता, अतः इस विषय पर चुप रहना ही उचित है।

स्त्री को समझने के क्रम में कितना भटका, कितनी स्त्रियों से मिला, यह सब न यहां अपेक्षित है न मैं उसकी जरूरत समझता हूं। हां पाठकों को इतना अवश्य बताना चाहता हूं कि मुझे जीवन में एक भी स्त्री ऐसी नहीं मिली जिसकी तरफ मैंने ध्यान दिया हो और उसने मेरी अवहेलना की हो। जिसे भी मैंने प्रेम से देखा उसने भी मुझे प्रेम से देखा। इसका एक मुख्य कारण यह भी था कि मैं जो भी करता, समग्रता से करता। यानी टोटल होता अपने मन में भी। तो खूबी मेरी नहीं, खूबी उस समग्रता (टोटलिटी) की थी। जो भी हो, मैं नारी शास्त्र नहीं लिख रहा हूं

तथापि जिस नारी को समझने में 1958 से 1966 तक बिताए हैं, रात दिन जाग जागकर बिताए हैं, उसके बाबत मेरी खोज की निष्पत्ति से अवश्य आपको अवगत कराना चाहता हूं। अस्तु:

मैं इस मामले में बेचारे शेक्सपियर से अधिक भाग्यशाली हूं जो कहता है: 'Frailty thy name is, woman' 'ऐ औरत तू जन्म से ही दगाबाज है' और इस अर्थ में बाबा तुलसी दास से भी अधिक भाग्यशाली हूं जो कहते हैं "ढोर, गंवार, शूद्र, पशु, नारी, यह सब ताड़न के अधिकारी।" मैं उन पर नाराज नहीं हूं, नाराज होने का कोई कारण नहीं, यह उन बेचारों का अनुभव था। स्त्रियों को भी नाराज़ नहीं होना चाहिए। हां, जो उन्हें सम्मान नहीं देता उसे उन्हें बहिष्कार अवश्य कर देना चाहिए फिर वह तुलसी हों या दशरथ के बेटे राम। असली राम तो भीतर हैं जो अनाम हैं उनका साक्षात् तब तक नहीं होता, जब तक बाहर के रामों को छोड़ नहीं दिया जाता। तो नारी के सम्बन्ध में शोध करने पर जो निष्पत्ति निकाल पाया वह यह कि वह मां है। वह प्रारम्भ में भी मां है, अंत में भी मां है, और यदि गहरे देखने की क्षमता हो तो मध्य में भी मां ही है। वह ममता है, कोमलता है। उसका मां होना ही उसकी गरिमा है, यही उसकी कमजोरी भी है। हां, उसका बल व निर्बलता दोनों वही है। यह विचित्र सा लग सकता है पर तनिक भी विचित्र नहीं है। यह गुण ही उसे महान बनाता है और इसी के चलते अनेक बार वह स्वयं न चाहते हुए भी समर्पित हो जाती है जिसके कारण उसे कुलटा तक की उपाधि मिल जाती है। पर वह मां ही है जो समर्पित होती है, प्रेमिका या समर्पिता ऊपर-ऊपर होती है, तनिक भी गहरे में देखें तो पाएंगे कि मा है वह। करुणा है वह। कृपा है वह। आशीष है वह। तुलसी महाकवि थे, बहुत सुन्दर काव्य रचे। शायद आज तक दूसरा कोई वैसी सुन्दर कविताएं नहीं लिख सका।

पर भाग्य मेरे तुलसी से बड़े हैं। शेक्सपियर भी महान कलाकार थे। अनेक अमर कृतियों के रचयिता थे। विश्व विख्यात हैं सदियों सदियों के लिए, पर जिसको नारी के लिए ऐसे वचन कहने पड़े, मैं उससे भाग्यशाली ज्यादा हूं। न मात्र लिखना सार्थकता है, न मात्र विख्यात होना मापदण्ड। मापदण्ड तो भीतर का तोष है।

इस नारी की खोज में ही मेरे कवि का जन्म हुआ। कविता फूटी और फिर

प्रौढ़ हुआ। हां, सोच-विचार ने जन्म लिया, फिर सम्यक,विचार होने लगा। ज़ानता भी न था कि सम्यक विचार किसे कहते हैं। पर वह होने लगा। आज जानता हूं कि वह सम्यक विचार था और ध्यान नाम भी न सुना था पर ध्यान घटित होने लगा। और तब कुछ हुआ जो वर्णनातीत है। तब जाकर ओशो से मिला। इसलिए यदि कोई मेरी कविताओं को क्रमवार देखे तो पाएगा कि वे जीवन की विकास-प्रक्रिया के अंतर्गत लिखी गई हैं। साफ दिखाई पड़ेगा। वे मात्र कविता नहीं, वे मेरी जीवन-यात्रा पर मील की पत्थर जैसी हैं। यह गया, वह गया, वह रहा जीवन।

तो कोई उसे कहता है तू कुलटा है, व्यभिचारिणी है, कोई कहता है तू कुल नाशिनी है, कोई बड़े ठाठ से गाने लगता है तू झांसी की रानी है। मैं कहता हूं "नारी तू मां है। केवल मां है। बेटी होकर भी तू मां है, पत्नी हो कर भी तू मां है। प्रेयसी होकर भी तू मां है।"

जिस व्यक्ति ने जिन्दगी के एक-एक पल को संवेदना, त्वरा एवं समग्रता से जिया हो, उसका तो पूरा जीवन लिखा जाना सम्भव नहीं लगता, पर कुछेक कविताएं यहां दे रहा हूं जिनमें जीवन का विकास-क्रम सहज ही दृष्टव्य हैं।,

सबसे पहली कविता 3 मई 1964 को उतरी :—

"पथ पर मेरे तुम यूं आयीं, जैसे यह कोई बात न थी।
फिर कैसे ऐसे चली गईं? तुमसे तो ऐसी आस न थी॥
जिस दिन तुम सहसा मुझे मिलीं,
मैं समझा खोया प्यार मिला।
रोना तो था जीवन भर का,
कुछ हंसने का आधार मिला।
पर छोड़ गईं वीराने में, क्या सचमुच कोई बात न थी?
पथ पर मेरे तुम यूं आयीं, जैसे यह कोई बात न थी।
पहले मैंने यही कहा था,
पर उस क्षण समझीं इसे हेय,
पल भर में कैसे बदल गईं?
जो शेष रहा बस यही देय।

तुम डर ही गई अनजाने में, वैसी तो कोई बात न थी।
पथ पर मेरे तुम यूं आयीं, जैसे यह कोई बात न थी॥
मुझसे भी भूल हुई थी कुछ,
अब भी है जिसका पश्चाताप।
काश प्रिये तुम समझ सको,
इस अन्तस में कितना परिताप।
पल भर में यूं भूल गईं, क्या सचमुच कोई बात न थी।
पथ पर मेरे तुम यूं आयीं, जैसे यह कोई बात न थी॥

1964 की ही तीन रचनाएं पढ़ें :—

कितना भी समझाऊं मन को,
फिर भी दिल तो दुखता ही है।
नहीं किसी से मुझे शिकायत,
है नहीं किसी से मुझे गिला।
जो हो सकता था हुआ वही,
जो मिल सकता था मिला वही॥
यह तो है मालूम मुझे,
फिर भी गम तो खलता ही है॥
इस दुनिया में अलग नहीं कुछ,
जीवन है सारा जुड़ा हुआ।
कोसूं या दूं आभार किसे?
मैं खुद भी सम्मिलित खड़ा हुआ।
यह सब मैं खूब समझता हूं,
फिर दुख तो रिसता ही है।

□ एक चाह □

चाहता हूं—
जितने लोग स्नेह दें
उतनी ही जिन्दगियां मैं पाऊं
ताकि हर एक के लिए
कम से कम, एक एक बार
मर मर जाऊं। (1964)

□ दीवाली पर □

सोचता हूं—
आज देहली पर
दीये जलाकर
जग को धोखा दे लूं
पर तुम्हें कैसें दूं ?
तुम—
जो कि जानती हो
मेरा भीतर···
जहां अंधकार अमर हैं। (1964)

□ 1965 की होली' (व्यंग्य) □

तुम खेलो
रंग और गुलाल
मचाओ रंगरेलियां
हमारी मत सुनो-अगर भूखे हैं
पेट मांग रहे रोटियां,
हमारी तुमसे क्या भला समानता ?
तुम्हारे चार हाथ हैं, चार पैर हैं,
हमारे दो हाथ हैं, दो पैर हैं। (1965)

□ एक स्थिति □

मैं
मसहरी के भीतर हूं
सिर पर नीम की छाया है
मगर फिर भी
पिघल रही चांदनी
नीम के पत्तों को चीरती
मसहरी के छिद्रों को पार करती
मुझ लगातार छू रही है, और
मैं एक अजीब सिहरन महसूस
कर रहा हूं। (1965)

□ एक सोच □

दीवारों से घिरा रहकर भी
कितना अरक्षित हूं
मैं।
ये टूटी -गिरी छत
ये कांच फूटी खिड़कियां
ये थके -सोये द्वार,
जीभ लपलपाती लू
बार-बार
मुझे छूती ही चली जाती है। (1965)

□ विडम्बना □

हम
प्रगति के दावेदार
मिट्टी के मनोहर घर बनाते हैं

उस पर आकर्षक चित्रकारियां
निर्मित करते हैं
और स्वयं को सृष्टा मान लेते हैं,
सोच ही नहीं पाते कि
मिट्टी किसने बनाई ?
और कि
क्या हम मिट्टी बना सकते हैं ? (1965)

☐ अकेलापन ☐

जिन्दगी की कड़वाहटें
उड़ जाती हैं एक
सिगरेट के धुएं के साथ,
तमाम-तमाम निराशाएं,
चाय के प्यालों में डूब मरती हैं
और
कुछ भारी क्षण
जो पास बने रहने का किया करते
प्रण
जाने क्यों छूट जाते हैं
किसी रंजीदे गीत के साथ,
कोई फिर अकेला रह जाता है
... नितांत अकेला ... (जनवरी 1966)

☐ एक स्थिति ☐

मेरे भीतर
एक समूचा संसार जल रहा है।
विषैला धुआं

नस- नस में समा रहा है
समाता ही जा रहा है
ऊपर आकाश गहरा
और गहरा होता जा रहा है
मेरे अस्तित्व का हर कण
एक विस्फोट की स्थिति में है।

(फरवरी 1966)

□ एक चाह □

जी चाहता है
"सुषमा सदन" में
बज रहे रेडियोग्राम को
सिर की ऊंचाई तक उठाऊं
और पटक दूं,
"नर्मदा क्लब" में
नृत्य मग्न लोगों की
भीड़ में घुसूं
और गुखरू छिटक दूं।
नगर के मार्गों पर
इठलाती कारों के समक्ष पहुंचूं
और कीलें ठोंक दूं।
क्षण भर को सही
इनके मनरंज परिणामों में खो तो लूंगा।
भूख की कांटेदार चेतना से
विमुख तो हो लूंगा।

(मार्च 1966)

□ स्थिति बोध □

मैं एक टीले पर था
और धरती के तमाम लोग
मुझे बौने नजर आ रहे थे
कि सहसा हवा के एक झोंके ने
मुझे नीचे फेंक दिया
और मैंने पाया कि
मैं सबसे छोटा था।

□ एक सोच □

जो इतना बड़ा सम्राट हो
कि दुनिया के तमाम निर्धनों को
कुबेर बना देना चाहता हो,
मगर जो कंगाल भी इतनना बड़ा हो
कि कलम की निब घिस जाने पर
छह माह उल्टी तरफ से लिखता हो,
सोचता हूं—
वह क्या करे ?
कहां समा जाए ? ?

(दिसंबर 1966)

□ मैं □

मैं एक यात्रा पर हूं।
जिसमें मैं ही अपना पथ हूं
मैं ही अपनी मंजिल।
राह में मिलने वालो, ओ !
मुझमें जो भी पावो, ले लो,

सब तुम्हारा ही है,
मेरा कुछ नहीं
मैं तो हूं तुम सबका मात्र योग:
अनुभव !

☐ पूर्वाभास ☐

मैं कुहासे में आवृत हूं
पर निराश नहीं ।
मुझे तुम्हारे आने का आभास
मिल रहा है
सुदूर ··· पहाड़ियों के झुररमुट में
सिंदूरी प्रात खड़ी है तुम्हारे
स्वागतार्थ ।
अभी-अभी आवोगे तुम
किरणों की धार से कुहरे को चीरते
राएं-रोएं में हमारे ऊष्मा
जाग्रतकर एक ठिठुरनविहीन जिंदगी देते,
मैं आश्वस्त हूं !

(22 नवंबर 1965 : ओशो से मिला 10.2.67)

कहना न होगा कि यहां ली गई कविताओं का चयन काव्य की दृष्टि से नहीं करके, जीवन के बदलते दृष्टिकोण एवं विकासक्रम की दृष्टि से ही किया गया है ।

☐ आत्म स्वीकृति ☐

अहंकार का मुकुट पहना
क्रोध को श्रृंगार माना,
व्यभिचार भी मार्ग बना,
आलोचना भी कम न जाना,
पर इस सबका न दुख है

न कोई पश्चात्ताप।
क्योंकि मेरे साथ
सदा कोई रहा है
जो मुझे लेकर आज वहां पहुंचा है
जहां 'मैं' हूं ही नहीं। (7.2.67)

☐ स्थिति ☐

प्रेम :
उत्तेजना नहीं, शांति है
यद्यपि मार्ग उसका
अशांतियों से गुजरता है,
आनंद :
आवेग नहीं, स्थिरता है
यद्यपि अस्थिरताओं को पार कर ही
द्वार उसका खुलता है।
और सच में
हम न प्रेम कर सकते हैं
न आनंद में हो सकते हैं
हम हैं ही क्या ?
—केवल प्रभु की इच्छाएं—
अत: आवो,
इसे ही दुहराएं
बार-बार दुहराएं ···
बस···

(5.2.67)

□ वर्तमान □

ओ भूत, भविष्य के—एक साथ—
वर्तमान
बता—
तुझे क्या नाम दूं ?
तेरे अनुरूप क्या कुछ पा रहा हूं मैं ?
समझा मेरे विराट।
कहां धरूं वह आनंद
जो तेरे अरूप, रूप से
अनुभूत हुआ है।
जहां न कोई जन्म था,
न मृत्यु
न मां, न बाप,
न जात, न पांत,
न धरती, न आकाश,
थीं वहां तो केवल शक्तियां
—असंख्य शक्तियां—
जो अनंत दिशाओं से
अनंत दिशाओं को
एक साथ चल व पहुंच रही थीं
जिसे देख मैं ठहर गया था
अपने होने, न होने की चेतना से शून्य
और दूसरे ही क्षण लगा कि
तूने मुझे अपने हृदय में
समाविष्ट कर लिया है।
और फिर पाया कि
मैं ही तू हो गया हूं।
बता मेरे अद्‌भुत।

कैसे संभालूं वह सब
जो वर्णनातीत है। (3.2.67)

□ नारी □

बेटा, रात सोते-सोते
बिस्तर पर कै कर देता है।
मैं मुंह बनाता दूर जा खड़ा होता हूं।
पत्नी—
बच्चों को चूमती है-सहलाती है।
कै साफ करती है।
मैं सोचने लगता हूं—
ऐसा ही मेरी मां ने किया होगा।
ऐसा ही मेरी बेटी करेगी।
और सहसा मुझे समस्त नारियां
मां नजर आने लगती हैं।
मैं श्रद्धा से भर जाता हूं।

□ एक बोध □

सोचता हूं—
कितना बड़ा मूर्ख था
जब सोचता था कि
मेरे जीने के लिए मुझे
किसी की जरूरत नहीं;
क्योंकि—
अब देखता हूं तो पाता हूं
मेरी सोने वाली चारपाई
किसी और ने बनाई है

मैंने कपड़े जो पहने हैं
उन्हें किसी और ने बुने हैं,
मैं जो खाता हूं, वह भी,
किसी और ने उपजाए हैं।
सच—
मेरे पास अपना क्या है ? (19.2.67)

□ गजल □

जाने क्या मुझको हुआ तुझसे मिलने के बाद
लोग कहते हैं दिवाना, तुझसे मिलने के बाद।
जिंदगी यूं कट रही थी जैसे हो कोई सजा
जश्ने-चरागां हो उठी, तुझसे मिलने के बाद।
कोई है जो करीम है, रहीम है, रहमान है,
यह मुझे मालूम हुआ, तुझसे मिलने के बाद।
आश्ना हूं अब मैं ईसा, मंसूर-ओ-सुकरात से,
कि क्यों उन्हें काटा गया, तुझसे मिलने के बाद।
हम भी होंगे कत्ल, यारब, गर यही उनके रुसूम,
किसको हो कोई गिला, तुझसे मिलने के बाद।

(14.1.83)

□ गजल □

जी रहा हूं इश्क को दिल ही दिल में
पी रहा हूं जाम-ए-जीस्त, दिल ही दिल में!
कौन कहता है कि उससे दूर है कोई
हो रहा दीदार यां दिल ही दिल में।
कैसे बताऊं कि उसका असर कितना है
हो चुकी है जां निसार, दिल ही दिल में।
कोई पूछता था नाम-ओ-निशां उसका,

झुक गईं नजरें कहीं दिल ही दिल में।
अक्ल वालों की दुनिया में दिवाने पर
मेहरबां हैं यार दिल ही दिल में।

(20.4.84)

तो आपने कविताओं में जीवन-यात्रा-क्रम की झलक पाई होगी। एकाध बात और खयाल में आ रही है:

1958 मई को जब लेडी एलगिन हॉस्पिटल जबलपुर में प्रथम पुत्र कुलदीप (स्वामी कृष्ण देव भारती) का जन्म हो रहा था, उस समय मुझे पूरी प्रगाढ़ता से इस बात का अनुभव हुआ कि मनुष्य अकेला है। कोई भी किसी के संग-साथ नहीं है। संग-साथ ऊपर-ऊपर दिखलाई पड़ता है। यथार्थतः हर व्यक्ति अकेला है। इस सत्य के दर्शन मुझे उस समय साक्षात् हुए थे जब शांति (मा योग संबोधि) को लेबर रूम में ले जाया गया। लेबर रूम के सामनें बरामदे में प्रतीक्षा करना मेरे लिए असह्य हो गया क्योंकि संबोधि वेदना से कराह रही थीं। मैं अस्पताल के बाहर चला जाता और पागलों सा सड़क पर चहलकदमी करता। पर वहां भी चैन नहीं, जाने कब मेरी जरूरत पड़ जाए। जाने कब मुझे याद किया जाए। पुनः बरामदे तक आ जाता। संबोधि को कराहता सुन मुझे अतिशय करुणा आती। पर मैं उसका दर्द बांट सकने में असमर्थ ही तो था। मैं चीख पड़ता, हे प्रभो! और पुनः बाहर सड़क पर निकल जाता पागलों की भांति चहलकदमी करने।

उस समय व एक बार जब संबोधि जी को इंजेक्शन का रिएक्शन हो गया था और वह मृत्यु से जूझ रही थी, मैंने इस सत्य के साक्षात दर्शन किए कि जगत में हर आदमी अकेला है। ये सड़क पर चलते हुए लोग, अलग-अलग अकेले हैं जो चल रहे हैं। यह साथ रह रहे परिवार के लोग सब अकेले हैं जो साथ रह रहे हैं। अकेला होना हमारी सच्चाई है। हमारी नियति है।

एक सुंदर घटना का जिक्र और करूं। घटनाएं तो सैंकड़ों हैं, सारा जीवन घटनाओं से भरा है। जीवंत हृदय हो, संवेदनशील मनस हो तो हर पल कुछ तो घटित हो ही रहा है। संवेदना न हो तो न कुछ पता चलता है न कुछ दिखलाई पड़ता है। तो घटनाएं तो बहुत हैं पर सभी का लिखा जाना संभव नहीं है। सभी का स्मरण भी नहीं।

1958 की ही बात है जब मैं रेल चालक का कार्य करता था। जब मेरी गुड्स ट्रेन से प्रथम बार एक गाय कट गई तो मैं अपनी पूरी ट्रेन आधा पौन किलोमीटर पीछे वापस ले गया। उस कटी हुई गाय के पास खड़ा होकर यह महसूस करने की चेष्टा की कि गाय अचानक जब इंजन की चपेट में आई होगी तो समझ भी न पाई होगी कि क्या हो गया और कट गई होगी! यानी उसे यह समझने का तो अवसर ही न मिला होगा कि क्या हुआ। मैं उस दिन रोया था गाय के क्षत-विक्षत शरीर के पास खड़े होकर। अगले स्टेशन आया तो कंट्रोलर ने फोन पर बुलाया व जवाब तलब किया कि समय ज्यादा क्यों लगा?

सुना है एक बार झांसी में एक युवा एंगलो-इंडियन चालक की ट्रेन से एक गाय टकरा गई। गाय गर्भवती थी, टक्कर लगने से गाय दूर फिंक गई जो कि तत्काल मृत हो गई। साथ ही उसका बछड़ा पेट से बाहर जा गिरा था। वह भी मर गया था। उस ड्राइवर ने किसी तरह ट्रेन अगले स्टेशन पहुंचाई और वहीं इस्तीफा दे दिया। एक दिन भी और ड्राइवर का काम उसने नहीं किया। क्या ठीक, क्या बेठीक, क्या उचित, क्या अनुचित की व्याख्या नहीं की जा रही है। वह सवाल ही नहीं है। यहां तो मात्र संवेदनशीलता का जिक्र हो रहा है। तो संवेदना किसी की बपौती नहीं है, न किसी जात की, न किसी धर्म की, न किसी देश की। यह भ्रम हिंदुओं को बहुत है कि वे बड़े दयालु हैं। शेष दुनिया कसाई है। मुख्यतः ईसाई और मुसलमान। लेकिन मैं ऐसा नहीं देखता। मैं हिंदुओं को जिस तरह के कसाई के काम करते देखता हूं, एंग्लो-इंडियनों को कभी नहीं देखा। उनकी मानवीयता, उनके चरित्र को हिंदुओं से ज्यादा ही प्रशंसनीय पाया हूं।

1982 जनवरी की एक घटना का जिक्र और करने का मन हो रहा है। मैं उन दिनों लोको इंस्पेक्टर का कार्य करता था एवं अस्थाई स्थानांतरण पर नई कटनी में ट्रेनिंग स्कूल में ड्राइवर्स की क्लास लेता था। ड्राइवर्स इनीशियल (प्रारम्भिक) ट्रेनिंग के लिए भी आते, रिफ्रेशर कोर्स के लिए भी आते। मेल-माल, सभी के चालक। बच्चे सतना ही रह रहे थे, अतः नई कटनी से शनिवार की शाम मैं सतना आ जाता (जो कि सवा घंटे का सफर था) और रविवार की शाम वापस नई कटनी चला जाता। क्योंकि सोमवार की प्रातः आठ बजे मेरा पहला ही पीरियड हुआ करता। उन दिनों नई कटनी में सीनियर डिवीजनल मकैनिकल इंजीनियर श्री वी.

आनंद थे जो कि निहायत सज्जन व्यक्ति थे। पर ट्रेनिंग स्कूल के इंचार्ज डिवीजनल मकैनिकल इंजीनियर श्री डी.के.सराफ थे जो कि यद्यपि मेरे छोटे भाई रजवंत के साथ पढ़े थे, पर बड़े सख्त व चुस्त अफसर थे। अत: यदि सतना से कभी सोमवार की सुबह आना होता तो ट्रेन साढ़े आठ बजे के आस-पास कटनी पहुंचाती। वहां से नई कटनी पहुंचने में 25-30 मिनट का समय लग जाता। अत: जब कभी मुझे सोमवार को आना रहता तो श्री सराफ से पूछना पड़ता और सटीक कारण बताना पड़ता। उस बार भी मुझे सोमवार की प्रात: सतना से वापस होना था। सतना वाला रेलवे का बंगला काफी बड़ा था। बड़ा लान, बड़ा बगीचा अलग, तीन बड़े- बड़े सर्वेंट क्वार्टर्स। एक बड़ा कक्ष ध्यान के लिए अलग रख छोड़ा था। मैं उसी में सोता था, अकेला। अस्तु:

रविवार की रात नौ बजे के लगभग मैं सोने के लिए लेटा तो देखा कि ध्यान कक्ष के दरवाजे की चौखट पर एक सांप अपना सिर रखे बैठा है। शेष पूरा शरीर दीवाल के अंदर एक बिल में है। सर्वेंट क्वार्टर में रहने वालों को जैसे मालूम हुआ, दो लोग डंडे लेकर मारने आ गए। मैंने कहा, 'अभी मत मारो, अम्मा को बुलाओ, यदि मारना होगा तो मैं बताऊंगा।' अम्मा (मा योग संबोधि जी) आईं तो मैंने उन्हें दिखाया कि सांप कितने आराम से बैठा है। चौखट पर सांप का रखा सिर देख कर कुछ भी अनुमान न लग रहा था कि सांप असली है यानी कोबरा है या कोई और दूसरी जाति का।

मैंने संबोधि जी से कहा, 'ओशो ने कहीं अपने प्रवचन में सांप को अत्यधिक निर्दोष प्राणी बताया है। गाय व सांप इन दो के सीधेपन व निर्दोषिता की प्रशंसा उनके मुख से सुनी है। और उनका संदेश है 'प्रेम'। और यह उनका ही ध्यान कक्ष है।' संबोधि जी ने पूछा, 'तो ?' मैंने कहा, 'यदि सांप को यूं ही बैठा छोड़ दिया जाए तो पचास प्रतिशत मौके हैं कि वह रात में बिल से निकल कर बंगले के बाहर चला जाए व पचास प्रतिशत मौके हैं बाहर जाने के बजाए अंदर ही बना रहे।' संबोधि जी न कहा, ' सो तो है।' मैंने कहा, ' और मान लिया जाए कि वह अंदर ही रह गया तो पचास प्रतिशत मौके हैं कि वह नीचे ही पड़ा रहे, पचास प्रतिशत मौके हैं कि चारपाई पर चढ़ आए।' संबोधि जी ने कहा, 'यह तो है।' मैंने कहा, 'और मान लिया जाए कि चारपाई पर चढ़ आए तो भी पचास प्रतिशत मौके हैं कि

वह मुझे काटे नहीं, केवल पड़ा रहे, और पचास प्रतिशत मौके हैं कि वह काट ले ।' संबोधि जी ने मेरी ओर जिज्ञासा से देखा । मैंने आगे कहा, 'और मान लिया जाए उसने काट भी लिया तो पचास प्रतिशत मौके हैं कि मैं बच जाऊं और पचास प्रतिशत मौके हैं कि मेरी मृत्यु हो जाए ।'

संबोधि जी ने कहा, 'हम इसे नहीं मारेंगे ।'

मेरी आंखों से दो बूंद आंसू टपक पड़े संबोधि की प्रशंसा में और मैंने कहा, 'सच ही, अगर हम मारते हैं तो यह शत प्रतिशत हत्या होगी । और वह भी ओशो के कक्ष में जिनका संदेश प्रेम है ।'

संबोधि जी ने कहा,'उसे मारा नहीं जाएगा, पर आज मैं भी अपनी चारपाई इस ध्यान कक्ष में आपकी बगल में ही लगाऊंगी ।'

मैंने कहा, 'ठीक है ।'

संबोधि जी ने बिना आवाज किए धीमे से चारपाई मेरी बगल में बिछवायी । साढ़े नौ बज रहे होंगे या अधिक से अधिक पौने दस । हम अपनी-अपनी चारपाई पर लेटे थे । मैंने पूछा, 'सोया जाए ?'

संबोधि ने कहा, 'हां सोया जाए,' और दोनों सो गए ।

सावधानी के तौर पर चारपाई पर मात्र एक टार्च भर रख लिया था देखने को बाकी कमरे में एक डंडा-बेंत कुछ भी न था । आज याद करने पर मै चकित होता हूं कि कैसे हम दोनों आंख बंद करते ही नींद की गोद में चले गए थे । और दोनों एकदम निश्चिंत सोए । मेरी नींद लगभग पांच बजे खुली तो देखा कि संबोधि जी बिस्तर पर नहीं हैं, उठ चुकी हैं । टार्च से चौखट पर देखा तो जनाब सांप महाराज ज्यों के त्यों बैठे हैं । मैं पीछे बगीचे में गया तो संबोधि जी मिलीं । उन्होंने बताया कि दो-तीन मिनट ही हुए उनकी नींद खुले । और कि वह तो ज्यों का त्यों बैठा है । हम दोनों ध्यान कक्ष में आए और देखा कि जनाब बैठे हैं । मैंने कहा, 'अब कालिका राय, रमेश, अनिल (सर्वेंट क्वार्टर्स में रहने वाले) को बुलावो, इसे मार ही दिया जाए, क्योंकि सात बजे की ट्रेन से नई कटनी जाना है तो बच्चों को सांप के साथ रहने को तो नहीं छोड़ा जा सकता । अपनी ओर से जितना मौका दे सकता था, दिया उसे बचने का, उससे अधिक मौका नहीं दिया जा सकता । सतना मुझे

रहना होता तो और इंतजार करता। मुझे कटनी चले जाना है।'

संबोधि ने कहा, 'मैं भी सोचती हूं कि अब बेचारे को मारना ही होगा क्योंकि आप कटनी चले जाएंगे।' कालिका राय व रमेश झट से डंडे लेकर आ गए। आश्चर्य कि उनके डंडे लेकर आते ही जनाब ने सिर भीतर बिल में कर लिया।

कालिका राय ने पूछा, 'सर अब ?'

मैंने कहा, 'दीवाल तोड़ दी जाए, अब तो उसे मारना ही है।'

कुदाली आदि से दीवाल तोड़ी जाने लगी। आश्चर्य है कि बिल बहुत लम्बी थी। दीवाल तोड़ते जा रहे हैं, बिल लंबी होती जा रही है। जनाब कहीं दिख नहीं रहे हैं। लगभग ढाई फीट बाद बैठे दिखे जनाब। पर यह क्या ? यह तो बहुत सीधा मालूम पड़ रहा है। तेज, तर्रार, असली वाला नहीं है। मैंने एक पुरानी दरी मंगवाई। उसे लेकर खड़े होने को सभी ने इंकार कर दिया तो मैं स्वयं दरी उस बिल से चिपका कर खड़ा हुआ। और कालिका राय को सांप को सरकाकर उसी दरी में ढकेल देने का आदेश दिया। यह भी कह दिया कि जरा भी मैं इशारा करूं या दरी फर्श पर फेंकू तो तत्काल मारना, चूकना मत क्षण भर भी। पर यह सब नौबत नहीं आई, दरी में उसके गिरते ही, दरी के चारों कोने पकड़कर मैं बाहर ले गया और घर से 200 फीट दूर एक गड्ढे में जीवित फेंक दिया। बेचारा बहुत ढीला-ढाला वाला था।

मैं तैयार हो कर अपने समय पर रेलवे स्टेशन और फिर कटनी चला गया। अगले हफ्ते आया तो मालूम हुआ पड़ोसी गोपाल (दत्ता सा० के लड़के) को मालूम हुआ तो जाकर देखा और बताया कि यह तो चकत्ते वाला जहरीला सांप होता है। अंकल तो बहुत भोले हैं। यह जिसे काट ले, वह जिंदा नहीं रह सकता। और उसने उसे मार डाला। यह सुनकर दुख हुआ। जिसे इतना जोखिम लेकर भी बचाया, उसे घर के बाहर मार दिया। शायद उसे मरना ही था।

अब तीन गद्य रचनाएं पढ़ें, जो बरेली से प्रकाशित होने वाली 'एकांत' मासिक में छप चुकी हैं। इन रचनाओं में दो की तिथि नहीं मिल रही है। अनुमान है कि 1966 की होनी चाहिए जब जिंदगी सोच-विचार के तनावपूर्ण दौर में थी।

एक रात की डायरी
(उर्फ—जो स्वतंत्र हो वह पढ़े)

मैं इस देश के भविष्य को लेकर बड़ा चिंतित हूं। कभी कभी यह चिंता इस हद तक बढ़ जाती है कि तनाव का रूप ले लेती है और जी करने लगता है कि जब बड़े बड़े नेताओं के आराम का समय हो, मैं एक एक कर उनके बंगलों के समक्ष जाऊं और लाउडस्पीकर पर जोर जोर से चिल्लाऊं। पर तभी डर जाता हूं। थरथरा देने वाली शीत में फटी सूती फ्राक पहन रखी बिटिया का मासूम मुखड़ा सामने आ जाता है। दवाओं के अभाव में मृत्यु की प्रतीक्षा करती बीमार पत्नी की आंखों की कोर याद आ जाती हैं' जिनमें अपार मानवीय संवेदना है। जिनमें लाख-लाख कविताएं उभरी पड़ी हैं। पड़ोस का वह नवयुवक भी स्मरण हो आता है जो बेरोजगारी की चोट से पागल हो गया है और जो केवल मेरा कहा सुनता है। उसके परिवार के लिए मैं देवता ही हूं। और… और इसी सबके साथ स्मरण हो आता है नेताओं के बंगलों के समक्ष चिल्लाने का परिणाम—जेल।

मुझे जेल भेज दिया गया तो क्या मेरी पत्नी मर जाएगी? मेरी बिटिया, जिसमें इंदिरा गांधी के सभी लक्षण हैं, क्या सड़क पर भीख मांगने लगेगी? वह पागल क्या फिर किसी के काबू में न रहेगा?… और मैं कलम उठा लेता हूं। शायद लिखने से जेल व तनाव दोनों से बच जाऊं। शायद कोई पढ़े और मेरी बात उसकी समझ में आए। चिल्लाने से कोई लाभ भी नहीं। नेता लोग शांति से तो सुनते नहीं, चिल्लाने से भी कहां सुनते हैं! जेल में ठूंस देते हैं और फिर कैदी अपराधी ही समझा जाता है, भले असली अपराधी वे हों जिन्होंने जेल भिजवाया। जनता को मेरा जेल जाना या बलिदान हो जाना भी कौन पता चलेगा। कौन मैं जवाहर की तरह बड़े घर का हूं। कौन मैं गाधी की तरह विख्यात हूं!! फिर जहां हजारों रोज जेल जाते हों, वहां एक और सही, 'एक और' जितना भी तो कोई नोटिस न लेगा, सिवा जेल वार्डन और अन्य कैदियों के। और इनके नोटिस लेने से भी क्या लाभ? कैदी तो अपराधी हैं ही, वार्डन भी स्वतंत्र बुद्धि से नोटिस लेने लगे तो कैदी हो जाएगा। तो क्या फिर कोई भी इतना स्वतंत्र नहीं जो मेरा लिखा पढ़े और मुझे समझने का प्रयास करे? मैं यह आशा लेकर चलता हूं कि ऐसे लोग हैं और जरूर हैं।

मैं और कुछ नहीं, उनके बंगलों पर जाकर यही चिल्लाना चाहता हूं कि स्वतंत्रता प्राप्ति पर तुमने जो-जो आश्वासन दिए थे, एक भी पूरे नहीं किए और न उस दिशा में कोई रचनात्मक कदम ही उठा रहे हो। तुम्हारी शिक्षा अभी भी हमारे बच्चों को गुलामी का जहर पिला रही है। अतः तुम सब अपराधी हो। तुमने धोखा दिया है देश की जनता को। तुम सब कुर्सी छोड़ो और चलो जेल। घबड़ाओ मत ! हमारी जेलें तुम्हारी जेलों जैसी नहीं होंगी। वहां तुम्हें वे कष्ट और यातनाएं नहीं भोगनी पड़ेंगी जो हमें तुम्हारी जेलों में भोगनी पड़ती थीं। हम जानते हैं दंडित होकर आज तक कोई व्यक्ति नहीं सुधरा। इसलिए हमारे कारागार मानसिक-चिकित्सालय होंगे। वहां तुम्हारी देख-रेख के लिए बंदूकधारी पुलिस नहीं, प्रेम और सहानुभूति से भरे मनोचिकित्सक होंगे। हम जानते हैं एक सामान्य आदमी अपराध नहीं कर सकता। जो जिस क्षण में अपराध करता है वह उस क्षण-विशेष में असामान्य रहता है। यह असामान्यता ही उसका रोग है। रोग के इलाज की उचित व्यवस्था अगर समय रहते न की जाए तो वह दुःसाध्य और फिर अंततः असाध्य हो जाता है।

हां, हां डरो मत ! तुमने हमारा खून पिया है, तुमने हमारे बहुतेरे भाइयों की आत्माओं का बेरहमी से बध किया है। तथापि हम तुम्हें फांसी के तख्ते पर नहीं लटकाएंगे। हम समझते हैं कि खूनी को फांसी देने वाला भी खूनी के समान ही अस्वस्थ एवं रोगी है। कोई भी स्वस्थ आदमी अस्वस्थ के स्वास्थ्य-लाभ में सहायक ही होगा, उसे मार नहीं डालेगा। हम इतने स्वस्थ हो गए हैं तभी तुम्हारा उपचार करने चले हैं। हमें पता है कि संवेदनशीलता व मानवीयता प्रत्येक व्यक्ति में है। वस्तुतः तो हर प्रकार की प्रतिभा हर व्यक्ति में है। मुझमें टैगोर भी हैं, लोहिया भी, गांधी भी, बुद्ध भी, क्राइस्ट भी और नाथूराम गोडसे भी। सभी छुपे हैं। जैसी भूमि व खाद मिलती है उसी के अनुरूप मैं अंकुरित एवं विकसित होता हूं। अतः दरअसल दोष तुम्हारा नहीं है, तुम्हें जो भूमि व खाद मिली , वह गलत थी। तुम्हारा विकास मानव-भक्षी हो गया। हम जानते हैं कि पश्चाताप आदि के तत्व सभी में विद्यमान हैं जो कि मानव-हृदय में एक क्रांति मचा देते हैं और उसका आमूल परिवर्तन कर देते हैं। मात्र हमें उनके लिए अवसर जुटाना होता है। वह सुविधा देनी होती है। हम तुम्हें वह अवसर देंगे कि तुम्हारा मनुष्य विकसित हो।

तुम्हारा मानवीय पक्ष जगे। तुम्हें तुम्हारे रोग से मुक्ति मिले। हम तुम्हारी हत्या न करेंगे। हम तुम्हें यातनापूर्ण दंड भी न देंगे। यह सब हम से कैसे संभव होगा? हम तो यहां तक मानते हैं कि आज तक संसार के कायदे-कानून एक भी खूनी को फांसी पर नहीं लटका सके। हमेशा निरपराध ही फांसी पर लटकाए जाते रहे हैं। क्योंकि खूनी तो खून किए जाने वाले के साथ ही मृत हो जाता है। हमारे कोर्ट-कचहरी जब उसे फांसी देते हैं तब तक तो वह पश्चाताप की आग में झुलसता हुआ एक निरपराध इंसान रह जाता है। कोई भी फांसी देने वाला यह न समझे कि वह खूनी से छोटा अपराधी है। अतः डरो नहीं। तुम भाग्यशाली हो कि अब वैसी जेलें नहीं हैं। हमने ऐसी जेलें बना ली हैं जो तुम्हारे समय के आमोदगृहों से भी ज्यादा अधिक स्वस्थ एवं आनंदपूर्ण हैं। हम वहां रखकर तुम्हें परिवर्तित करेंगे और अपने इस प्यारे देश के लिए तुम्हें उपयोगी बनाएंगे।

□

आत्महत्या की मनःस्थिति में डूबे वे क्षण

स्मरण करता हूं तो कितना विचित्र लगता है। पर यह सच है कि आज मैं जिंदा न होता अगर उस दिन जल्दी में कोई चीज मिल गई होती जिससे कि आत्म हत्या करना संभव होता। कैसा था वह क्षण जब रात के उस सघन सन्नाटे में मैं एक झटके के साथ बिस्तर से उठ खड़ा हुआ था पर पास में रिवाल्वर तो थी नहीं, इधर-उधर देखने पर कोई विषाक्त पदार्थ भी नहीं मिल सका। ढूंढ़ने पर जल्दी में कोई रस्सी भी नहीं मिली। और दो क्षणों बाद ही वह मनःस्थिति टल गई थी और मेरे मुंह से अनायास निकल गया, 'हेमिंग्वे महान्! मेरे भाई !! मैं आज तुझे जान गया।' उन क्षणों में हेमिंग्वे अनायास स्मरण हो आए थे और मैंने उन्हें अपनी छाती के भीतर हृदय में-मानो साक्षात अनुभव कर लिया हो।

1957 से ही सोचने-विचारने की आदत सी पड़ गई थी। कोई भी बात हो, कोई भी घटना अथवा समस्या, उसकी तह में पहुंचे बिना चैन ही न पड़ता। परत-दर-परत चीरना और अंततः समस्या की आत्मा में जा पहुंचना एक चस्का ही हो गया था। 1957 से 1966 तक मैं प्रायः उन सभी मनःस्थितियों से गुजर चुका था जिनमें सामान्यतः लोग आत्महत्याएं करते हैं। यानी 'निकटतम आत्मीयों द्वारा

धोखा खाना और एकदम निराशा में डूब जाना' से लेकर 'विभागीय अधिकारियों द्वारा आत्मिक हनन' एवं 'संपूर्ण भुखमरी' तक। इन स्थितियों में भी आत्म-हत्या का स्मरण आता पर वे सारे संवेग कविताओं में व्यक्त होकर रह जाते। अर्थात, मेरी कविताओं ने एवं विचारशक्ति ने— तनावपूर्ण स्थितियों में ही सही—मुझे जिलाए रखा। पर 1966 दिसंबर की वह रात ! ओह ! क्षण भर को रुक कर उस रात के प्रति कृतज्ञता का अनुभव करने दें जिसने मुझे मौत के मुंह में डालकर पुन: बाहर निकाल लिया था।

शाम से ही सोचना प्रारंभ हो गया था। कोई निराशा समझे, मैं तो उसे विद्रोह ही कहूंगा। निराशा होती तो कदाचित वह स्थिति देर तक झूलती रहती और मैंने आत्महत्या कर ही ली होती। हां तो सोचते-सोचते मुझे लगा कि चारों ओर से भागकर लेखन को जीने का सहारा बनाया, पर यहां भी 'बेचारे' ही हैं। लिखते कुछ हैं, जीते कुछ हैं। तथाकथित सम्पादकों के भी वक्तव्य कुछ होते हैं, यथार्थ कुछ ! सोचने की उस प्रकिया को क्रमवार दे पाना आज संभव नहीं है। पर इतना स्पष्टत: याद है कि विचार करते-करते रात जवान हो चली थी। परिवार के व पड़ोस के लोग नींद की गोद में गहरे डूब गए थे। बस, मेरा विचार जागा हुआ था। और अब वह अंतर्राष्ट्रीय मसलों पर विचार कर रहा था—'आखिर पाकिस्तान लड़ाइयां लड़ना नहीं चाहता, भारत भी नहीं चाहता, अमरीका भी नहीं, चीन और रूस भी नहीं। फिर भी तैयारियां चलती रहती हैं और लड़ाइयां हो जाती हैं। न चाहते हुए भी चीजों का अज्ञात रूप से हो जाना। अनकांशसली होते जाना। लोग कहते हैं अय्यूब लड़ाकू है, माओत्से तुंग खूंखार है। यह बातें मुझे गलत लगीं। सच यह लगा कि हम लड़ाइयां नहीं चाहते। पर हम हैं सोए हुए। और यह मूर्च्छा ही, यह नींद ही हमें अपना शिकार बना लेती है और हम लड़ाइयों की चपेट में आ जाते हैं। अर्थात हम 'स्वयं' नहीं हैं। हमारा स्वयं पर ही अपना अधिकार नहीं है। हम नींद व मूर्च्छा के दास हैं। और इन्हीं क्षणों में मुझे जिस भंयकर अकेलेपन की अनुभूति हुई उसे कभी शब्दों में बताया न जा सकेगा। अंतरिक्ष यात्री भी तो पृथ्वी वालों से संपर्क बनाए रखते हैं।

मेरे तो सारे संपर्क टूट गए थे। मुझे समस्त भूमंडल के समस्त लोग रेंगते हुए कीड़े-मकोड़े जैसे 'बेचारे' लगे। वे वास्तव में कीड़े-मकोड़े ही थे, ऐसा मुझे उस

क्षण साक्षात आभासित हुआ था। समूची धरती पर मैं अकेला ही मनुष्य रह गया था। क्षण भर को महसूस करने का प्रयत्न करें कि पूरी दुनिया में आप अकेले आदमी हैं, कोई मूर्खतम व्यक्ति भी, कोई पागल भी नहीं है। ओह! कितना भयानक था वह अकेलापन! कितना विस्फोटक! एक क्षण करोड़ वर्षों के सदृश्य खोपड़ी पर समूची पूथ्वी के जितना भार। उस समय आत्महत्या मेरे लिए कष्टप्रद नहीं, सुखद एवं प्रीतिकर थी। वस्तुत: उस कृत्य को पूर्ण करने हेतु किसी सामग्री का न मिलना ही उस समय कष्टपूर्ण था। ऐसा समझें कि एक कमरे में 1000 दरवाजे हैं और 999 दरवाजों में से आप के ऊपर सांप अथवा शेर टूट पड़े हैं अथवा तोपें दगने को हैं। निश्चित ही उस समय आपके पास सोचने विचारने का समय भी न होगा। क्षण भर भी बिना गंवाए, 1000वें दरवाजे से भाग निकलना चाहेंगे। वह मार्ग ही सुखद एवं जीवनदायी मालूम होगा। पल भर भी रुकना असहनीय लगेगा। पर जैसा मैंने ऊपर बताया कि जल्दी में मुझे कुछ मिला ही नहीं, जिससे कि आत्महत्या संभव होती। वास्तव में ऐसा कुछ सामान घर में ही न था। और कुछ क्षणों में ही वह मन:स्थिति जाने कैसे व कहां खो गई। मैं थका-थका सा अनुभव करने लगा था और जाने कब सो गया। और यह एक भयानक सच है कि यदि मैं इतना सुसम्पन्न होता कि मेरे शयन कक्ष में एक रिवाल्वर या बंदूक होती तो कोई कारण नहीं, कि आज मैं यह संस्मरण लिखने को जिंदा होता। मुझे कोई भी शक्ति उस कृत्य से बचा नहीं सकती थी।

मेरा अनुभव है कि हेमिंग्वे के पास यदि रिवाल्वर न होती तो कुछ ही क्षणों में वह मन: स्थिति टल जाती और फिर उसके लिए आत्महत्या जैसी चीज शायद इस जीवन में सदा के लिए असंभव हो जाती।

□

3 अक्टूबर 1966 की स्मृति आज भी रोमांचक है। कुछ नहीं ओशो की एक पुस्तिका 'अहिंसा दर्शन' पढ़ा था और ठीक उसी के बाद नई इटारसी से पुरानी इटारसी (लगभग पांच किलोमीटर) के लिए चल पड़ा था डीलक्स के डीजल इंजिन पर। मन दार्शनिकता से भरपूर, जीवन की अनंत गहराइयों में डूबा, कहीं कुछ खोज लेने में तल्लीन था। कदाचित तल्लीनता में व्यवधान न आने देने की इच्छा से ही मैं इंजिन के भीतर 'कैब' में न जाकर तमाम अन्य लोगों की भांति

जिनमें ज्यादातर चतुर्थश्रेणी कर्मचारी थे, बाहर फुटबार्ड पर ही खड़ा हो गया। क्षण भर बाद—

इंजन इटारसी आउटर सिगनल पर रुक गया। मन अब भी गहरे डूबा था। पर कहीं कुछ पकड़ पाने में अक्षम और इसीलिए बेचैन। दूर चौड़े सपाट मैदान के छोर पर पहाड़ियों की ओट से झांकते हुए लाल चांद को देख मुझे लाल-लाल नवजात शिशु स्मरण हो आया। कितना मनोरम ! पर मन ने कहा— इससे क्या ! यह तो कुछ भी न हुआ। बेचैनी तो ज्यों की त्यों ही है। फिर ऐसे क्षण भंगुर दृश्यों की सार्थकता क्या ? आशय क्या ? आदि आदि। यों ही प्रश्न चिन्ह लगते जा रहे थे। कि—

देखता हूं कि बंगल वाली पटरी पर विरोधी दिशा से एक मालगाड़ी आ रही है। सहसा मन में विचार उठता है मानो वह मालगाड़ी से आकर ठीक मेरी सीध में पटरी से नीचे उतर जाएगी। फिर मन में कहीं आता है मानो वह नहीं 'डिरेल' होगी, यह डीजल इंजन ही उस भागती हुई ट्रेन की ओर उलट जाएगा। अब सोचने लगता हूं, यदि ऐसा अभी सचमुच होने लगे तो क्या करेगा भला आदमी ? आखिर यमराज तो सामने मालगाड़ी के घूमते पहियों में भी हैं और पीछे उलटते इंजन में भी। मन ने ही समाधान निकाला—कुछ भी हो, अधिक प्रयास पीछे रहने का होगा क्योंकि आगे यमराज आंखों को दिखते हैं। पीछे तो दिखते नहीं। मन ने ही पुनः बात काटी— इंजन जब उलटने ही लगेगा तो भागती हुई ट्रेन सामने होगी या उलटता हुआ इंजन ? मुंह घूमकर इंजन की ओर न हो जाएगा ?

इतना सोचते न सोचते मैं स्वयं को उस मालगाड़ी के चक्कों से कट गया पाता हूं। मृत शरीर मुझे प्रत्यक्ष दिखलाई पड़ रहा है। मन में एक भाव उठता है —

मैं मर गया पर यह मालगाड़ी रुकी नहीं। यह डीलक्स का इंजन भी नहीं रुकेगा। सिग्नल मिलते ही चला जाएगा। मद्रास से आने वाली 'डीलक्स' भी दिल्ली के लिए अपने निर्धारित समय पर चल देगी। डीलक्स का बूढ़ा ड्राइवर घर पहुंचने पर पत्नी को बताएगा कि आज जबलपुर का एक बेचारा ड्राइवर मालगाड़ी से कट गया। पत्नी उम्र पूछेगी। वह कहेगा, खासा नव जवान था भई कोई 28 - 30 का। पत्नी छू जाएगी। वह कहेगा—चलो जी यह तो दुनिया है। तुम इतना दुख मानोगी, जानता तो बताता ही नहीं। चलो उस कमरे में चल कर

देखें बच्चे क्या कर रहे हैं। और बस ··· सब कुछ पूर्ववत्।

अब घर का चित्र सामने आ जाता है। अधिकारियों ने मेरे निवास पर जीप भिजवा दीया है। पत्नी बच्चों को स्टेशन ले आकर 'काशी-बंबई एक्सप्रेस' के एक प्रथम श्रेणी कूपे में बिठा दिया गया है। उन्हें यह पता नहीं है कि मैं मर चुका हूं। मेरे गम्भीर रूप से आहत होने की सूचना दी गई है अभी। पत्नी बार-बार आशकित हो उठती है। और उसका हृदय थर-थर कर उठता है। कभी-कभी चीखते पहियों के साथ उसका चीख पड़ने को मन करता है। पर संभल जाती है, कि अपशकुन क्यों करे वह।

किंतु सच्चाई अधिक देर तक झुठलाई नहीं जा सकी। इटारसी पहुंचने पर बच्चों ने मेरा क्षत-विक्षत शरीर देखा तो चीख कर रो पड़े। राजन (पुत्र) का रोना मुझे कलेजे तक हिला देता है। मन करता है जी उठूं पर कितना विवश पाता हूं स्वयं को। पत्नी की विक्षिप्त दशा पर भी करुणा आती है। मुझे ही नहीं, उन तमाम लोगों को भी जो वहां जमा हैं। कुछ लोग खामोश हैं। कुछ उसकी आयु का लेखा-जोखा कर रहे हैं कि बेचारी आगे की जिंदगी कैसे काटेगी? चार बच्चे हैं, कहां से उन्हें पालेगी-पोसेगी? तभी देखता हूं पागल रुदन के कारण उसकी पिंडलियां खुल गई हैं और एक सज्जन उसी ओर एकटक निहार रहे हैं। यह देख मैं तिलमिला उठता हूं। जी चाहता है उठूं और उस आदमी की गर्दन मरोड़ दूं। पर नहीं, मैं जी नहीं पाता। कि —

सहसा मुझे अहसास होता है मन की पहुंच कितनी तेज है। यह बड़ी दूर निकल गया है। साल भर दूर। पत्नी गृहस्थी में व्यस्त है। मेरे लिए वह रो नहीं रही है। बच्चे भी मेरी चर्चा कर करके परेशान नहीं हैं।......तो क्या मेरा यही मूल्य? मेरे मरने पर भी सब ज्यों का त्यों? क्षण भर को भी तो नहीं रुका कुछ। मेरे ही संभाग की गाड़ियां न रुकीं एक दिन को। तभी मन के भीतर कोई और मन उभरता है।······तो क्या तुम चाहते हो कि तुम्हारे मरते ही ट्रेनें ठप हो जाएं? बत्तियां बुझ जाएं? लोग बैठकर मातम मनाएं? तुम्हारे लिए रोते-रोते पत्नी व बच्चे मर जाएं? सारी दुनिया जहां की तहां ठहर जाए? छिःछिः, कितने आत्म केंद्रित हो तुम। तुम्हारी चाहें कितनी बेहूदा एवं अप्रौढ़ हैं। तुम अपनी मृत्यु के साथ समूची सृष्टि ही ठप देखना चाहते हो? तनिक उनके बारे में तो सोचो जो

केवल औरों के जीने के लिए हंसते-हंसते अपने प्राण उत्सर्ग कर गए। और मेरी आंखों के सामने अमर शहीद सरदार भगत सिंह का चित्र घूम जाता है। तभी सिग्नल मिला होगा, इंजन एक हल्के से झटके के साथ चल देता है। मेरा ध्यान टूट जाता है। मैं उस चित्तदशा के बाहर आ जाता हूं।

यद्यपि जीवन निरंतर एक प्रकिया है, तथापि कुछ मुकाम तो ऐसे होते ही हैं जिन्हें मोड़ अथवा 'टर्निंग प्वाइंट' कहा जा सकता है। अब वैसी ही एक छोटी सी घटना का वर्णन करने जा रहा हूं जिसने मेरे जीवन में क्रांति खड़ी कर दी और सारा जीवन बदलकर रख दिया।

हां, घटना छोटी सी ही है। सच, वह कोई घटना ही नहीं है, इतनी साधारण सी बात किंतु··· । हुआ यह कि 1966 के दिसंबर में एक दिन लगभग 11.30 बजे अपने एक मित्र डाक्टर के.पी.पांडे के क्लीनिक में बैठा था। साथ में एक रिश्तेदार श्री भगवान सिंह भी बैठे थे, जो कि हाल ही में एम.ए. कर चुके थे। डा. पांडेय अपने मरीजों में व्यस्त थे। दस-पंद्रह मिनट में ही फ्री होने वाले थे। इस बीच सामने सड़क पर मैंने देखा कि दो गौरेये (sparrows) फुदक रही थीं। उनका फुदकना मुझे बहुत-बहुत सुन्दर लगा। मेरे मन में एक ख्याल आया कि जब गौरेए इतनी सुंदर लग रही हैं- जिनका रंग मटमैला सा रहता है—तो दुनिया की दूसरी चिड़ियां जो कि सचमुच सुंदर होती हैं देखकर कितना सुंदर न लगेगा?

तभी खयाल आया कि सारी दुनिया में जितनी तरह की चिड़ियां हों, सभी प्रकार की एक-एक, दो-दो एक-एक पिंजरे में बंद कर एक कमरे में रख दिया जाए और उसकी चाबी मुझे दे दी जाए ताकि जब चाहूं कक्ष खोलूं और किसी का रूप-रंग देखकर मुग्ध होऊं, किसी का चहकना देखकर मगन होऊं, किसी का फुदकना देखकर मर मिटूं।

तब खयाल आया कि फिर तो बहुत बड़ा कक्ष होना चाहिए। और अपने सामने मैंने साक्षात एक बहुत बड़ा रूम मीलों-मील लंबा मौजूद पाया। द्वार पर ताला लगा था और चाभी मेरे पास थी। जब मैंने पहली बार कक्ष का द्वार खोला, कक्ष में प्रवेश किया, तो पहला ही पिंजरा देखकर ठिठक गया। लगा भीतर से कोई कह रहा हो कि तुम ऐसे तो नहीं हो। तुम परम स्वतंत्रता प्रेमी, पक्षी को पिंजरे में देख कैसे पावोगे?

यदि तुम पिंजरे में बंद चिड़ियों को दस मिनट भी देखते रहे तो निश्चित है तब तक पागल हो जाओगे। उस दिन तुम्हें चिड़िया इसलिए सुंदर लगी थी क्योंकि वह मुक्त थी। उसे कोई बंधन न था। वह अपनी मुक्ति में फुदक रही थी। कहना न होगा, कि तत्काल मैंने सारे पिंजरों को खोल दिया और सारे पक्षियों को उड़ा दिया। साथ ही एक प्रश्न उठा कि यह कौन है जो मेरे भीतर सदा एक कल्याण मित्र की भांति आता है व सही मार्ग बता जाता है। यह सदा ही आता है, मुझे स्मरण आया। प्रथम कृत्य या विचार मेरा मेरे मन का होता है और तत्काल यह मेरा कल्याण मित्र प्रकट होता है। और कल्याण मार्ग के संकेत कर जाता है। लगभग 1959 में मेरी एक महिला से मित्रता थी। जब रात उसके घर जाता तो ठीक उसके घर में प्रवेश करने के पूर्व खड़े होकर देख लेता कि कोई मुझे देख तो नहीं रहा है। तब भी मेरे मन में यह खयाल पैदा होता कि यह कौन है जो इतना आदरणीय है कि कुछ भी छुप कर करने में झिझक व शर्म महसूस करता है।

आज यह प्रश्न तीर की तरह भीतर तक बेधता चला गया कि यह कौन है मेरे भीतर जो मेरा इस कदर कल्याण-मित्र है। मैंने भगवान सिंह को पूरी घटना बताई कि अभी-अभी ऐसा-ऐसा हुआ तो यह कौन है मेरे भीतर जिसने सारे पक्षियों को मुक्त करवा दिया? उन्होंने कहा कुछ नहीं, महज एक खयाल है। इसमें क्या सोच-विचार करना? भगवान सिंह रिश्ते में भतीजे होते थे, उम्र में भी मुझसे बहुत कम। फिर भी उसकी अनेक बातों के कारण उससे मैं मित्र की भांति व्यवहार करता सदा। पूरे जीवन में यह पहली बार है जब मैंने उसके लिएं 'ईडियट' शब्द का उपयोग किया। मैंने कहा कि तुम 'ईडियट' हो। आज जिसे मैं अपने जीवन की सबसे बड़ी प्रेरणा स्वीकार करने जा रहा हूं, उसे तुम कह रहे हो कुछ नहीं है। तत्पश्चात डाक्टर पांडे की ओर देखकर मैंने कहा, 'ओ.के.पांडे जी, मैं चलूंगा।'

'पांच-सात मिनट में फ्री हुआ जाता हूं।'

'नहीं अब मैं एक क्षण भी रुकना नहीं चाहता, मैं जल्दी से जल्दी अकेला होना चाहता हूं। अपने साथ होना चाहता हूं।'

'मैंने एक बार आप से चर्चा की थी श्री चांटे, कृषि इंजीनियर आपसे मिलना चाहते हैं वे आज आने को हैं—तीन बजे के आस-पास।'

'आप लोग जाने मेरे बारे में क्या-क्या कह देते हैं कि लोग मुझसे मिलने को

उत्सुक हो उठते हैं।'

'मैंने कभी किसी से आपके बाबत झूठ नहीं कहा, जैसा मुझे लगता है, वैसा ही मैंने चांटे सा. को भी कहा है।

'खैर, आज मैं घर पर ही रहूंगा। यदि वे आते हैं तो ले आइएगा। पर अभी मुझे अकेला हो जाने दें।'

मैं चल देता हूं, दस कदम बाद भगवान सिंह को भी विदा कर देता हूं। और खयाल करता हूं कि यह कौन है जो सदा भीतर से झांक पड़ता है। आज मैं सचेत होकर इसके संकेतों को पकडूंगा और उस पर अमल करूंगा। फिर खयाल आया यह पांडे जी बेचारे 65 वर्ष की आयु के हैं और मैं होऊंगा 32 वर्ष का पर हम दोनों की मित्रता है। पांडे जी कितना आदर करते हैं कि उनको मना न कर पाया। वैसे आज कतई अकेला रहना चाहता था। खैर ···। घर पहुंचकर अपने शयन कक्ष में जाकर पलंग पर पड़ गया। मैं पूर्णतः अकेला था, अर्थात अपने साथ था। कोई आधे घंटे बाद संबोधि जी (तब शान्ति) ने भोजन करने हेतु बुलाया। मैंने जाकर भोजन कर लिया और फिर से कमरे में पहुंच गया। मैं अकेला रहना चाहता था। किसी से बात करने पर भी मेरा अकेलापन बना रहता। थोड़ी देर विश्राम किया। जगा तो फिर स्वयं को अपने साथ ही पाया। मन और कहीं जाना, यहां वहां भटकना जैसे भूल ही गया।

लगभग चार बजे अपराह्न डा० पांडे कृषि इंजीनियर श्री चांटे को लेकर आए। मैंने उठकर उनका स्वागत किया। डा० पांडे ने परिचय करवाया कि आप ही हैं श्री शिव प्रताप सिंह। मुझे बताया कृषि इंजीनियर चांटे। हमने एक दूसरे से हाथ मिलाया और खुशी जाहिर की।

वैसे तो मेरा एक मुसलमान दोस्त था महबूब। वह पढ़ा लिखा न था, पर बहुत बुद्धिमान था। उससे मेरी अकसर बातें होतीं कि मनुष्य एक है। जात-पांत धर्म, राष्ट्र के भेद सब झूठे व राजनीतिज्ञों द्वारा गढ़े गए हैं। और भी ढेर सारी बातें करते। तथाकथित धार्मिक नेता भी राजनीति ही करते हैं। दुनिया की तमाम समस्याओं पर हम दोनों घंटों विचार-विमर्श करते। पर जब श्री चांटे ने अपना मंतव्य प्रकट किया कि 'आनंद मार्ग' की एक मासिक पत्रिका जबलपुर से निकालना चाहते हैं, उसका मैं सम्पादन करूं तो पहली बार मैंने किसी दूसरे से

अर्थात श्री चांटे से इतना बलपूर्वक एवं साफ तौर से अपना विचार व्यक्त किया कि मैं सारे जगत से जुड़ा अनुभव करता हूं। किसी एक पंथ या मत से बंधना, जुड़ना या जुड़ा दिखाई पड़ना, मेरे लिए संभव न होगा। आज तो और भी असीम अनुभव कर रहा हूं।

श्री चांटे व डा० पांडे ने बहुत सारी बातें कीं। छः बजे के लगभग विदा किया उन्हें। चलते समय श्री चांटे ने कहा—'भले आपने 'आनंद मार्ग' पत्रिका को सम्पादित करने से मना कर दिया पर मुझे आपकी बातें, आपके विचार, बहुत अच्छे लगे हैं। हम फिर मिलेंगे।'

'हां, हम फिर मिलेंगे,' मैंने कहा।

और वे चले गए, मैं पुनः अकेला हो गया।

और तभी कुछ दिखना शुरू हुआ, एक लाल रंग का बड़ा सा गोला दिखाई पड़ा जो बहुत धीमी गति से घूम रहा था। उसमें से करोड़ों चिंगारियां निकल निकलकर बाहर जा रही थीं तथा दूसरी तरफ तमाम-तमाम चिंगारियां आकर उसमें मिल रही थीं। मुझे लगा कि यह बड़ा गोला ही परमात्मा है व उसमें से निकलकर बाहर जाने वाली चिंगारियां आत्माएं हैं। और दूसरी ओर आकर मिलने वाली भी आत्माएं हैं। तभी यह भी समझ में आया कि जब कोई कहता है कि मै नास्तिक हूं, मैं परमात्मा का अस्तित्व नहीं मानता तब भी वह उसी में है, उसी का है, वही है। दूसरा कोई उपाय ही नहीं है। होना ही उसी में है, होना ही वह होना है।

फिर मैंने देखा कि अंतहीन छोरों से अनंतगति से ऊर्जाएं (राकेट जैसी) चल रही हैं जो अंतहीन छोरों तक जाती हैं। उनका छूटना, उन छोरों से, जिनका कहीं प्रारम्भ नहीं, और पहुंचना उन छोरों पर जिनका कोई अंत नहीं है, एक साथ होता है। ओह ! इतनी गति है। तब मैंने जाना क्या अर्थ हैं जब अर्जुन कहता है कृष्ण से कि मैं सहस्त्रों लोगों को जन्मते वह मृत्यु के ग्रास में प्रवेश करते एक साथ देख रहा हूं। समय का यह एक अलग ही आयाम है।

और तब मैंने पाया कि न कहीं पृथ्वी है, न चांद-तारे, न पहाड़, न नदियां, बस शून्य निराकार का अनंत विस्तार। तभी खयाल आया — 'और उसके हृदय में मैं

हूं । तभी स्मरण आया—'और मेरे हृदय में वह है ।' अत: वही है । उसके सिवा कुछ नहीं है । और मैंने अपने को व सबको भगवान स्वरूप पाया ।

और तभी से मैं रहने लगा बुद्ध की भांति । काम, क्रोध, मद, लोभ सब विलीन । बस मैं महाऊर्जा, पर महाशांत । अपूर्व जागरण बना रहता । सोकर उठता तो लगता कि मैं सोया ही नहीं, मैं तो जागा ही रहा । तभी मैंने पाया कि मैं ही नहीं, जो भी सुन सकता हूं, व देख सकता हूं व स्पर्श कर सकता हूं, व अनुभव कर सकता हूं, और जो नहीं भी देख-सुन सकता , नहीं भी स्पर्श कर सकता, नहीं भी अनुभव कर सकता, वह सब भी वही है । उसके सिवा कहीं कुछ नहीं है, न हो सकता है । और बस परमात्म-जीवन जीने लगा था । स्नान भी करता तो इतना आनंद आता कि शावर का पानी सिर पर गिरता व शरीर पर से बहता, आनंद के आंसू भी साथ बहते । कामना रहित होना क्या है, जाना-जीया । बिना कर्त्ता के कर्म क्या है—जाना-जीया ।

इसी दशा में था जब ओशो से मिला 1967 की 10 फरवरी को ।

यह मिलन एक बहुत बड़ा रहस्य था । क्योंकि जब मैं मिलने गया उस समय नहीं मालूम कि ओशो का नाम कहां से जुबान पर आया क्योंकि न तो कभी उनका प्रवचन सुना था, न कोई पुस्तक पढ़ी थी । सच यह है कि वे कौन हैं, क्या करते हैं, यह सब कुछ भी तो नहीं मालूम था । बस सड़क पर लोगों से आचार्य रजनीश कहां रहते हैं, पूछता हुआ, ढूंढ़ता-ढांढता जा पहुंचा था । उस समय मेरी जो दशा थी उसमें वह मिलन करीब-करीब दो भगवानों का ही मिलन था । उसका जिक्र 'ओशो-गाथा' नामक अपनी पुस्तक में पहले ही कर चुका हूं । हां, यहां एक बात अवश्य स्पष्ट करना चाहता हूं कि जब ओशो को मिला तब से कोई पंद्रह साल तक मैं यही जानता रहा । ओशो से मिलने के पूर्व न तो उनकी कोई पुस्तक मैंने पढ़ी थी, न उनके बारे में कुछ जानता ही था । उनसे मिलने के लगभग चौदह-पंद्रह वर्षों बाद घर की साफ सफाई के दौरान मेरे हाथ तीन पुस्तिकाएं लगीं— 1. नए मनुष्य के जन्म की दिशा, 2. अहिंसा दर्शन, 3. सिंहनाद । इन तीनों में मेरे हस्ताक्षर थे व लिखा हुआ था अक्टूबर 1966 । तब मुझे स्मरण आया कि ओह ! पहली बार मुझे यह पुस्तकें गाडरवारा रेलवे स्टेशन के ही बुक स्टाल के मालिक व मेरे प्रेमी मित्र श्री खेमचंद गुप्ता द्वारा मिली थीं । उन्हें पढ़कर रेलवे के इटारसी स्थित रेस्ट

हाउस में एक आइने के सामने खड़े होकर अपनी आंखों में देखता हुआ मैं कौन हूं' मैं कौन हूं,' पूछा भी था कुछ देर। मेरी आंखें उस समय बड़ी होती गई थीं, बड़ी होती गई थीं, यहां तक कि मुझे भय लग आया और मैंने पूछना बंद कर दिया था। लौटकर पुस्तिकाओं को तो रखकर भूल-भाल गया था पर ऐसा लगता है मैं कौन हूं की जिज्ञासा कहीं गहरे अचेतन में प्रवेश कर गई थी और उसका ही फल हों वे अनुभूतियां जिन्होंने सारा जीवन बदल कर रख दिया।

☐

8 फरवरी 1967 को मैंने अंग्रेजी में एक लेख लिखा 'God's Will Be Done' अर्थात 'प्रभु-मर्जी पूरी हो' और इसे भारतीय विद्या भवन, बंबई से प्रकाशित 'भवन्स जरनल' में प्रकाशनार्थ भेजा जो कि अस्वीकृत होकर लौट आय। वह ज्यों का त्यों अंग्रेजी में भी उपलब्ध है, पर उसका हिंदी रूपांतरण जो देहरादून से प्रकाशित 'सर्वहितकारी' मासिक में मई 1967 में 'विश्व कल्याण' शीर्षक से छपा, वह यहां दिया जा रहा है :

विश्व-कल्याण

इधर विश्व कल्याण को लेकर, विश्व के विभिन्न स्थानों से विभिन्न आवाजें सुनाई पड़ती रही हैं, पड़ रही हैं। बहुत से लोग इसके लिए बहुत कुछ कर भी रहे हैं यह एक शुभ बात है। किन्तु :

एक बात अवश्य जान लेने योग्य है कि विश्व कल्याण की बहुत कम संभावना है, जब तक आदमी आत्म-कल्याण नहीं कर लेता। और आत्म-कल्याण का अर्थ है आत्म-परिचय, आत्म-ज्ञान। यह आत्म-ज्ञान स्वयं के 'स्व' के प्रति सहज जिज्ञासु होने का परिणाम है। जब हमारी यह जिज्ञासा आकुलता और फिर अंततः एक भयानक बेचैनी में परिवर्तित होगी तब हमें आत्म-ज्ञान संभव होगा—अनुभूतियों के माध्यम से। अनुभूतियों द्वारा ही 'ज्ञान' संभव है और मूलतः समूचे विश्व की अनुभूतियां एक हैं। अनुभूतियां एक हैं तो फिर धर्म भी सबका एक होगा। भाषाएं, पोशाकें, व इस प्रकार की अन्य वस्तुएं कोई महत्व नहीं रखतीं। वे बहुत अस्थाई हैं। वे देश-काल पर निर्भर हैं। दूसरे शब्दों में कहें कि देश-काल के अनुसार हमारी शारीरिक आवश्यकताएं हैं। सत्य निर्भर नहीं होता—न देश पर, न काल पर। वह परिवर्तित भी नहीं होता है। वह बस होता है।

यानी 'है' केवल 'है' । और यह अनुभूतियां ही सत्य हैं । वे सदैव से हैं । वे हैं और सबके लिए एक सी हैं, बस । एक रेजर लेकर अपनी उंगली काट लीजिए । इससे आपकी जैसी अनुभूति होगी वैसी ही किसी अन्य व्यक्ति को भी होगी, यदि उसकी उंगली काटी जाए । फिर भले ही वह रूसी, अमरीकी, अथवा कोई भी हो । वास्तव में विश्व में ऐसा कोई हो ही नहीं सकता जिसकी मूल अनुभूतियों में कोई अंतर हो । इसीलिए मैं कहता हूं कि विश्व का 'धर्म' एक है । क्योंकि 'सत्य' एक है, हम सब एक वस्तु चाहते हैं । एक ही बात कहते भी हैं । केवल एक दूसरे को समझ नहीं पाते । समझ सकते भी नहीं जब तक हम स्वयं को न जानें—समझें । और यही विश्व की उलझनों का कारण है । वास्तव में हम एक ही हैं । एक केंद्र से चलकर, घूम-घामकर, फिर उसी केंद्र में मिल जाना ही हमारी अंतिम परिणति है । अस्तु:

आओ अनुभूत करें और आगे बढ़ें । हमारा सच्चा पथ प्रदर्शक हमारे ही भीतर है । आओ हम उसे सुनें । बड़े ध्यान से सुनें । पूरी शक्ति से सुनें । वह हर क्षण हमसे कुछ कह रहा है । हम उसे सुनें और आगे बढ़ें । वह हमें प्रभु के पास ले जाएगा । वह हमें बंधन मुक्त कर देगा, पूर्णत: मुक्त । वह स्पष्ट कर देगा कि हम न मरते हैं, न हम जन्म लेते हैं, हम तो सदैव हैं । इस प्रकार हम निर्भय हो जाएंगे । हमें सुख-दुख की सीमाओं से परे कर देगा । कोई इच्छा शेष नहीं रह जाएगी । हम स्पष्ट देख लेंगे कि हम यदि चाहें—केवल चाहें तो समूची धरती हमारी मुट्ठी में आकर बताशे-सी चूर-चूर हो सकती है । हम सबके प्रति प्रेम से भर जाएंगे तब । हम 'प्रेम' ही हो जाएंगे वास्तव में । प्रेम परमात्मा है मेरे मित्रो । हम, हम न रह कर 'वह' हो जाएंगे । हम वास्तव में एक प्रकार से मर चुके होंगे । हमारी जगह 'वह' आ गया होगा । प्रभु आ गया होगा । और इस प्रकार हम जो भी सोचेंगे, कहेंगे, या करेंगे वह साक्षात धर्म होगा । तब हमें कहीं कुछ बुरा न दृष्टिगोचर होगा । तब हम केवल प्रेम कर सकेंगे सभी को । और हमें विश्व देता क्या है ? वही जो हम विश्व को देते हैं । वास्तव में वह हमें लौटा देता है । इस प्रकार विश्व भी हमें केवल प्रेम कर सकेगा । इसी प्रकार हम आत्म-कल्याण द्वारा विश्व-कल्याण करते हैं, कर सकते हैं । हम इसी के लिए यहां आए भी हैं ।

आवो, आज से ही अपने अंतरतम को सुनने लग जाएं । वह हमें हर क्षण

निर्देशन दे रहा है। हम उसे सुनें और आगे बढ़ें। ऐसा करके हम धर्ममय हो सकेंगे, प्रेममय हो सकेंगे, प्रभुमय हो सकेंगे। दूसरे शब्दों में हम धर्म पढ़ेंगे नहीं— धर्म ही चलेंगे, धर्म ही उठेंगे, बैठेंगे, सोचेंगे, करेंगे, जिएंगे। उसे अपने से पृथक नहीं देख पाएंगे। और तभी विश्व-कल्याण संभव होगा। तभी विश्व-कल्याण में हमारा सही अर्थों में योगदान होगा।

□

इसके बाद मैंने अपने विभाग में एक एप्लीकेशन दीया कि मेरा नाम शिव प्रताप सिंह से बदलकर केवल शिव प्रताप कर दिया जाए क्योंकि 'सिंह' जाति प्रकट करता है और अब मैं जानता हूं कि मेरी कोई जाति नहीं है। किसी की कोई जाति नहीं है, पर मेरे एक मित्र श्री ए० बी० सिंह ने उस एप्लीकेशन को आगे बढ़ने से रोक लिया और हमें एक दिन मिलकर समझाने लगे कि नाम रहने दीजिए, नाम में क्या हर्ज है। यद्यपि उनकी बात से मैं राजी नहीं था पर किसी बात के लिए दुराग्रही भी नहीं था अतः शांत हो गया।

अनेक बातें मेरी दूसरी पुस्तकों में हैं। उन सबको यहां दुहराना मुझे ठीक नहीं लग रहा है। सच्चाई यह है कि मेरी सारी पुस्तकें— 1.ओशो-गाथा, 2.ओशो के संग, 3.ओशो की मधुशाला में बच्चन, 4.विचारों के फूल, 5.ओशो एक स्वाद अनेक, 6.मेरी रजनीशपुरम यात्रा, मेरी अंतर्यात्रा से निःसृत रचनाएं हैं। तथा एकाध घटनाओं का उल्लेख किए देता हूं। नहीं मालूम क्यों, अतीत हुई बातों को दुहराने में मुझे बेमजा-बेमजा सा लगता है यद्यपि छोटी-छोटी घटनाओं का भी जीवन में कितना बड़ा योगदान है।

आह! मेरा मन दुहराने का नहीं कर रहा है, छोड़ देता हूं उन जरा-जरा सी बातों को। हां चंद दिनों की एक डायरी मिल गई है उसे यहां दे देता हूं। कोई मित्र सोच सकता है कि मेरे भीतर से शब्द निकल रहे हैं 'उल्लेख किए देता हूं,' 'दे देता हूं', मानो किसी के ऊपर मेहरबानी कर रहे हैं! नहीं मित्र, मेहरबानी कर रहा हूं जैसा तो कभी खयाल में नहीं आया, पर यह जरूर है कि 'ओशो-गाथा' व 'ओशो के संग' में प्रकाशनाधीन पुस्तकों के नाम लिख देने के कारण ही लिखना पड़ रहा है। वर्ना लिखना तनिक भी रुचिकर नहीं लगता। पर इतने सारे पत्र आ रहे हैं कि 'आपकी अमुक पुस्तक कहीं नहीं मिल रही है' कोई पूछता है 'अमुक पुस्तक कब

तक आ जाएगी ? हम बेसब्री से इंतजार कर रहे हैं ।' आदि-आदि । तो इतने सारे प्रेमियों के प्रेम के कारण ही लिखना पड़ रहा है वर्ना लिखना एक झंझट लगता है । आप यकीन करिए कभी मैंने इस आशय की कविताएं लिखी हैं कि—

'काश रविवार कभी न आता,
क्योंकि और दिनों पत्र आएं अथवा न आएं,
उनके लिए इंतजार तो होता है !'
और कि —
'मुहल्ले का शैतान लड़का,
जब दरवाजा खटखटाता है,
मैं सोचता - पोस्टमैन ।
कितना सुंदर भ्रम !'

पर वहीं मैं इस बीच जब इन पांडुलिपियों को तैयार करने लगा हूं, तो कितनी बार कामना की है कि आज कोई पत्र न आता तो ठीक था । पर न केवल पत्र आते हैं, जो पत्र कम्यून में जाने चाहिएं, ऐसे भी दर्जनों पत्र आ जाते हैं, कि 'संन्यास लेने की विधि बताइए', कि 'क्या डाक से संन्यास देने का नियम अभी भी है ?', कि 'मेरे लिए उपयुक्त ध्यान बताइए । ' व और भी ढेर सारी बातें होती हैं जिनका उत्तर देना ही पड़ता है । इस नाते कम्यून का काम यहां रहकर भी कर ही रहा हूं । हां बोलना अभी सहज है, पर कब तक रहेगा, मैं खुद नहीं जानता । क्योंकि कई बार भाव होता है कि मौन हो रहो । खैर··· अब डायरी के चंद पृष्ठ प्रस्तुत हैं :

24 अप्रेल 1966 —प्रातः 6 बजे

'अभी 14 अप्रेल को मुझे हुए भयावने नर्वस ब्रेक-डाउन पर राय देते हुए डाक्टरों ने कहा, ' आप प्रसन्न रहा करें, 'इमोशनल' (भावात्मक) बातों या अवसरों से बचा करें । लेकिन कितना असम्भव लगता है मेरे लिए यह सब । अभी-अभी जब ड्यूटी पर जाने के लिए लोको शेड पहुंचा, तो पता चला कि फायरमैन दयाशंकर कल शाम को ड्यूटी गया था भला चंगा । 85 किलोमीटर दूर नरसिंहपुर में रात 01.20 बजे 'हार्ट ट्रबल ' हुआ और 25 मिनट बाद उसका निधन हो गया । अब क्या मेरे लिए सम्भव है कि स्वयं को इस चिंतन से बचा सकूं कि जीवन क्या

है ? क्यों है ? और कि उस गरीब के बच्चों का क्या होगा ? इसी तरह लगभग 15 दिन पूर्व ड्राइवर सी० के० चौबे भले-चंगे कटनी से ट्रेन लेकर आए और यहां चार्ज दूसरे ड्राइवर को देकर लोको शेड आ रहे थे। 'आफ ड्यूटी' साइन करते और घर जाते। पर रास्ते में ही थे जब लाइन पार करते समय 'बीना-शटल' आ गई। वे चपेट में आ गए। उन्हें घातक चोटें आईं। अस्पताल पहुंचाए जाने के कुछ मिनटों बाद ही उनका देहावसान हो गया। क्या इन बातों से कोई अछूता रह सकता है ? मेरा तो हफ्तों दिमाग ठीक नहीं रहता। ईश्वर कल्याण करे सबका। उसकी गति कौन जाने।'

फिर संवेदनशील व्यक्तिं हो तो हर कदम ठोकरें लगने को हैं। मूढ़ हो तो कहीं कोई ठोकर नहीं। हर ठोकर संवेदना को बढ़ाती ही है। वास्तव में संवेदनशीलता को जीवंतता कहना चाहिए, जिंदापन कहना चाहिए। मुर्दों को तो कोई असर नहीं होता किसी बात का। मुझे याद आया डा० हरिवंश राय बच्चन ने परिचय के प्रारंभिक दिनों के एक पत्र में लिखा था— 'आपके परिवार में वहां कौन-कौन हैं ? अपनी जीवन सहचरी को मेरा नमस्कार कहिएगा। किसी अतिशय भावुक व्यक्ति की पत्नी बनना बड़ी कठिन समस्या है। आपकी पत्नी बता सकेंगी, मैं सच कहता हूं कि झूठ।...'

तो बात सही है 'नर्वस ब्रेक-डाउन' बहुत जरा सी बात पर हुआ था। वह भी सुन लें। हुआ यह कि मेरी दाढ़ में दर्द था। मैंने संबोधि (तब शान्ति) को कहा कि अमरूद की पत्तियां पानी में उबालकर दे दो तो उसकी भाप से सेंकने में शायद आराम हो जाए। और यदि नहीं आराम होता तो कल सुबह दांत वाले डाक्टर को दिखाना पड़ेगा। यह शाम छह बजे के आस-पास की जबलपुर की बात है। संबोधि जी भूल से नींबू की पत्ती उबालकर ले आईं। जैसे भाप से सेंकना शुरू किया मैंने पाया कि यह तो नींबू की पत्ती ही उबाल लाई है। मैंने जब पूछा तो संबोधि ने कह दिया कि आपने तो नींबू की पत्ती ही उबालने को कहा था। बस उनका इतना कहना और मुझे ऐसा आघात लगा कि 'नर्वस ब्रेक डाउन' का शिकार हो गया। पक्षाघात होते-होते बच गया। मेरा पूरा बायां अंग उसके प्रभाव में था। यानी बाईं ओर मुंह टेढ़ा, बाईं ओर के आधे सिर के बाल खड़े, बाएं पांव में पंजे से लगता कि हजारों वोल्टेज का करंट प्रवेश कर रहा है और पूरे बाएं शरीर में से

गुजरता हुआ, सिर से होता निकला जा रहा है। जिस समय हजारों वोल्टेज का करंट हृदय के पास पहुंचता, लगता कि मैं मरा। तो इस तरह पूरा बायां अंग बेकार सा हो गया। मुझे ऐसा लगा कि मेरा अंतिम समय आ गया है। अत: मैंने किसी तरह आखिरी बात जैसी कुछ लिखने बैठ गया जो कि यूं है :—

ओ चिकित्सको - शुभचिंतको !
अगर मैं मर ही जाऊं आज
जिसकी कि बहुत उम्मीद है
तो मेरी पता की डायरी में
जितने पते हैं, उन सबको लिखना कि
मैं याद कर रहा था
मरने से थोड़ा पहले,
और याद कर रहा था उनको
जो अभी अभी 'पाक' से हुए युद्ध में
देश के काम आए हैं
और उनके परिवारों को भी।
(कुछ क्षणों बाद)
चूंकि मैं अधूरा रहा
मेरी जिंदगी अधूरी रही
मेरे सपने अधूरे रहे-
इस बेहूदी व बदतमीज
कविता को भी
छोड़ रहा हूं अधूरी···
(क्षण भर बाद) पुनश्च:
मेरी जिंदगी
इस अधूरी कविता की तरह ही
रुक गई, और मैं उसे,
इस कविता की तरह ही
फिर शरू करने लगा,

म ग र''' म ग र हर बार
वह रुक - रुक गई
भाव भी न बन पाए
कि अंत आ गया
ओ दोस्तो।
आज मेरा अंत आ गया !

□

संबोधि से व परिवार के हर सदस्य से कह रखा हूं, सदा से, जब से जिसके साथ हैं तब से, कि यदि कभी किसी द्वारा भूल से मेरे खाने में विष चला जाए और बाद में पता चले तो मुझसे यदि सही बात बतादोगे तो शांति से व आशीर्वाद देता हुआ जाऊंगा। घर में आग लग जाए किसी की लापरवाही अथवा मूर्खता से, तो बता देने का। हम सिर्फ खुश होंगे कि इतने सरल लोग हैं हमारे साथ ! तो उस दिन जब संबोधि जी ने कहा कि आपने नींबू की ही पत्ती कहा था तो मुझे लगा कि यह मेरे भुलक्कड़पन का लाभ लेने की कोशिश कर रही हैं और तो मुझे अच्छी तरह याद था कि मैंने अमरूद की ही पत्ती उबालने को कहा था, अगर यह कह देतीं कि हो सकता है मेरे सुनने या समझने में भूल हो गई हो, अभी ले आई अमरूद की पत्ती उबाल कर तो बात ही खत्म थी, कोई बड़ी बात थी ही नहीं। पर मुझे भली भांति याद था और उन्होंने सीधा झूठ बोल दिया (मेरी समझ में) तो मुझे भारी आघात लगा जो कि भयावह नर्वस ब्रेक-डाउन का कारण बना। खैर'''

तो चिकित्सक बेचारे जो राय देते हैं वह अपनी जगह सही है पर मैं जो जी रहा था, जहां जी रहा था, वहां यह संभव न था कि भात्रात्मक चीजों पर ध्यान न दूं। पढ़ें एक कविता और—

एक आग में झुलसता हुआ
मैं
जखमों को सहलाने को होता हूं
कि दूसरी और तीसरी लपटें
आ चिपटती हैं,
भूख की लपटें,
भ्रष्टाचार की लपटें'''

वैयक्तिक लपटें···
सिर्फ लपटें हैं मेरे निकट
मेरी खाल तक लटक गई है
मगर कितना अजीब है कि
मेरी मौत नहीं आती !
शायद समय को कुछ अपेक्षा है
मुझसे !!

(अक्टूबर 1966)

और सुनें, शीर्षक है :

☐ मेरे शुभ दिन ☐

हर सुबह,
मुझे लगता है कि
आज डाकिया जरूर एक पत्र दे जाएगा
जिसमें लिखा होगा
अर्से से बीमार तुम्हारा भाई
अमुक दिन नहीं रहा
—सोचता हूं क्या उसकी दवाओं के लिए
डाका डालता ?
या फिर आएगी खबर कि
अभाव व भुखमरी को ढोते-ढोते
तुम्हारे पिता श्री थक गए
और आत्म-हत्या कर लिए।
—सोचता हूं क्या उनसे पहले
मुझे आत्महत्या कर लेना था ?

या मालिक मकान का मुंशी,
मूंछ पर ताव देता पहुंचेगा और कहेगा
अभी-अभी किराया न चुकाया तो

तुम्हारी किताबें और पोथियां सारी कुर्क
करा दूंगा।
—सोचता हूं इनके सिवा यहां है क्या?
···यों ही दुश्चिंताओं में डूब
जाता है दिन
उतर आती है सांझ
लेकिन मैं पाता हूं
न भाई के मरने की खबर
न पिता के आत्म-हत्या की सूचना
न मालिक-मकान के मुंशी का कहीं निशां,
और मुझे लगने लगता है—
एक दिन और गुजर गया शुभ ! (26.8.66)

एक कविता और सुनें:—
इस घर में एक मौत
बहुत जल्द होने वाली है
एक असामायिक मौत !
और मैंने भी
निश्चय कर लिया है
कि इस बार दाह संस्कार जैसा कुछ
नहीं किया जाएगा।
मिट्टी जहां की तहां पड़ी रहने दी जाएगी,
कौवे नोचें भले,
अथवा मुर्दा सड़े-गंधाए,
उस आत्मा को शांति मिलेगी
जिसने जीते जी पैसों के लिए
हमसे डाकू बनने की अपेक्षा नहीं की,
···कभी नहीं की। (अगस्त 1966)

(और यह घटना परिवार में निकट भविष्य में घटी जिसका स्मरण करना व्यर्थ है।)

एक और सुनें। ऐसे कविता सुनने वाले कभी नहीं मिले, जिस रुचि से आप सुन रहे हैं। अत : एकाध और सुना देता हूं।

अकसर
मुझे अपनी छाती के भीतर
एक विस्फोट होता हुआ सा लगता है।
मगर होते-होते रुक जाता है।
इधर जबकि ऐसा रोज ही होने लगता है
मैं नहीं जानता भविष्य अपना
अपने शरीर का
और इस देश का भी
जहां अंधे नेता समझते हैं
उन्होंने अणुबम बनने से रोक लिया
नासमझ चिकित्सक कहते हैं—रोग
और मूर्ख मनोवैज्ञानिक निदान देते हैं—शंका।

(18.6.67)

एक और सुनें :—

कभी-कभी लगता है
सहसा मैं इस देश का प्रधान बन जाऊंगा
और तमाम अन्य मंत्री अपनी पंसद के रखूंगा,
जिनमें दार्शनिक और ईमानदार लेखक होंगे।
फिर कभी लगता है
मैं लक्ष्मीपतियों के समक्ष हाथ जोड़-जोड़
भीख मांगूंगा और मिले हुए धन को
बिहार, उत्तर प्रदेश व और भी तमाम
दुखियों में बांट दूंगा।

और फिर कभी लगता है
मैं विश्व का नेतृत्व करूंगा
और तमाम सेनाएं समाप्त कर
दुनिया को प्रेम करना सिखाऊंगा··· ।
और फिर कभी लगने लगता है—
मैं कुछ न कर पाऊंगा ।
राक्षसों की संख्या बहुत अधिक है
और मैं हूं अकेला··· ।
सिर्फ युद्ध और भूख की वेदी पर
बलि चढ़ते भाइयों के दर्दों को पी-पी,
एक दिन मर जाऊंगा··· !
सच कितना अनिश्चित है भविष्य !

(22.5.69)

अंतिम कविता :—

कौन है जो मेरे
भयंकर दुख के रहस्य को समझे
और मेरी आत्मा को मुझ पर प्रकट करे ?
मैं चारों ओर निगाह फेंकता हूं
और निराश हो जाता हूं··· ।
कौन है जो बुझाए इस आग को
जो मेरे भीतर-बाहर हर तरफ लगी है
और जिसमें मैं लगातार जल रहा हूं ?
मेरी शिराओं में जो तूफान उफन पड़ा है
उसे कौन थामेगा ?
आह !
कितनी दुखदायी है यह स्मृति
कि मैं इस संसार में एक अजनबी की तरह

भटक रहा हूं।
न मैं किसी को जानता हूं
न ही कोई मुझे ··· !
मैं अपनी ही आंखों में देखते हुए
डर जाता हूं।
बोलता हूं तो अपना ही स्वर अनजाना
लगता है।
मैं कौन हूं? क्यों हूं? कहां हूं?
कौन है जो मेरे इन रहस्यों को
मुझ पर प्रकट करे
ताकि मेरी आत्मा आनंद में डूब जाए।

(जुलाई 1968)

□

तो यह बात इतनी बढ़ गई सिर्फ इस बात पर कि डाक्टर सलाह देते हैं कि इमोशनल प्रसंगों व स्थलों से बचा करें। मैं जानता हूं, मैं नहीं बच सकता था। क्योंकि फिर क्या जीना? केवल खाने-पीने के लिए ? तो डायरी के कुछ पन्ने चल रहे थे, लीजिए:

24 अप्रेल 1966

यदि मेरे जीवन का अंत कभी असमय ही हो जाए तो इसे मूलत: आज की सभ्यता के प्रभाव के कारण ही समझा जाए। जिसमें जिसे जरा भी समझ हो वह तनाव आदि से बच नहीं सकता।

25 अप्रेल 1966

शराबी भी किसी और कार्य के योग्य हो सकता है, पर साहित्यिक व्यक्ति तो संसार के किसी अन्य कार्य के लिए अयोग्य ही हो जाता है खासकर कवि।

28 अप्रेल 1966

आज कुछ प्रश्न उभर रहे हैं।

1. क्या आज की सभ्यता पूर्णतया 'न्यूरेटिक' नहीं हो गई है ? यदि हां, तो उससे मुक्ति का क्या कोई उपाय नहीं ?

2. आज के हर सभ्य कहे-समझे जाने वाले को भारतीय चिंतन व जीवन दर्शन से इतनी अनास्था व हीनता का बोध क्यों ?

3. दुहरी जिंदगी जीना एक बहुत बड़ी मानसिक गुलामी है। क्या किसी चिंतक का इसकी मुक्ति की ओर उचित रूप से ध्यान गया है ? इसका उचित रूप क्या हो सकता है ?

मेरा आशय है कि क्या यह उचित रूप है कि कुछ लोग इस पर कलम अवश्य चलाते हैं पर इनमें कितने हैं जिनका यूं लिखना ही उनका दुहरापन नहीं है, दिखावा नहीं है ? प्रत्यक्ष में वे अमरीकन या ब्रिटिशर के बाप-से लगना चाहते हैं, क्या यह उचित है ? यह दुहरापन ?

1 मई 1966

मैं जानता हूं कि कविताओं की डायरी में जो रचनाएं हैं उनमें 25-30 प्रतिशत में कांट-छांट की आवश्यकता है, पर समय ही नहीं मिल पाता, नई रचनाओं की सृजन-प्रक्रिया एवं आजीविका संबंधी कार्यों से।

15 मई 1966

रात के 8.35 बजे हैं। समाचार दर्शन के अंतर्गत रेडियो स्टेशन दिल्ली से प्रधानमंत्री इंदिरा गांधी द्वारा संवाददाता सम्मेलन में दिए गए भाषण व उत्तर आदि प्रसारित किए जा रहे हैं। पाकिस्तान के युद्ध ने हमें इतना जगा दिया है कि आज आठ साल का बच्चा (पुत्र राजन) अपनी प्रधानमंत्री को जानता है। मुझसे पूछता है कि बाबू जी यह इंदिरा गांधी बोल रही हैं ? मैं कह देता हूं 'हां बेटा।' पर मन में कहीं उदास हो जाता हूं। क्या वे हिंदी में नहीं बोल सकतीं ? इतने नन्हे-नन्हे बच्चे भी उन्हें सुनने को आकुल हैं।

20 जून 1966

मैंने शौकिया या केवल लिखने के लिए कविता शायद ही कभी लिखी हो। कविता लिखना मेरे लिए एक विवशता है, जीने की एक कोशिश...... ।

26 जून 1966

1. मैं प्रेम काव्य लिखता हूं तो वह हल्का साहित्य कहा जाता है। उसमें युगबोध भी नहीं होता। समाज के मन मस्तिष्क पर घुटन तनाव की बात लिखता हूं तो उसे सरकार विरोधी समझा जाता है। मैं समझ नहीं पाता क्या लिखूं? जो चाहता हूं यदि वही न लिखूं तो लगता है मैं जिंदा नहीं रहा।

2. इधर लगता है यह दुनिया रहने के लिए ठीक नहीं है। इसी कारण परमात्मा को ढूंढ पाने की बड़ी उत्कट इच्छा होती है। पर उसे ढूंढने के लिए असुंदरतम के पास जाना होगा। भयंकरतम को गले लगाना होगा। और इस सब से डर जाता हूं। साहस छोड़ देता हूं।

3. संसार में समय बड़ा मूल्यवान है। कोई भी चीज उचित समय पर ही उपयुक्त होती है। समय के पूर्व व पश्चात दोनों दशाओं में सत्यानाश।

1 सितंबर 1966

मुझे धीरे-धीरे भरोसा होता जा रहा है कि स्वतंत्रता हमने प्राप्त नहीं की, स्वतंत्रता हमें दे दी गई है। न सम्हाल पाने की स्थिति का आभास पा कर दे दी गई है। हमें स्वतंत्रता पाने के लिए मूल्य चुकाना पड़ेगा, तब स्वतंत्र होंगे। अगर मूल्य चुकाया होता तो हर आदमी एक-दूसरे के साथ यूं लूट खसोट नहीं कर सकता था। सरकार ने हरिजनों को प्राथमिकता देकर जो उनकी हीन भावना मिटाना चाहा, इससे दो बातें हुईं। एक तो प्रजातंत्र का, उस संविधान का खंडन होता है जिसके अनुरूप सभी एक बराबर हैं, दूसरे हरिजनों में हीन भावना मिटने के बजाए और बढ़ी है क्योंकि उन्हें अलग कर दिया गया है।

10 फरवरी 1967

आचार्य श्री रजनीश से मिला 08.15 से 09.15 बजे रात। ओह जीवन धन्य हो गया है !!

13 फरवरी 1967

आचार्य श्री से पुनः मिला 08.15 से 09.00 बजे रात। ओशो के निराले वचन—'हम भी परमात्मा को समर्पित करते हैं, पर दुख, पराजय, असफलता।

हारता हूं तो 'भाग्य', जीतना हूं तो 'मैं'।'

'पाप भी नहीं छूता, पुण्य भी नहीं छूता। जब कर्म ही नहीं छूते तो… ।' 'वही है धार्मिक जिसके सारे कर्म समर्पित। प्रार्थना-पूजा भी 'मैं' करता हूं, कहना गलत है।'

24 फरवरी 1967 : रात 11.50 बजे

क्या आज की अनुभूतियों को क्षणों में बांधा जा सकता है? क्या उन्हें शब्दों में व्यक्त किया जा सकता है? क्या यह किसी भी तरह बताया जाना संभव है कि मैं कैसा महसूस कर रहा था जब जबलपुर के विश्रामगृह नं० 2 में बच्चन जी (डा० हरिवंश राय बच्चन) कह उठे थे (रात 11.30 बजे) 'तुमने कभी चित्र भेजा था कि चूम लेना। मैंने कहा चित्र क्या चूमूं?' और यह कहते हुए उन्होंने मेरे दाएं गाल पर अपना मुंह गड़ा दिया था और चूम लिया था। और फिर अपना गाल मेरे मुंह से भिड़ा लिया था। मुझे चूमने का कदाचित होश ही नहीं था। मुझे शायद अपने होने का स्मरण ही नहीं था। फिर उन्होंने मुझे छाती से लगाया और तीन-चार बार कहा—'तुम मेरे बहुत निकट हो, तुम मेरे बऽहुऽत निकट हो, तुम मेरे बहुत निकट हो, तुम मेरे बहुत निकट हो…अकेला मत समझना कभी।' और एकबार फिर दाएं-बाएं दोनों गालों को बहुत जोर से कस कर चूम लिया और फिर अपना गाल मेरे मुंह से लगा दिया था और इस बार मैंने भी धीमे से चूम लिया था।

इन क्षणों में मैं कैसा महसूस कर रहा था, काश मैं बता पाता। कोई इसे बच्चन जी से मेरा स्नेह यह नैकट्य समझे पर मैं उसे क्या कहूं जो शब्दों की सामर्थ्य से पार है। सच तो यह है कि अगर यही कुछ दिनों पूर्व हुआ होता तो अत्यधिक खुशी के कारण दस बीस दिनों नींद न आती। मैं उस क्षण रो भी पड़ता। रोने की मनःस्थिति में एक क्षण को आज भी हो गया था पर आंसू ही नहीं निकले। और वह स्थिति क्षण भर में विलीन हो गई थी। यह दिसंबर महीने की अनुभूतियों का फल है जो यह खुशी सहज ही झेल गया। वर्ना इसे सह पाना कठिन होता। खुशियों ने हमेशा मुझे पीड़ाओं से अधिक चुभन दी है। पर यह कुछ ऐसा था जहां न चुभन थी, न खुशी, न कुछ। यह वर्णन से परे एक अनुभव था जहां मैं नहीं था। यह अनुभव का अनुभव में सम्मिलन था। इसे लिखने का आशय यह नहीं कि यह

छपे और मेरा नाम हो, मैं जो हूं, वह नाम से बहुत भिन्न हूं, कुछ और हूं। मेरा आशय इतना ही है कि दुनिया वालो, ऐसा भी होता है। ऐसा स्नेह दो—ऐसा स्नेह लो और अनुभव करो जो वर्णन से परे है।

मैं आज यह नहीं समझ पाता कि उस क्षण में बच्चन जी ने मुझे जीता था या मैंने उन्हें। मैं कुछ नहीं समझ पाता सिवा इसके कि हर इंसान को प्रेम कर सकूं। हर इंसान से इतना पा सकूं—इतना दे सकूं।

25 फरवरी 1967:रात 01.20 बजे

मैं सोने के लिए लेटा पर नींद नहीं आई। लगता है ज्यों ज्यों चेतना लौट रही है, बच्चन जी के स्नेह-मिलन की खुशी बढ़ती जा रही है और मैं उसे सहने में असमर्थ होता जा रहा हूं। डा० के० पी० पांडे की दी हुई दवा रखी थी जो दो खुराकें चार घंटे के अंतर से लेने के बजाए पच्चीस मिनट के अंतर से ले लिया पर नींद नहीं आई। भीतर कहीं खुशी बढ़ जाती है। पर अब जब कि कलम उठाया हूं लिखने को तो और ही कुछ लिखे जा रहा हूं। वास्तव में ऐसा लग रहा है कि 'वही' विभिन्न रूपों में आकर स्नेह और खुशियां देता है, वही झेलता है। वही पीड़ाएं देता है और वही भोगता है, मैं नहीं। मैं कुछ नहीं। वही जीता है, वही मरता है और वह कभी जन्मता नहीं, कभी मरता नहीं। जब मैं का भ्रम होता है तभी यह सब असह्य होती हैं। यह जो खुशी में घबराहट पैदा कर देता है, यह अहं के अहसास के अलावा कुछ नहीं। लगता है यह एक प्रक्रिया है जिससे गुजर रहा हूं और अंतत: 'अहं' पूर्णतया मिट जाएगा। क्योंकि यह अहं ही है जो डरता है जो घबराता है। तो जब 'अहं' मिट जाएगा तो जो बचेगा वह आनंद होगा। वह 'वह' होगा।

27 मार्च 1967

श्री हरि शंकर परसाई के बारे में इस नगर (जबलपुर) के सारे साहित्यकार हमेशा यही कहते थे कि उनसे कोई भी मिले, कोई भी बात करे, यहां तक कि नमस्कार करे तो भी वे मीठी सी चुटकी ले लेते हैं। मैंने भी कई बार एकाध लोगों पर व्यंग्य कसते देखा था। उन्हें पढ़ता तो खैर रहता ही हूं। वे देश के इस समय श्रेष्ठतम व्यंग्यकार हैं। मुझे व्यंग्य से डर लगता है। शायद इसीलिए मैं कभी

उनसे अलग से जाकर मिल नहीं सका। पर कल 'जबलपुर समाचार' कार्यालय में होली के उपलक्ष्य में किए गए आयोजन में जब मैं पहुंचा तो उनसे भेंट हो गई। और वे जिस मिठास से पेश आए वह मेरी आशा से बिल्कुल भिन्न व अदभुत था। आपने पूछा—'लिखाई-पढ़ाई कैसी चल रही है?' मैंने बताया। फिर और भी बातें हुईं लगभग बीस मिनट तक। मेरी रचनाएं पढ़-सुनकर सुझाव देने का आश्वासन दिया आपने और कभी भी रविवार को सवेरे घर आने को कहा। मैं बड़ी देर सोचता रहा कि क्या यह ही वह व्यक्ति है जिसे इस नगर के लोग केवल व्यंग्यकार समझते हैं। और जिसे कहते हैं कि किसी को एक शब्द कुछ नहीं बताता चाहे वह कभी उनका विद्यार्थी या शिष्य ही रह चुका हो। हो सकता है इसमें इस बात का भी कुछ हाथ हो कि 25 फरवरी को बच्चन जी जब मेरे निवास पर सुबह आए और हम दोनों वापस विश्रामगृह में जब पहुंचे तो सर्व श्री हरिशंकर परसाई एवं नर्मदा प्रसाद खरे कार लेकर पहुंच चुके थे। वह बच्चन जी के लौटने की प्रतीक्षा कर रहे थे क्योंकि बच्चन जी को कॉफी हाउस जाना था व तत्पश्चात विश्वविद्यालय। जो भी हो मैं तो उनकी भलमनसाहत ही मानता हूं, उनकी इस मिलनसारिता को।

27 अप्रेल 1967

सुबह के सवा नौ बजे हैं। परसाई जी के निवास स्थान पर पहुंच गया हूं! वे कुछ लिख रहे थे। लिखना बंद कर दिए हैं। बैठने को कहते हुए कुर्सी की ओर संकेत करते हैं और स्वयं उठकर टेबल फैन को मेरी ओर घुमा देते हैं। मैं चाहता हूं कि यह सब मुझ जैसे बच्चे के लिए न करें वे, पर संकोचवश कुछ कह नहीं पाता। वे पूछते हैं—'चाय लेंगे या ठंडा?' मैं चाय पीता नहीं, शरबत आदि की जरूरत नहीं महसूस कर रहा था। नाश्ता भी करके निकला था पर लग रहा था ऐसे छुटकारा न मिलेगा। अत: बिल्कुल अनौपचारकि ढंग से 'कुछ भी ले लूंगा' कह देता हूं। आप दो गिलास शर्बत ले आने को एक बेबी को कहते हैं। शायद वह भांजी होगी (क्योंकि सुन रखा था बहन साथ रहती हैं, विवाह तो किया नहीं है) तब तक बात करने लगते हैं। शरबत आता है, हम पीते हैं। फिर बातें होती हैं। वे मुझे अनुभूतियों को झेलने की क्षमता रखने की सलाह देते हैं। वे पहले तो साहित्यकारों से मिलते-जुलते रहने को कहते हैं पर जब यह बताता हूं कि मैं अपने

योग्य साहित्यिक वातावरण जबलपुर में नहीं पाता, लोग राजनीतिज्ञों की भांति गुटबाजियां करते हैं, तो वे कहते हैं एकाध ऐसा दोस्त बना लो जो साहित्यकार न हो। वह सिन्सियर भी रहेगा। उसे कोई प्रतिस्पर्धा न रहेगी आपसे। आप भी समाज से कटे न रहेंगे। समाज की तमाम सभी बातें देखने-सुनने को मिलती रहेंगी। और आप बताते हैं कि वह पान की दुकान जो मोटर अड्डे के पास है वहीं मैं 2-3 घंटे शाम को बैठता हूं।

इसके बाद लिखने पढ़ने की बात शुरू हुई तो बताने लगे कि साहित्य की समस्या गौण है। मुख्य समस्या है जीने की। कितने लोग हैं जिन्हें खाना नहीं मिल रहा है, मरे जा रहे हैं, दवा नहीं मिल रही है, मरे जा रहे हैं। अतः जीना मुख्य बात है। और उसके लिए अनुभूतियों को सहजता से लेने की क्षमता रखना पड़ेगा मुक्तिबोध और निराला का क्या हाल हुआ, जानते ही हो।

इसके बाद आपने कुछ कविताएं सुनीं। कविताएं पसंद आईं या नहीं, कह नहीं सकता। क्योंकि आपने कहा था—कविताएं बड़ी साफ हैं। पर एक कविता निश्चित उन्हें विशेष पसंद आई— शुभ दिन। यह कविता ज्ञानोदय (कलकत्ता), धर्मयुग (बंबई), लहर (अजमेर), आदि से लौट चुकी है। आपने बताया कि पत्रिकाओं के पास कोई मर्यादा या धर्म या नैतिकता या साहित्यिकता का मापदंड जैसा कुछ नहीं है। वे एकदम व्यावसायिकता पर आधारित हैं। हम उन्हें अपना माल भेजते हैं,। जो उन्हें पसंद आए, वे छापें, जो न पसंद आए, लौटा दें। इसे हमें नैतिकता आदि के स्तर पर नहीं लेना चाहिए। (मुझे रामावतार चेतन भी याद आए। उन्होंने भी कभी यही बात कही थी) आपने कहा, 'हां, लिटिल मैगजीनस जो निकलती हैं, उनका अवश्य कुछ साहित्यिक उद्देश्य रहता है पर थोड़े दिनों बाद वे भी ढर्रे पर आ जाती हैं। इसके बाद आपने मेरी कुछ कहानियां देखने के लिए रख लीं। और मैंने अनुमति ली।

9 मई 1967

आज 3 बजे दिन—बड़ी झल्लाहट हुई। 12.30 बजे से लेटा तो नींद नहीं आ रही है। कमरे में जैसे आग भरी हो। कम्बख्त पंखा भी आग उगल रहा है। सीलिंग लगवाई नहीं। कहते हैं इन क्वार्टरों में सीलिंग का सैंक्शन नहीं है। तो

ड्राइवरों के लिए दूसरे क्वार्टर क्यों नहीं रखे जाते ? यदि वे आराम नहीं कर पाएंगे घर पर तो ट्रेन सुरक्षित कैसे चलाएंगे ? पर सब झूठी नारेबाजी है, झूठा दिखावा है। सुरक्षा बैठकें रोज होती है। यहां से रेलवे बोर्ड दिल्ली तक। न मालूम उन मीटिंग्स में क्या सोच-विचार होता है ? घर में आज राशन भी नहीं है। राशन 25 दिनों पूर्व—वह भी आधा—मिला था। साढ़े तीन बजे उठकर लोको फोरमैन के पास जाता हूं। उनसे राय लेता हूं। वे दस-पांच ड्राइवर मिलकर डिविजनल सुपरिंटेंडेंट को अप्रोच करने को कहते हैं। यहां किसी ड्राइवर की इतनी हिम्मत नहीं पड़ती—भूखे सब हैं, मैं जानता हूं। मुझे तो ऐसा लगता है कि ज्यादा लोग ऐसे हैं कि भूखे मर भी जाएंगे पर कहने नहीं जाएंगे डर के मारे। अतः मैं अकेला अनशन करने को कहता हूं। लोको फोरमैन समझाते हैं—'जिंदगी क्या है ?' कहते हुए जिंदिगी को संग्रर्ष बताते हैं। मैं नहीं समझ पाता संघर्ष से उनका क्या तात्पर्य था ? शायद भोगने व मर जाने को संघर्ष कह रहे थे। संघर्ष की बात तो शायद मैं कर रहा था। पर क्या कहता, बूढ़े आदमी। बेचारों के हाथ में है क्या ? खुद भी तो उतनी तकलीफ झेल रहे हैं जितनी हम सब। उन्होंने बताया एक बार स्वर्गीय ड्राइवर जी० के० राव ने अनशन किया था पर कुछ नहीं हुआ। सब मिलाकर स्थितियों से समझौता करने की बात समझाते हैं वे। इसी बीच पता चलता है जनता एक्सप्रेस इंजन लेट हो रहा है। 'अच्छा, जरा आता हूं,' कहकर वह बाहर निकल गए। मैं भी वापस लौट आया। शाम पांच बजे तक नींद के लिए छटपटाने को, स्थितियों से समझौता करने का प्रयास करने को।

10 मई 1967

परसाई जी के यहां 9.30 बजे सुबह पहुंच गया हूं। वे आज कुछ सुस्त से बैठे मिले हैं। मेरे पहुंचते ही वे मुझे बैठने का संकेत करते हुए उठे हैं और पंखे को चार-पांच बार में सेट करके कहते हैं—'अब घूमो।' और हंस दिए हैं, मैं भी साथ में हंस दिया हूं।

इलाहाबाद किसी बारात में गए थे। 'सर्दी, जुकाम हो आया है, बारात में। समय-असमय, तकलीफ तो होती ही है,' आपने कहा। फिर आपने बताया कि शादी ब्याहों में कितना फूंका जा रहा है दिखावे के नाम पर। और इलाहाबाद से तीन स्टेशन बाद जंघई में भुखमरी पड़ी है। एक शादी में जितना फालतू खर्च देख

रहा हूं, उतने में एक गांव एक महीने तक पल सकता है।

यह बात यहीं छोड़ मेरी कविताओं-कहानियों की बातें करने लगे हैं। भांजी को दो गिलास शरबत लाने को पहले ही कह चुके थे। शरबत के बाद सुपारी इलायची की तश्तरी बढ़ा दिए हैं। साहित्यिक बातें फिर चल पड़ती हैं। आपने आज फिर मेरे बारे में बात करते समय मुक्तिबोध एवं निराला का नाम लिया है। जीवन में संतुलन ले आने की ओर उनका मेरे लिए स्पष्ट संकेत था। मैंने आज अनौपचारिक रूप से कुछ सीधे सवाल कर लिए हैं:—

प्रश्न : आपने पिछले दिनों कहा कि लिखना मूल समस्या नहीं है, मूल समस्या है जीना। पर क्या कभी ऐसा नहीं हो जाता कि लिखना जीने की विवशता हो जाती है ? मूल समस्या हो जाती है ?

उत्तर : लिखना जीने की विवशता भी हो जाती है। तब लिखना ही चौबीसों घंटे होता है। अपने को पूरी तरह समर्पित कर देना होता है। पूरी तरह 'डिवोट' करना होता है। वह जीनियस को ही संभव है। मैं जीनियस नहीं हूं। मैं अच्छा लेखक हूं। 'पावरफुल' लेखक हूं, पर जीनियस नहीं हूं। मुक्तिबोध व निराला जीनियस हैं। कबीर जीनियस थें, पर चार शताब्दी बीत जाने पर पहचाने गए।

प्रश्न : मैं डिवोट तो करता हूं पूरा समय ही इसी में जाता है, जब तक जगता रहता हूं। कुछ और क्ाम करता भी हूं तो मन नहीं लगता। मस्तिष्क हृदय कुछ भी तो वहां नहीं होत.। चिंतन साहित्य का ही निरंतर चलता रहता है। साथ ही सप्रयास तो जीनियस हुआ भी नहीं जा सकता। यह तो शायद एक विवशता होती है। दूसरा कोई विकल्प ही नहीं होता, दूसरी कोई राह ही नहीं होती !

उत्तर : फिर आप डिवोट तो करते हैं पर अब देखना यह पड़ेगा कि अनुभूति की गहराई व संवेदना की तड़प व लिखने की शैली यह सब ठीक राह है अथवा नहीं। कभी-कभी आदमी मिसगाइड भी हो जाता है। फरहाद ने पत्थर तोड़ा, तोड़ते-खोदते मर गया पर नहर न निकली। पहाड़ खोदने से भला नहर कैसे निकलती ?

मैंने अपने मन में सोचा इसीलिए तो आपके पास आया हूं ताकि मिसगाइड न होऊं।

प्रश्न : कल की लिखी चीज आज बेकार मालूम पड़ती है, क्यों ?

उत्तर : यह कोई नई बात नहीं है । यह हर लेखक के साथ होता है । लेखक को संतोष कभी हो ही नहीं सकता । इस असंतोष को झेलना ही हमारी नियति है । हम इससे नहीं बच सकते । यह सब को झेलना पड़ता है जो लेखक हैं । अतः इसमें कुछ विशिष्ट नहीं । असंतोष होता है कि मैं लिख नहीं पाता जो वास्तव में लिखना चाहता था । या फिर असंतोष होता है कि मेरा "ड्यू " मुझे नहीं मिल रहा है । जो सम्मान मुझे मिलना चाहिए वह नहीं मिल रहा है और यह "ड्यू" कभी लेखक को जीवन में नहीं मिलता । कबीर को टैगोर ने सराहा तब कबीर जीनियस माने जाने लगे, अतः हमें इसकी आशा छोड़ देनी पड़ेगी । संतोष कर लेना पड़ेगा । वह जीवन में नहीं मिलता । हां, लिखने को लेकर जो असंतोष है, वह रहेगा अगर आप लेखक हैं तो । अगर यात्रा-विवरण लिखने लगे तो वह भी नहीं रह जाएगा । फिर मैंने कहा, 'मेरा तनाव खत्म होने के लिए लगता है आध्यात्मिक जगत ही ठीक होगा । इधर कुछ महा विचित्र अनुभूतियां हुई हैं ।

परसाई जी ने कहा, 'वह भी ठीक है । पर चाहे लेखन हो चाहे अध्यात्म, कर्म किए बिना संतोष नहीं मिलेगा, शांति नहीं मिलेगी । फिर वह चाहे शेक्सपीयर हों, अथवा टालस्टाय । टालस्टाय ने लिखना एकदम बंद करके नन्हे बच्चों को पढ़ाने का काम ले लिया था । सामान्य लोग यही सोचते और समकालीन सोचे होंगे कि इतना जीनियस व्यक्ति चार घंटे में तो एक उपन्यास लिख डालता । पर उन्हें लिखने की निरर्थकता दिख गई थी । तभी उन्होंने बच्चों को पढ़ाने का कार्य ले लिया था । वे नन्हे बच्चों को पढ़ाते थे । संतुष्ट व आनंदित होते थे । पर यदि आपका अंतर अध्यात्म की ओर जाता है तो आप उधर जाएं । परंतु शांति के लिए कर्म से बचा नहीं जा सकता । ऐसा ही मैं सोचता हूं ।'

आगे आपने कहा, 'आपको इतना असंतोष क्यों है ? आप झूठ नहीं बोलते । किसी से बेईमानी नहीं करते । धोखा-धड़ी नहीं करते । आपकी आत्मा तो आनंदित रहनी चाहिए । पीड़ित तो उसे रहना चाहिए जो इसके विपरीत करता है ।

मैंने कहा,'क्षमा करेंगे, मुझे लगता है कि वास्तव में ईमानदार होना ही तो पीड़ा का कारण है । जो इस सबसे विपरीत सब कुछ करता जाता है उसे क्या असंतोष ? क्या पीड़ा ? वह तो वैसा ही कर रहा है जैसा सारी दुनिया कर रही है । वह तो

सुख बटोरने में आनंदित है। मुझे भी कोई तनाव न होता अगर मैं ईमानदार न होता। मेरे ऊपर जो है वह गलत करवाना चाहता है। मैं गलत न करके दुश्मनी ले लेता हूं। मेरे नीचे जो है वह गलत करना चाहता है, नहीं करने देता तो दुश्मनी लेता हूं।

आपने 'यह लाल घेरे' नामक कहानी 'ज्ञानोदय' के लिए भेजने को कहा। मैंने बताया कि वहां से यह लौट चुकी है। आपने 'माध्यम' के लिए भेजने का सुझाव दिया। 'वहां से भी लौट आई है', मैंने कहा। 'नई कहानियां' के पास भेजने को कहा। 'वहां से भी लौटी है,' मैंने कहा। उन्होंने कहा, 'कहानी छपने लायक है, न जाने क्यों लौटी है। मैं समझ नहीं पाया। आप 'नई धारा' को भेज कर देखें।' 'सोचता हूं, अब 'नई धारा' को भेजूं! टिकट व्यर्थ तो न जाएंगे? क्योंकि आज बिना कष्ट एवं असुविधा के टिकट भी नहीं लगा पाता। (मुझे यहां डा० हरिवंश राय बच्चन याद आ गए जिन्होंने अपने एक पत्र में लिखा—'आपकी पंक्तियों में आपकी अनुभूतियां बोलती हैं। अभिव्यक्ति देने में संकोच न करें। मेरा अनुरोध, प्रकाशन हो, न हो।'

यूं ही बात करते-करते घड़ी के कांटे ने साढ़े दस बजाए, मैंने अनुमति ली और गहरे पर उत्फुल्ल, गम्भीर पर सरल व्यक्ति के लिए मन में आदर का भाव लिए बाहर निकला और घर की राह लिया। दो बार मिला परसाई जी से, दोनों बार जीवन के प्रति यथार्थवादी होने की प्रेरणा लेकर आया। कर्म करने की प्रेरणा लेकर आया। कोई सोच सकता है कि इस साहित्यिक चर्चा व रेलवे की बातों का बुद्धत्व से क्या संबंध? पर मुझे यही तो कहना है कि पूरा जीवन जुड़ा हुआ है, संयुक्त है। सारे जीवन को जीने पर जो विकास होता है, जो अंतिम फूल खिलता है, वह है अध्यात्म। स्वभावत: सारे जीवन का बुद्धत्व से संबंध है।

जो भी हो, मैं जिन प्रक्रियाओं से गुजरा हूं उन सबने मुझे यहां पहुंचाया है, जहां आज हूं। क्योंकि मैं ऐसा नहीं मानता कि जीवन को गलत ढंग से जिएं, सिर्फ थोड़ी देर रोज ध्यान कर लें तो धार्मिक हो जाएंगे। धार्मिक होने के लिए तो पूरे जीवन की छोटी-छोटी लगने वाली बातों का भी महत्व समझना होगा और उन्हें बोध से भरना होगा। गलत व सही ढंग से मेरा आशय किसी नीति का पालन करने को नहीं कह रहा हूं पर निश्चित ही दैनंदिन जीवन में सम्यक विचार

आवश्यक है । एक उदाहारण से अपनी बात कहूं । 1963 में मैं साथियों को खेलते देख 'तीन पत्ते' खेलने लगा । छः-सात माह खूब खेला । सोने के बजाए 'थ्री कार्डस' ही खेलता रहता । फिर मुझे समझ में आया कि यह तो पच्चीस-तीस रुपए हार जाता हूं तो भी खिन्न होता हूं कि इतने पैसों में तो पांच-छः बार बच्चों के लिए कुछ फल खरीदकर ले जा सकता था घर जाते समय । और पच्चीस-तीस जीत जाता हूं तो भी खिन्न हो जाता हूं । लगता है कि फलां आदमी की जेब खाली करवा लेने में मैं मुख्य गुनहगार हूं । तो दोनों हालत में चित्त अशांत होता है, दुखी होता है, न सोने के कारण विश्राम नहीं मिलता वह अलग । लगा कि यह तो अशांति के उपाय हैं । यह तो शांति के एकदम विपरीत । और यह सब खयाल में आने के साथ 'थ्री कार्डस' से भीतर से अरुचि हो गई और सदा के लिए वह छूट गया ।

तो जरा-जरा सी चीजों का मूल्य है । इनका सीधा संबंध धार्मिक होने से भले न हो पर परोक्ष रूप से ये सहयोगी या असहयोगी अवश्य होती हैं । मैं सिगरेट पीता था । फिर मुझे दिखाई पड़ा कि यह तो ध्यान के समय गले में खराश पैदा करता है यानी सारे शरीर का बोध समाप्त हो जाता है पर गले का बोध बना रहता है । मतलब हुआ कि यह सिगरेट ध्यान में गहरे जाने में बाधा बन रहा है साथ ही यह भी खयाल में आया कि यह भीतर कुछ कार्बन की कोटिंग बना रहा होगा । मतलब पैसे देकर अस्वास्थ्य खरीदना । फ्रिर दिखाई पड़ा क्रि अच्छी शुद्ध वायु की जगह जो सिगरेट पीता हूं तो शुद्ध वायु को गंदा भी करता हूं । और ऐसी-ऐसी सभाओं में भी बैठने का अवसर मिलता है जहां सिगरेट पीना अभद्र मालूम पड़ता है । यह सारी बातें खयाल में आते ही सिगरेट छूट गई । सिगरेट के छूटते ही गले की खराश विदा हो गई और ध्यान में गहरा जाने लगा । तो जीवन में छोटी से छोटी बात का भी महत्व है । सम्यक विचार से बोध बढ़ने में सहयोग मिलता है । बोध बढ़ने से सम्यक विचार बढ़ता है । किसी को एक चांटा मारकर ध्यान में बैठें, ध्यान बढ़िया नहीं होगा । किसी को मार देने का दुख चित्त को घेरे ही रहेगा । मैं कहना यह चाहता हूं कि पूरा जीवन इकट्ठा है, जुड़ा हुआ है । हर विचार व हर कृत्य हमें या तो आत्मवान होने में सहयोग करता है या सहयोग नहीं करता और या फिर असहयोग करता है । लेकिन यह चीजें स्वयं विचार करके देखना-समझना-तय

करना चाहिए। मेरी दृष्टि में किसी दूसरे द्वारा बनाए नियम मानकर चलने की बजाए तो अपने निर्णय से गलत करना भी श्रेयस्कर है।

एक बात स्पष्ट कर देना उचित होगा। वह यह कि ऐसा नहीं है कि मेरी रचनाएं प्रकाशित ही नहीं हुईं। नहीं, लेखन शुरू करने के प्रारंभिक दौर में ही इतने अल्पकाल में (1964 से 1967 के दौरान) इतनी सारी रचनाएं, इतनी सारी पत्रिकाओं में कम ही लोगों की प्रकाशित होती हैं। परंतु लगता है मैं अत्यधिक महत्वाकांक्षी था अथवा क्या था कि मैं चाहता था कि जो भी जहां भी भेजूं, सब कुछ प्रकाशित होना चाहिए। अपनी इसी चाह के कारण किसी रचना के अस्वीकृत होने पर अतिशय हतोत्साहित अनुभव किया करता, इसीलिए रचना-प्रकाशन को लेकर भी अनेक रचनाएं हो जातीं। आज सारे पत्र-पत्रिकाएं स्मरण नहीं रह गई हैं जिनमें रचनाएं प्रकाशित हुईं तथापि जो याद कर रहा हूं उनके नाम देकर उनके प्रति अनुग्रह व्यक्त करना उचित लग रहा है। अस्तु:

1. आरती, इंदौर
2. अणिमा, जयपुर
3. आजकल, नई दिल्ली
4. अधुना, नई दिल्ली
5. परिचय, जबलपुर
6. शताब्दी, जबलपुर
7. ब्रह्मवाणी, नई दिल्ली
8. धर्ममार्ग, जम्मू
9. सर्वहितकारी, देहरादून
10. एकांत, बरेली
11. विजयंत, रायपुर
12. राजदर्पण, अकोला
13. संबोधन, कांकरोली
14. मधुमती, उदयपुर
15. कादंबिनी, नई दिल्ली
16. धर्मयुग, बंबई
17. साप्ताहिक हिंदुस्तान, नई दिल्ली
18. सूत्रकार, कलकत्ता
19. रसवंती, लखनऊ
20. मसखरा, इलाहाबाद
21. कल्पना, हैदराबाद
22. नवीना, हरियाणा
23. हस्ताक्षर, रायपुर
24. ग्रामभूमि, इलाहाबाद
25. सैलानी, नई दिल्ली
26. अनाहूत, वाराणसी
27. समिधा, वाराणसी
28. जनयुग, नई दिल्ली

29. नवभारत, जबलपुर
30. नवीन दनिया, जबलपुर
31. शिखरणी, कटनी
32. ज्योतिशिखा, बंबई
33. युक्रांद, जबलपुर
34. दीपन, कटनी
35. उन्मेष, कानपुर
36. अनिता, नई दिल्ली
37. ज्ञानोदय, कलकत्ता
38. आजाद मजदूर, जमशेदपुर
39. रंग, बंबई
40. आदर्श परिवार, भोपाल
41. उत्कर्ष, लखनऊ
42. उपमा, कानपुर
43. कविता, अलवर
44. गल्प भारती, कलकत्ता
45. जाह्नवी, दिल्ली
46. जीवन साहित्य, नई दिल्ली
47. ज्योत्सना, पटना
48. जगवाणी, जबलपुर
49. संघर्ष, जबलपुर
50. पांचजन्य, लखनऊ
51. ब्लिट्ज, बंबई
52. करंट, बंबई
53. मुक्त धारा, नई दिल्ली
54. योजना, नई दिल्ली
55. रविंद्र ज्योति, जींद (हरियाणा)
56. रक्ताभ, फगवाड़ा (पंजाब)
57. राष्ट्र धर्म, इलाहाबाद ।

इनमें 'परिचय, जबलपुर' में तो सह-सम्पादक था मैं । ब्रह्मवाणी, नई दिल्ली, धर्ममार्ग—जम्मू, एकांत—बरेली, सर्वहितकारी—देहरादून, अनाहूत—वाराणसी, तो नियमित लगभग हर अंक में मेरी रचनाएं प्रकाशित करते थे । सैलानी—नई दिल्ली में तो नियमित स्तम्भ लिखता था ।

मैं खयाल करता हूं तो पाता हूं कि ओशो से मिलने के पूर्व सम्यक विचार करने की समझ आ गई थी, शायद कभी-कभी ध्यान की झलकें भी मिलने लगीं थीं परंतु जानता न था कि यह ध्यान है । ओशो से मिलने के बाद ध्यान तो अक्सर घटित होने ही लगा, ध्यान क्या है भी समझ में आने लगा । ओशो के निकट जब भी होता, ध्यान में होता या कहिए स्वयं ध्यान होता । उसके अलावा भी ध्यान घटित होता रहता । एक प्रसंग याद आया । तब ओशो संन्यास देना शुरू न किए थे यानी यह बात 1967 या 1968 की होगी । मेरा एक मुस्लिम दोस्त था महबूब ।

उसके यहां मीलाद थी। मैं वहां गया तो मैंने देखा कि मैं अकेला ही तथाकथित हिंदू परिवार से था। शेष सारे मुसलमान भाई थे। सब मिलाकर 60-70 लोग रहे होंगे। मौलाना जी आए। ऊंचे आसन पर विराजमान हुए। और उन्होंने कुरान की एक आयत सस्वर पढ़ना शुरू की। उस आयत के शुरू होते ही मुझे इतना अच्छा लगा और मुझ पर ऐसा असर होने लगा कि मेरे पांव जैसे अपने आप पालथी मारकर बैठ गए। आंखें बंद हो गईं, रीढ़ सीधी हो गई और दोनों हाथ जैसे किसी ने उठाकर मोड़कर मेरी गोद में एक के ऊपर दूसरा रख दिए हों, यानी बुद्धासन में बैठ गया। आयत के श्रवण मात्र ने मुझे कहां से कहां पहुंचा दिया। आयत पूरी होते होते ही क्षणों में मैं दूसरे ही लोक में था। या कहें मैं नहीं था। बस मेरी नाभि से सहस्रार तक सीधा एक विद्युत रॉड जैसा था महा आनंद, महाशांति, महा होश कह सकते हैं। यानी यह तीनों एक साथ। पूरा शरीर मानो उसी रॉड पर कपड़े सा टंगा हुआ था जैसे खूंटी पर कपड़ा टंगा रहता है और वह रॉड था महा आनंद, महा शांति और महा होश का।

आयत खत्म होने के बाद मौलाना जी ने उस आयत का अर्थ समझाना शुरू किया जो कि सार रूप में कुछ इस तरह था कि ऐ मालिक, या ए अल्लाह ! दुनिया में जहां भी कुछ तारीफ के काबिल है, वहीं तू है, यानि सारी तारीफें तेरे लिए हैं, तू है, तू ही है सारी तारीफों का हकदार। सब मिलाकर लगभग एक घंटे चला होगा उनका प्रवचन। मेरी एक सी दशा बनी रही। मौलाना का प्रवचन समाप्त हुआ। श्रोतागण बीड़ी, सिगरेट धोंकने लगे। मुझे इससे थोड़ी असुविधा जरूर हुई पर ध्यान इतना गहरा था कि मैं उसी तरह आनंद में बना रहा। लगता है इसी तरह बैठा रहूं जीवन पर्यंत। वास्तव में तो न वहां समय था, न चित्त था। अगर कुछ था तो बस वही नाभि से सहस्रार तक सीधा रॉड जैसा। किस चीज का रॉड ? महा आनंद, महा शांति व महा होश का रॉड। मगर जैसा कि सारी दुनिया में है न हिंदुओं को कुछ पता है, न मुसलमानों को। हिंदू का सत्य नारायण स्वामी की कथा सुनना, या गंगा नहाना एक क्रिया-कांड है। वह भी लोभ अथवा भय वश। ईसाइयों की संडे प्रेयर भी क्रिया कांड है, वह भी वही लोभ अथवा भय वश। और मुसलमानों के भी मीलाद या नमाज एक क्रिया कांड हैं, वही लोभ अथवा भय वश। लोभ स्वर्ग का, भय नर्क का। इन सब बातों का धार्मिकता से दूर का भी

नाता नहीं है। खैर तो वे मुस्लिम भाई टीका टिप्पणी करने लगे। किसी ने कहा, 'लगता है ठाकुर साहब सो गए क्या ?' किसी ने कहा, 'हां, हां, जरूर सो गए ठाकुर साहब।'

मेरे मित्र महबूब ने उनसे कहा कि उन्हें कुछ न कहें, वे जैसे भी हैं, रहने दें और यह कह कर वह भीतर चला गया, मीठा, नमकीन, चाय, शरबत के प्रबंध में। और मैं तो स्वर्ग में था। मैं स्वयं स्वर्ग था। मैं तो, करोड़ों वर्ष वैसे ही रहने को मिलें, सदा सदा वैसा ही बना रहूं, तो क्या कहने ! लगता कि काश यह सारे लोग चाय-पानी कर करा के चुपचाप चले जाते, मुझे यूं ही छोड़ कर तो क्या कहना ! पर यह कैसे होता ? सभी क्रिया कांडी थे, किसी को न कभी नमाज घटित हुई थी, न किसी का हजरत मुहम्मद से कोई ताल्लुक था। वर्ना वे मेरी सुंदर दशा को क्यों न समझ पाते ? तो कुछ देर के बाद जब मौलाना ने ही कहा कि लगता है ठाकुर साहब सचमुच ही सो गए तो मुस्लिम भाइयों को बड़ी ताकत मिल गई। वे मेरे हाथ पकड़कर हिलाने लगे व चिल्लाने लगे—ठाकुर साहब। अब मैं कोई सोया तो था नहीं, मैं तो पूर्ण होश में था। स्वयं होश था। भीतर भी—बाहर भी एक समान। तो जब यह हाथ पकड़कर हिलाने लगे व ठाकुर साहब, ठाकुर साहब चिल्लाने लगे तो मैंने गहरी सांसें लेना शुरू किया। अभी तक पता नहीं श्वास भी कहां थी, उसका कहीं नामो-निशान न था। तो गहरी सांसें लिया 25-30 तब जाकर बाहर इतनी ऊर्जा आई कि धीमे से आंख खुली। आंख खुली तो मुझे इतनी खूबसूरत लगी जैसे आंख नहीं कमल की पंखुड़ी खुली हो। मैं अपनी आंख की खूबसूरती पर स्वयं मुग्ध था। पर वहां तो सब अंधे-बहरे थे, कौन समझता ? वे सब मुझे बुलाने लगे, मैं इतनी गहरी शान्ति से निकलते ही बोल सकने में असमर्थ था स्वभावतः। अतः मैंने कलाई पर बंधी घड़ी की ओर देखा और इशारे से बताया कि घर पर कोई आए होंगे, मैं घर जाऊंगा, इशारे से यही कहता हुआ मैं उठ गया और उनके लाख 'बैठिए, बैठिए' कहने के बावजूद दोनों हाथ जोड़कर नमस्कार करता चला गया। दो फर्लांग पर घर था। टहलता हुआ उसी आनंद व शांति से घर गया। पत्नी को इशारे से बताया कि मैं आज भोजन न लूंगा और जाकर अपने कमरे में बिस्तर पर पड़ गया और ध्यान का आनंद लेने लगा। उसी आनंद में पड़े-पड़े कब सो गया मैं नहीं जानता।

□ □

एक बार ओशो से मिलने के पूर्व की बात है कहीं से साइकिल पर आ रहा था और सोच रहा था पिताजी का गांव से पत्र आया है, उन्होंने कुछ पैसे मंगवाए हैं। घर पर जरूरत है और मैं पैसे नहीं भेज पा रहा हूं। यही सब सोच-सोच कर दुखी हो रहा था। तभी खयाल आया कि शिव प्रताप तुम तो तमाम लोगों के दर्द की बातें करते हो अपनी कविताओं में। फिर जब बहुत सारे लोग भूखे-नंगे हैं, अभावग्रस्त हैं तो क्या तुम्हारे पिता सिर्फ इसलिए विशेष हो गए क्योंकि तुम्हारे पिता हैं? यदि सबको एक बराबर एक जैसा समझते हो तो पिता के लिए अलग से दुखी होने की क्या जरूरत? और अगर अलग से दुखी होते हो तो तुम्हारे लेखन में व तुम्हारे यथार्थ में फर्क है, तुम्हारी कथनी व करनी में फर्क है। मैं यह नहीं कह रहा हूं कि यह तर्क सही था। मैं तो यह कह रहा हूं कि यह खयाल में आते ही न केवल पिताजी के लिए अलग से चिंता करना तत्काल बंद हो गया, वरन मैंने पाया कि मेरी छाती बहुत चौड़ी होती जा रही है, एक फीट, दो फीट, तीन फीट, चार फीट—और बहुत ज्यादा चौड़ी होती जा रही है। इसी गति से चौड़ी होती गई तब तो इसमें सारी दुनिया समा जाएगी। लेकिन 15-20 फीट पर तो दीवारें दिख रही हैं, उनसे टकरा जाएगी छाती, सड़क के किनारे दीवाल में टकरा जाएगी, यह खयाल आते ही भय लग आया और भय के लगते ही एक पल में सिकुड़कर सब सामान्य हो गया।

यूं ही एक बार ओशो से मिलने के बाद अपने कमरे में सक्रिय ध्यान कर रहा था। चौथे चरण में बार बार लगे कि शरीर ऊपर उठ गया है। जब आंखें खोल कर देखूं तो जमीन पर ही हूं, पर जैसे ही आंख बंद करूं साफ मालूम हो कि तीन फीट तक उठ गया हूं। पर जब देखूं तो स्वयं को जमीन पर पाता। एक बार तो चौथे चरण में मेरा शरीर फैलने लगा, फैलते-फैलते पूरा कमरा छोटा पड़ने लगा। जब दोनों ओर की दीवार से मेरा शरीर टकराया—ऐसा लगा-तब मैंने आंख खोल दी और पाया कि शरीर जैसा था वैसा ही है। पर इतनी तेजी से शरीर फैलता कि लगता था सारी दुनिया भी छोटी पड़ जाएगी।

एक और प्रसंग याद आया। वास्तव में तो ओशो से मिलने के बाद रोज ही कुछ न कुछ घटता रहा है, हर क्षण कुछ न कुछ घटता रहा है, ध्यान या प्रेम, सुख या दुख, पीड़ा या आनंद, शांति या अशांति। कोई कहेगा कि यह सब तो सब के

जीवन में घटित होते रहते हैं, इसमें खास क्या है ? खास यह है कि यह घटित होते रहते हैं पर लोगों को पता नहीं चलता। जब यह घटित हो रहे हों, उस समय इस सबको देखते रहना ध्यान है। कितने लोग हैं जिन्हें अशांति का पता है ? कितने लोग हैं जिन्हें आनंद का पता है ? नहीं, खयाल नहीं रहता। मूर्च्छा में जीने का मतलब यही है कि क्या हो रहा है, क्या घटित हो रहा है, जीवन पर, इसके प्रति बेहोश हैं। अशांत हैं पर अशांत हैं, इसका भी पता नहीं है। अमूर्च्छा का मतलब यही है कि जो भी घटित हो रहा है सब का पता है। खैर…।

एक प्रसंग सुनें—

यह एक क्रिश्चियन मित्र सी० सैम्युल के यहां घटित हुआ। जब उनके यहां गया तो उनके लगभग दस व बारह साल के दो बेटे घर के सामने ही खेल रहे थे। तब संन्यासी हो चुका था, गाढ़े गेरुए रंग का कुर्त्ता व लुंगी तथा ऊपर माला पहनता था। नाम स्वामी अगेह भारती हो चुका था। पर 99 प्रतिशत रेलवे वाले तो सिंह ही कहते थें। तो उन दो में एक बच्चा दौड़कर भीतर गया और उसने बताया कि 'सिहं अंकल' आए हैं। तब तक मैं बरामदे में बैठ चुका था। मैंने सुना कि सैम्युल ने कहा, 'अंकल को बिठाओ, मैं आता हूं।' वह किसी से बात कर रहे थे सुनाई पड़ता था। मैं अभी महीना भर पूर्व ओशो को पूना में जीसस पर सुनकर आया था सो जीसस से मुचामुच भरा हुआ था। और जीसस का एक बहुत प्यारा चित्र बरामदे में टंगा हुआ था। जीसस की ओर मैंने देखा और मेरे भीतर एक भाव आया कि तुम तो हमारे लिए इतने प्यार से भरे थे, और हमने तुम्हें सूली दे दी ! ! इतना भाव मेरे भीतर आया ही था कि चमत्कार हो गया। वह जीसस का चित्र चित्र न रह गया, जीसस साक्षात उपस्थित हो गए और प्रशांत महासागर से अधिक गहराई वाली आंखों से मेरी ओर देखने लगे। उनकी आंखों में इतना प्रेम था, इतना प्रेम था कि उस चितवन के द्वारा ही उन्होंने इतना साफ कम्यूनिकेट किया कि मानो शब्दों में ही कह रहे हों कि—'मुझ जैसे लोग जब भी पृथ्वी पर आते हैं, तो यह जानकर ही आते हैं कि आदमी ऐसा ही व्यवहार करेगा। अतः उसके ऐसे व्यवहार से हमें तनिक भी क्लेश या परेशानी नहीं होती। और हम तुम जैसे भोले-भाले लोगों के लिए आते हैं और आते रहेंगे। पर हमें कोई परेशानी नहीं होती आदमी के दुर्व्यवहार से। क्योंकि हम जानते हैं कि वह ऐसा ही व्यवहार

करेगा। ऐसा जानते हुए ही आते हैं, इसीलिए हमें तकलीफ नहीं होती। अतः तुम दुखी मत हो।' यह इतना साफ कहा उन्होंने, उनकी आंखों ने, उनकी आंखों में भरे प्रेम ने कि मानो उन्होंने शब्दों में कहा हो।

मैंने साक्षात देखा कि प्रेम में शब्दों की आवश्यकता ही नहीं होती। तो जीसस ने उतना कहा और मेरी आंखों से झर-झर आंसू झरने लगे। आनंद के आंसू, अनुग्रह के आंसू। और जीसस तो न केवल मौजूद बने रहे, वरन उनकी आंखों से एक दिव्य रोशनी निकल रही थी व मेरी आंखों में प्रवेश कर रही थी। यह लगातार हो रहा था। मेरी आंखें खुली की खुली रह गईं। जीसस की भी आंखें खुली ही रहीं। उनका प्रसाद, उनका आलोक, उनका आशीर्वाद उनकी आंखों से रोशनी की शक्ल में लगातार बरस रहा था और मेरी आंखों में प्रवेश कर रहा था। एक ऐसा संबंध स्थापित हो गया उन क्षणों में जो शब्दों में बताया जाना असंभव है। जीसस मुझसे मात्र छः-सात फीट की दूरी पर थे, अतः आंखों में आंखें थिर सी हो गई थीं। मैं निरंतर महा आनंद, महा शांति व महा होश का अनुभव कर रहा था। 'महा' कहे बिना काम नहीं चलता, इसलिए सहज ही 'महा' विशेषण आ जाता है। यह दशा कोई बीस मिनट तक रही होगी। लगातार उनकी रोशनी बरस रही थी, मेरी आंखों में समाती जा रही थी और महा आनंद के कारण मेरे आंसू भी निरंतर झर रहे थे। चाहता था काश श्री सैम्युल न आएं और मैं यूं ही बैठा रहूं। और यह भी प्रभु अनुकम्पा ही है जो वे बीस मिनट तक बाहर न आ सके। ऐसा पहली बार हुआ है कि मैं बैठा रहूं, वे बीस मिनट तक न निकलें। वे जैसे आए मेरे आंसू झरते देख, मुझे पूछने लगे, 'ब्रदर, क्या बात है ब्रदर ?' सैम्युल को सभी को ब्रदर कहने की आदत सी पड़ गई थी जिससे उनका खुद का नाम 'ब्रदर' ही हो गया था। उन्हें साथ वाले 'ब्रदर' ही कहते। तो वे बार-बार पूछने लगे कि ब्रदर क्या हुआ, बोलो तो। मैं चाहता था कि काश वे मुझे यूं ही छोड़ देते व बाधा न देते। मेरी आंखें तो जीसस की आंखों से मानो चिपक गई थीं। वे उनसे अलग ही नहीं हो रही थीं। मानो सैम्युल को सुन ही नहीं रहा हूं। तब सैम्युल ने कहा कि ब्रदर इधर तो देखो और यह कहते हुए मेरे चेहरे को हाथ लगाया व प्यार से अपनी ओर मोड़ना चाहा। पर मेरा जीसस से ऐसा जोड़ बना हुआ था कि वह टूट ही न रहा था। तभी अचानक जीसस अदृश्य हो गए और वहां रह गया लटका हुआ वह

निर्जीव चित्र जो तब लटका था जब मैं वहां गया था।

सैम्युल को मैंने बताया कि अभी-अभी यहां स्वयं जीसस उपस्थित थे। पर वे कुछ न समझे। उन्होंने पुनः पूछना शुरू किया कि 'आप को क्या हुआ ? आप क्यों रो रहे थे ? बोलो तो ब्रदर।' मैं उठकर उन्हें हाथ जोड़े और घड़ी के इशारे से उन्हें बताया कि मुझे अब घर पहुंचना चाहिए और मैं फिर आऊंगा का संकेत करता मैं बाहर निकलकर सड़क पर आ गया ताकि जीसस का जो प्रसाद मिला था वह इन गलत लोगों के बीच यूं ही न जल्दी खो जाए। यह बेचारे क्रिश्चियन हैं, जीसस का चित्र टांगना ही इनके लिए धर्म है और रविवार को नियमपूर्वक चर्च जाना ; और पादरी का भी धंधा है प्रेयर करवाना, जैसे उस मौलाना का धंधा था कुरान की आयत पढ़ना व अर्थ समझाना। पुरोहितों का काम यूं ही यांत्रिक हो जाता है। उसमें हृदय नहीं होता, हृदय नहीं होता तो परिणाम नहीं होता। संबंध नहीं स्थापित हो पाता। अतः धर्मावतार से फासला बढ़ता जाता है। इन्हीं अर्थों में कहता हूं कि मुसलमानों ने हजरत को मार डाला है, ईसाइयों ने जीसस को और हिंदुओं ने अपने अवतारों को। सच, पुरोहितों से मूढ़ तो शायद ही दुनिया में कोई दूसरा होता हो। पुरी के तथा कथित जगदगुरु शंकराचार्य श्री निरंजन देवतीर्थ के दो पत्र पढ़िए जो उन्होंने मेरे एक मित्र श्री नरेंद्र कुमार जी (गाडरवारा) को लिखे थे और उनकी मूढ़ता का मजा लीजिए :—

(पत्र अदिनांकित है, सील में 26.6.69 पठनीय है) लिखते हैं:

श्री हरि

अनंत श्री जगदगुरु शंकराचार्य श्री निरंजन देवतीर्थ

स्वामी महाराज गोवर्धन,

मठ पुरी कैम्प......... संख्या.........

दिनांक.........

1. ईश्वर है, ऐसा विश्वास कर प्रति दिन उसका भजन कीजिए। आपका कभी भी विनाश न होगा।

2. मां के साक्षात्कार के लिए अपने आपको मनसा, वाचा, कर्मणा उसके चरणों में समर्पण करके निरंतर उसकी आराधना ही उपाय है।

3. रजनीश नरकगामी और उसके शिष्य महानरकगामी। 2 जुलाई को पुरी आइए, सब शंकाएं दूर हो जाएंगी।

—श्री निरंजन।

दूसरा पत्र भी अदिनांकित है, सील पठनीय है 24.6.81.

ॐ श्री हरिः ॐ　　　　　　　　　　ॐ ऊं श्री हरिः ॐ

अनंत श्री जगदगुरु शंकराचार्य स्वामी श्री निरंजन देवतीर्थ जी महाराज

गोवर्धन मठ पुरी　कैम्प.........　　　　संख्या.........

दिनांक.........

श्रीमन् शुभाशीः।

1. जहां-जहां शास्त्रों द्वारा जन्मना श्रेष्ठ मानने का आदेश है, हमें मानना ही पड़ता है।
2. युग निर्माण (तथोक्त) एक पाखंड है। शास्त्र शूद्रों और नारियों को गायत्री के उपदेश का निषेद्य करते हैं, ऐसा श्री राम द्वारा मुद्रित श्री नृसिंह तापिनी उपनिषद में स्पष्ट लिखा है।
3. किसी मनुष्य को भगवान कहना उसका अपराध है जिसे सीधे नरक में जाना हो वह उस मार्ग पर चले।

—श्री निरंजन

□

मैं समझता हूं इन पत्रों की मूढ़ता का मजा लिया होगा आपने। ऐसे ही मूढ़ सारे पुरोहित होते हैं चाहे वे मौलवी हों, या पादरी अथवा कोई भी और।

डायरी के दो पन्ने मिल गए हैं, जिन्हें देना अनेक साधकों के लिए उपयोगी रहेगा।

1 जनवरी, 1972

डेढ़-दो माह से ध्यान बंद हो गया था। कोई खास कारण नहीं, बस बंद हो गया था। समयाभाव या किसी परिस्थितिवश एक दिन नागा हो जाए तो नागा ही होता जाता है। फिर आलस्य हावी होने लगता है और ध्यान प्रारम्भ करना

मुश्किल हो जाता है। इसलिए साधक के लिए एक मेरी सलाह है कि किसी भी परिस्थिति में 'ध्यान' से न चूके। कारण कितना भी बड़ा हो, ध्यान न छूटना चाहिए। अथवा किसी एक बार कारणवश छूटता है और बाद में आलस्य नहीं शुरू करने देता और बस सब किया-कराया चौपट होता चला जाता है। ऐसे ही जैसे संगीत के लिए साधक को प्रतिदिन रियाज करना आवश्यक होता है। एक दिन कितना भी रियाज करे, पहलवान नहीं बना जा सकता है, उसी तरह ध्यान भी निरंतरता बनी रहना अनिवार्य है। यह मैं अपने छूटे हुए ध्यान के अनुभव से कह रहा हूं। इस बीच डेढ़-दो माह में—जबकि ध्यान के प्रयोग छूट गए थे—मेरी कितनी अगति हुई है उसका वर्णन करना फिजूल है। यही समझें कि मैं नीचे ही उतरता चला गया। सच तो यह है कि नीचे उतरना होता चला गया। इसलिए ध्यान द्वारा मैं ऊपर नहीं चढ़ता, ऊपर यात्रा होती चली जाती है।

आज सुबह उठा तो ध्यान की प्रेरणा सहज ही पुनः हुई। स्मरण तो 'ध्यान' का सदैव बना रहता था, छटपटाता भी कम न था, पर वह शुरू नहीं होता था। आज 'ध्यान' का प्रयोग हुआ। चौथे चरण में मुझे लगा कि मेरे मस्तक पर दोनों भृकुटी के मध्य अंगारा उबल रहा है। यह अंगारे की प्रतीति इतनी अधिक होती गई कि लगा वहां पर कुछ नया खुलने-खुलने को है। यह अंगारे की प्रतीति जलती हुई ही होती थी पर उससे तकलीफ नहीं थी। एक रहस्य का बोध था और थी एक प्रतीक्षा, अज्ञात प्रतीक्षा। फिर मुझे नाभिस्थल, रीढ़ व छाती सब शून्य होते से लगे। सभी कुछ इतना शीतल हो गया कि लगा शरीर विलीन हो गया है। मात्र मस्तक पर खयाल बना रह गया, मस्तक पर जहां अंगारे का लगातार बोध हो रहा था। ध्यान से वापस लौटा तो मस्तक पर जले हुए का निशान बना पाया। ऐसा लगता है सदा सदा के लिए प्रभु ने भभूत लगा दिया जिसके मिटने का कोई उपाय नहीं है। मस्तक का वह स्थल दिन भर जागा ही रहा और करीब-करीब दिन भर मेरा ध्यान सहज ही वहीं बना रहा। कुछ भी करता, ध्यान वहीं बना रहता। यह घटना क्या है, क्यों है मैं नहीं जानता पर मेरा उल्लास बढ़ा है और बहुत आनंद भी अनुभव कर रहा हूं।

2 जनवरी 1972

ओशो ने कई बार बताया है कि जो भी होता है सहज होता है। किसी

अनुभूति की पुनरावृत्ति का प्रयास नहीं करना चाहिए क्योंकि जब भी वह अनुभूति हुई थी, बिना प्रयास के हुई थी, हमारे चाहने से नहीं हुई थी, इसलिए साधक केवल ध्यान पर श्रम करे, क्या हो, क्या न हो, की फिक्र छोड़ दे ।

उसके स्पष्ट बता देने के बावजूद कई बार साधक का मन किसी अनुभूति को दुबारा बुलाना चाहता है । ऐसा ही आज मेरे साथ हुआ । मुझे आशा थी कि चौथे चरण में पुन: कल जैसी प्रतीति हो । पर वैसा नहीं हुआ । लेकिन ओशो द्वारा बताई गई इस ध्यान विधि में कुछ तो हर बार होता ही है । आज मुझे लगा कि नाभिस्थल व मस्तक आपस में जुड़ गए हैं । यह प्रतीति क्षण भर ही रही और फिर तो मेरा प्राण जैसे गले में (कंठ स्थल में) इकट्ठा हो गया और डूबने लगा । प्राण डूबा जा रहा था । ओह ! कितनी भयावनी थी मृत्यु की निकटता । मैं भय से कराह उठा था । जी चाहता था आंखें खोल दूं अन्यथा मृत्यु निश्चित है । तभी स्मरण आया ओशो कहते हैं 'साधना में हम जाना भी चाहते हैं और नहीं भी जाना चाहते । तब दुविधा हमारे प्राण ले लेती है और हम अकारण परेशान होते हैं । परमात्मा को हम खोजते भी हैं और बचते भी हैं कि कहीं मिल ही न जाए ।' और मैंने हिम्मत करके आंखें बंद ही रखीं । एक बार यह भी भाव किया कि हे प्रभु, मेरी ओर से समर्पण है, तुझे जो करना हो, कर । पर मैं जानता हूं यह समर्पण कितना ऊपर-ऊपर था । प्राण अभी भी कंपते जा रहे थे । और आज यह भय की स्थिति आखीर तक बनी रही । दिन में सामान्य रहा, भय नहीं था । खयाल भर बना रहा मस्तक पर ।

□

और फिर 17 मार्च 1984 को घटित हुआ बड़ा ध्यान । हां, होली का दिन था । रेलवे में छोटा सा अफसर था उन दिनों जिससे होली पर कर्मचारियों के कई ग्रुप बंगले पर मिलने आते और रंग से बुरा हाल कर देते और बहुत सारा समय यूं ही बरबाद हो जाया करता । इस बार मैंने बच्चों को कह रखा था कि जो भी आए बता देना कि फोन आया था, पापा कहीं आकस्मिक दौरे पर चले गए हैं । अपने ध्यान कक्ष में मैं ओशो की कोई पुस्तक पढ़ता रहा, खिड़की दरवाजे बंद करके । मैं सुन रहा था तीन ग्रुप आए और यह सुनकर कि पापा दौरे पर गए हैं, वापस लौट गए । लगभग 11 बजे दिन के मैंने सोचा कि अब तो शायद कोई न आए अत: बाथरूम में स्नान करने घुसा । सुबह आज नहीं नहाया था ।

अब यहां यह बताना जरूरी है कि मैं उर्दू नहीं पढ़ा हूं। उर्दू के सारे अल्फाबेट्स भी नहीं जानता पर उर्दू में 35-40 गजलें उतरी हैं। जब भी गजल उतरती मैं खुद चकित होता। यहां तक कि ऐसे शब्द आते जिनका अर्थ मुझे पता न होता। आखिर मद्दाह साहब की एक डिक्शनरी श्री वी० एन० पांडेय (एक लेक्चरर मित्र) दे गए। जो उर्दू शब्दकोश है पर हिंदी लिपि में है। अब जब गजल उतरती तो जो शब्द न पता होते उन्हें शब्द कोष में देखता कि जो आशय होना चाहिए वही है या नहीं। आश्चर्य की बात है कि जिन शब्दों को मैं नहीं जानता था, वे एक दम उपयुक्त शब्द हुआ करते। उनकी जगह उनसे बेहतर शब्द कभी नहीं खोज सका शब्द कोष में भी।

अब गजल उतरने की प्रक्रिया के बाबत बताऊं। जब कभी मैं बहुत रंजीदा होता या कोई ऐसी बात होती जो मेरी संवेदना के तारों को छेड़ देती और वे झनझना उठते तो एक गुनगुनाहट का उदभव होता। यह गुनगुनाना जारी रहता—जारी रहता। मैं पाता कि यह भीतर से एक लय लेकर आया है और अब उसी लय में गुनगुनाना जारी रहता। मैं बहुत मजा लेता उस गुनगुनाने में। उसमें पक्के राग होते, बड़े आरोह-अवरोह होते और फिर निःशब्द गुनगुनाते गुनगुनाते, कभी अचानक एक पूरी लाइन निकल आती , कभी कभी तो जैसे पहली लाइन निकली, तत्काल पीछे दूसरी लाइन भी निकल आती और अब मैं उस शेर को उस गुनगुनाने वाली लय में ही गाता-गुनगुनाता रहता। फिर कभी दूसरा शेर निकल आता, कभी तीसरा, इस तरह गजल पूरी हो जाती। कभी-कभी एक दिन में गजल पूरी हो जाती, कभी कभी तो एक घंटे में भी पर कभी-कभी 10-20 दिन गुनगुना रहे हैं, यह पता भी नहीं कि किसी गजल का जन्म होने वाला है। यह पता तो तभी चलता जब शेर उतरने शुरू होते।

तो यूं ही उन दिनों जहां तक याद कर पाता हूं, दो-तीन सप्ताह से निःशब्द गुनगुना रहा था। हर समय। काम करते, उठते-बैठते, चलते-फिरते। 17 मार्च 1984 को जब 11 बजे बाथरूम में स्नान करने घुसा तो गुनगुना ही रहा था। उस रोज स्नान करते-करते गुनगुना रहा था। मजा यह कि कोई चुपके से रिकार्ड कर ले तो जानकार बता सकते हैं कि कौन सा राग है ? बहरहाल रहता सदा पक्का राग ही। और गजल पूरी होने के बाद फिर उसे मैं नहीं गा सकता। महफिल में तो

गा सकता ही नहीं क्योंकि न गायक हूं न कभी गाया हूं, पर गजल पूरी हो जाने के बाद अकेले में गुनगुनाना भी बंद हो जाता। उतरने के बाद वह राग भी खो जाता है। उस दिन बाथरूम से स्नान खत्म होते होते गुनगुनाने ने दो शब्दों को जन्म दिया—'यह दिल' पर इसे जब जुबान से निकाल रहा था तब 'दिल' शब्द के ल अक्षर पर जीभ चिपक गई और ऐसा आरोह-अवरोह होने लगा कि जुबान ऊपर जाकर तालू से चिपक गई, और आरोह-अवरोह उसी स्थल पर जारी रहा। वह बंद ही न हो रहा था। मुझे याद आया कि ओशो ने 'साधना पथ' नामक पुस्तक में ध्यान प्रयोग के लिए सुझाव दिया है कि जीभ को तालू से लगा लें और यह खयाल आने के साथ ही मैंने स्वयं को मध्य में स्थित पाया।

मेरा पूरा अस्तित्व मध्य में स्थित हो गया और फिर मैं खो गया, शब्द खो गए, रह गया केवल महा आनंद, महा शांति, महा होश। उस समय 11.25 के आस-पास समय रहा होगा जब मैं चिपकी जीभ से आरोह-अवरोह का मजा लेता, जल्दी से अपने कक्ष में चला गया व पलंग पर पड़ गया और अभी भी वह जारी है यानी 'यह दिल' कहा था और बस 'ल' पर जीभ चिपक गई तालू में तो अभी तक भी चिपकी है। थोड़ी ताकत भी लगायी पर वह नहीं निकली और मैं मध्य में होने का मजा लेने लगा। लेटने के क्षण भर बाद ही मैं कहां खो गया मैं स्वयं नहीं जानता किस दशा में पहुंच गया। भीतर कुछ जागा हुआ था, बाहर कहीं कुछ नहीं था। भीतर निरंतर महा आनंद, महा शांति व महा होश था। मैं न होकर, यह तीन ही रह गए थे। दृष्टा ही बच रहा था और तो क़हीं कुछ न था। बाहर कहीं जगत है इसका तो कोई पता न था। आखिर जब इस दृश्य के बाहर आया तो अपराह्न के लगभग 3.30 बजे थे। एकपल को कुछ न समझ सका। पर तभी खयाल आया कि बाथरूम में स्नान करते हुए गुनगुना रहा था, 'यह दिल' निकला पर 'ल' पर जीभ चिपक गई और आगे फिर...... । जब यह खयाल आया तो ध्यान की दशा का खयाल आया और वही गजल में व्यक्त हुआ। पहली लाइन पूरी होती है : ...... क्या है मुझे नहीं मालूम 'यानी' यह दिल क्या है मुझ नहीं मालूम', जब यह लाइन तरंन्नुम में गाया तो दूसरी लाइन निकली कि 'मेरी हस्ती-ए-फितरत, मुझे नहीं मालूम।' और फिर तो गुनगुनाता गया एक के बाद एक शेर उतरते गए—पूरी गजल यूं है:—

'यह दिल क्या है मुझे नहीं मालूम,
मेरी हस्ती-ए-फितरत, मुझे नहीं मालूम।
किस यार के जिक्र से दिल हुआ बेदार,
वो दिलसितां कहां है, मुझे नहीं मालूम।
खामोश से लम्हों का, चुप सा इंतजार,
किस खुदा के लिए है, मुझे नहीं मालूम।
अल्लाह का बन्दा कोई देता जब आजान,
उस वक्त मेरा हाल, मुझे नहीं मालूम।
राहे इश्क में अब बढ़ गई हैरानियां,
खो गया हूं खुद में, खुदा नहीं मालूम।'

जब पूरी गजल तैयार हो गई और जब गजल को गुनगुनाया तो दो बातें ख्याल में आयीं। एक तो यह कि 'ये दिल' ध्यान के पूर्व घटित हुआ था, शेष सारी गजल ध्यान के बाद जिसमें उस ध्यान की दशा बताने की असफल कोशिश की गई है। यदि ऐसा ध्यान न घटित हुआ होता तो गजल कैसी और क्या बनती, अनुमान भी लगाना असंभव है।

दूसरी बात यह ख्याल में आई कि यह तो जिस राग में मेंहदी हसन ने मिर्जा गालिब की यह गजल गाई है 'दिल-ए-नादां तुझे हुआ क्या है ?' ठीक वही राग है। यह गजल चार-छह माह पूर्व सुनी थी। अच्छी तो बहुत लगी थी, इसका मतलब यह हो सकता है गजल का राग कहीं भीतर गहरे तक असर कर गया था और अब कई महीनों बाद उसी राग में यह गजल उतरी। जो भी हो, मुझे गहरा ध्यान तो हुआ ही, अल्लाह शब्द का राज भी उद्‌घाटित हुआ। मुसलमान भाई हो सकता है उस शब्द के कई मानी (अर्थ) बताते हों, पर उसका कोई मानी (अर्थ) नहीं। वह एक कुंजी है, चाभी है। वह एक विधि है, डिवाइस है, सत्य के साक्षात्कार के लिए। वह ध्यान की एक गहन विधि है यानी मुझे समझ में आया कि यदि कोई खूब मस्ती में अल्लाह, अल्लाह, अल्लाह, अल्लाह, अल्लाह करता रहे तो मस्ती और बढ़ेगी और जारी रखे तो और बढ़ेगी, और जारी रखे, जारी रखे अल्लाह, अल्लाह, अल्लाह, अल्लाह, अल्लाह। हम इतना ही कर सकते हैं मस्ती

में भरकर तरन्नुम में अल्लाह-अल्लाह-अल्लाह गाते जाएं। बंद कमरा हो तो ज्यादा अच्छा, या फिर शुद्ध हवा वाली जगह हो, तो गाते, गाते, गाते, गाते, गाते किसी क्षण जीभ अपने आप चिपक जाएगी और अपना साक्षात्कार हो जाएगा। पर जीभ को चिपकाना नहीं है। हमें उसकी तरफ से बेफिक्र रहना है। केवल भरपूर मस्ती से गाना है अल्लाह, अल्लाह, अल्लाह, अल्लाह। अपने को इतना ही करना है। अगला कदम अस्तित्व खुद पूरा करेगा। जल्दी पूरा करेगा। देर न लगेगी, देर लगे तो चिंता न करना। इतनी मस्ती में गाना है कि बस उस गाने का अल्लाह के तरन्नुम में दुहराने का ही मजा लेना है, और कुछ होना है इस बात को ही भूल जाएं, केवल अल्लाह, अल्लाह, अल्लाह, अल्लाह गाने का मजा लें। यह एक ध्यान की विधि उस दिन उद्‍घाटित हुई। पता नहीं मुसलमान भाई लोग अल्लाह में क्या समझते हैं। उक्त गजल के बाबत एकाध बात और बता दूं।

गजल के पहले शेर में ध्यानावस्था में जैसी स्वयं की हस्ती को जाना, वही वर्णित है।

दूसरे शेर में 'जिक्र' शब्द 'स्मरण' के अर्थ में लिया है। मुझे स्मरण आया था न कि 'साधना पथ' नामक पुस्तक में ओशो ने जीभ को तलवे से लगा लेने को कहा है, और यहां जीभ स्वयंमेव तलवे में चिपक सी गई।

तीसरे शेर में भी शुद्ध उसी दशा का जिक्र है। इतना शून्य-सन्नाटा था कि शायद 'वह' आने वाला है, शायद वह होने वाला है, पल भर को इस प्रतीक्षाभाव में भी रहा हूं।

चौथे शेर का संबंध जबलपुर स्थित एक मस्जिद से है जो गलगला में है। जब मेरे मित्र स्वामी आनंद सरस्वती व मा प्रेम दीपा वहां रहते थे तो मैं कभी कभी सतना से उनके यहां जाता था। दोपहर डेढ़ बजे के आप-पास जब मौलाना अजान देता तो उस समय मैं जो भी कर रहा होता—बातचीत, भोजन या कुछ भी, वह सब स्वतः बंद हो जाता और मैं ध्यानपूर्ण विश्राम में स्थित हो जाता। यानी, वहां अजान शुरू हो और मैं जो भी कर रहा होता, वह बंद और ध्यान में चला जाता। तो चौथे शेर में अपने आप वहां का स्मरण हो आया। शायद उस मस्जिद का, शायद उस मौलाना की याद आना स्वाभाविक था जिसके संयोग में अनेक बार ध्यान में गया हूं। और आखिरी शेर में शुद्ध होली वाले ध्यान का ही जिक्र है।

अब एक बात और समझें इस गजल के माध्यम से । वह यह कि धार्मिक ग्रंथ या कोई विधि-मंत्र कौन समझता है ? अब जैसे यह गजल है । मान लीजिए यह एक पुस्तक में प्रकाशित होती है । उसे कोई पढ़ता है, अर्थ अच्छा है, मजा लेता है । कोई उसे गाता है, स्वर में ढालता है, वह मजा लेता है और दूसरों को भी थोड़ा मजा देता है पर गजल का अर्थ शब्दों में नहीं है । गजल का असली अर्थ तो वही समझेगा जिसकी जिह्वा 'यह दिल' गाने में, गुनगुनाने में 'ल' पर तालू से चिपक जाए और उस अवस्था में पहुंच जाए जिसमें 17 मार्च 1984 को मैं था । फिर वह हजार वर्ष बाद हो तो भी वह मुझसे उसी क्षण जुड़ जाएगा । तत्काल । समय की सीमा सीमा न रहेगी । वहां समय होता ही नहीं । तो उसने गजल को समझा, गजल लिखने वाले को समझा । जो मेरे समकालीन हैं, आज, अभी, वे भी उस गजल को नहीं समझते । शब्द कोष में शब्दों के अर्थ पाए जा सकते हैं, पर शब्दों में गजल है ही नहीं । गजल का स्रोत है असली गजल ।

उसी तरह अल्लाह, ओइम या अन्य शब्द, शब्द नहीं चाभियां हैं । उन पर प्रयोग किए बिना उनका रहस्य नहीं खुलता । शब्दकोष में जो अर्थ हैं वे एकदम काम चलाऊ हैं, वे दूर की प्रतिध्वनियां हैं । असली संगीत नहीं, असली संगीत भीतर है ।

मेरे जीवन की पिछली पृष्ठभूमि थोड़ी मिल गई होगी । अब रह गया संबुद्धत्व क्या है ? संबुद्ध यानी जो जाग गया, जो स्वयं को जान गया जिसे आत्मज्ञान हो गया । क्योंकि आप अपना नाम तो नहीं हैं, आप शरीर भी नहीं हैं, विचार भी नहीं हैं, भाव भी नहीं हैं, क्योंकि शरीर, विचार, भाव को आप देख सकते हैं । केवल स्वयं को नहीं देख सकते । स्व का ज्ञान ही संबुद्धत्व है । वही इस ज़ीवन का परम अर्थ है ।

☐

मेरी लिखावट में 70 पृष्ठ तक पढ़ने के बाद सम्बुद्ध स्वामी योग प्रताप भारती ने जो लिखित टिप्पणी की, वह इस प्रकार है:—

1. 6 जुलाई को शरीर त्याग देने वाली खबर बहुत सारी अन्य खबरों की भांति भारत पहुंचते-पहुंचते कुछ की कुछ बन गई थी । ओशो के वक्तव्य रजनीशधाम को पहुंचाए जाते थे कुछ, उसमें कुछ का कुछ सुन या पढ़ लिया जाता

था। कुछ फिर जब वह पूरे भारत में बात पंहुचाई जाती थी तो उसमें कुछ की कुछ हो जाती थी। वहां पता चलता था कि खबरें क्या से क्या बन गई हैं तो हंसी भी आती थी, बहरहाल बात यूं थी —

इस समाचार का संबुद्धों वाले प्रसंग से सीधा संबंध नहीं है। उन्हीं दिनों (संभवत: संबुद्धों वाले समाचार से पूर्व ही) एक जनरल मीटिंग बुलाकर यह समाचार दिया गया था कम्यून को कि ओशो का कहना है कि लोग पूरे विधायक होकर न जीने लगेंगे तो उनका शरीर में टिके रहना असंभव है। और बाय दि वे ओशो ने यह भी बताया है कि जब कभी वे शरीर छोड़ेंगे तो वह 6 जुलाई को होगा। ओशो ने शरीर छोड़ने की धमकी कभी नहीं दी। मात्र इतना कहना था उनका कि पूरी विधायकता नहीं हो जाती हर तरफ तो शरीर में रुकना अंसभव हो जाएगा उनके लिए।

(यह सामान्य रूप से शरीर छूटने से संबंधित थी बात) ऐसा नहीं था कि 6 जुलाई को शरीर छोड़ने जा रहे हैं, बल्कि जब कभी भी शरीर छूटेगा। 6 जुलाई का अर्थ उन दिनों 'गुरुपूर्णिमा था। वहां पूर्णिमा के हिसाब से गुरुपूर्णिमा नहीं मनाई जाती थी, बल्कि 6 जुलाई को स्टेंडर्ड रूप से 'गुरुपूर्णिम' का दर्जा दे दिया था एक या दो विश्व महोत्सवों के बाद। उसके कई करण थे।

2. संबुद्ध संन्यासियों की सूचियों के संबंध में कुछ तथ्य :

(क) 11 जून 1984 को एकाएक व्यक्तिगत सूचना दिलवा कर 21 संन्यासियों को ओशो ने अपने निवास पर बुलवाया था, जिनको ओशो ने सायं 7 बजे से सवा तीन घंटे संबोधित किया। ओशो ने इसको 'सम्बुद्ध संसद' (Sambudha Sansad) नाम दिया। इसमें पांच भारतीय मित्र थे, शेष अमरीका, ब्रिटेन, आस्ट्रेलिया, स्विटजरलैंड, जर्मनी, हालैंड तथा जापान के थे। पांचवें भारतीय मित्र थे शीला के पिता स्वामी स्वरूपानंद (चार के नाम शुरू में लिखा चुका हूं यानी स्वामी आनंद मैत्रेय, मा योग तरू, स्वामी विनोद भारती,स्वामी योग प्रताप भारती) उस समय वहां विवेक, हास्या व शीला भी उपस्थित थीं, ओशो के निर्देश से।

(ख) जुलाई 1984 के विश्व महोत्सव के दौरान एक दिन प्रात: सत्संग के एकाध घंटे पश्चात शीला ने महोत्सव में शरीक लोगों को रजनीश मंदिर में एकत्र

होने के लिए बुलाया था। हम 'रेंच' पर रहने वाले लोग अपने-अपने कामों पर ही थे, ऐसी मीटिंगें बाहर से आए संन्यासियों के लिए ही होती थीं जब तक कि विशेष रूप से आने को न कहा गया हो। इस मीटिंग में ओशो द्वारा प्रदत्त 21 संन्यासियों की एक दूसरी सूची संबुद्धत्व की तथा 112 संन्यासियों की एक अन्य सूची महासत्वों तथा बोधिसत्वों की पढ़कर सुनाई गई थी। 21 संन्यासियों की इस सूची में कुछ नाम जो मुझे पता है यूं थे :

सम्बोधि मा अमृत सरस्वती (माता जी)
सम्बुद्ध स्वामी अमृत सिद्धार्थ (चाचा जी)
सम्बोधि मा अमृत भगवती (चाची जी)
सम्बुद्ध स्वामी सत्य बोधिसत्व (जयंती भाई)
सम्बुद्ध स्वामी वैराग्य अमृत
सम्बोधि मा योग निवेदिता (बंबई की जया)
सम्बोधि मा आनंद प्रतीक्षा (स्वामी सत्य वेदांत की पत्नी)
सम्बुद्ध स्वामी अगेह भारती
सम्बुद्ध स्वामी योग चिन्मय
सम्बोधि मा आनंद सीता (सीता मां)
सम्बुद्ध स्वामी गोविंद सिद्धार्थ (बंबई के लश्करी)
सम्बुद्ध स्वामी शून्यो (डॉ.शून्यो, अमरीकी)
सम्बोधि मा योग प्रतिमा (आस्ट्रेलियन)
सम्बोधि मा स्वरूपा (शीला की मां)

कुछ महासत्वों तथा बोधि सत्वों के नाम यूं थे :

महासत्व मा योग विवेक
महासत्व स्वामी देवगीत (ओशो के डेंटिस्ट)
बोधिसत्व मा आशु (ओशो की डेंटल नर्स)
महासत्व स्वामी सत्य वेदांत (भारतीय)
महासत्व स्वामी आनंद तीर्थ (तीर्था)
महासत्व स्वामी योग मनु (बंबई के मनु स्वामी)

महासत्व मा आनंद शीला

महासत्व मा योग मुक्ता (भारतीय/केन्या)

महासत्व स्वामी नारायण भारती (बिहार वाले)

महासत्व स्वामी आनंद मद्यप (अमरीकी)

बोधिसत्व स्वामी चैतन्य कीर्ति (भारतीय)

महासत्व स्वामी ज्ञान असंग (भारतीय)

बोधिसत्त्व मा मैत्री (अमरीकी)

(इन महासत्वों व बोधिसत्वों में से कुछ के नाम जून 1984 में ही—फेस्टिवल से पूर्व किंतु 11 जून 1984 के बाद— ओशो ने कह दिए थे, उदाहरण के लिए विवेक का नाम, शीला का नाम)

तदनुरूप अपने स्टेटमेंट्स को सही कर लें जहां आवश्यक हो।'

□

मैं तो अपना नाम भर जानता था। बाकी और जो जानता था वह सुनी-सुनाई बातें थीं। अत: मैं और किसी का नाम दे भी नहीं रहा था, पर प्रताप जी ने इतने नाम दिए तो उसे ज्यों का त्यों रख दिया हूं। सही-गलत की जिम्मेदारी उनकी।

हां, मैंने सुना था सम्बुद्धों वाली लिस्ट में ये नाम भी थे—

सम्बुद्ध स्वामी नरेंद्र बोधिसत्व

सम्बोधि मा योग नीलम

तथा बिहार वाले को 'बोधिसत्व' सुना था। पर मेरे सुने-सुनाए का क्या मूल्य ? स्वामी आनंद अरुण, काठमांडो, नेपाल का भी नाम बोधिसत्व की सूची में था, यह मुझे पता है क्योंकि उन्होंने अपना पैड छपवाया था।

□

इतनी सारी बातें हो गईं। पर सच बताऊं मैं नहीं जानता कि मैं सम्बुद्ध हूं या नहीं। जहां तक पता है मुझे तो कुछ पता नहीं चलता। पर दूसरे जब कहते हैं तो पलट कर देखने लगता हूं कि क्या मैं सम्बुद्ध हूं ? यदि हूं, तो मुझे पता क्यों नहीं चलता ? यदि नहीं हूं तो दूसरों को क्यों ऐसा लगता है ?

23 अक्टूबर 1991 को लखनऊ गया था स्वामी राकेश भारती के यहां तो

ऐसा कुछ प्रसंग बना कि जाना न चाहते हुए भी स्वामी राकेश भारती के साथ पूंजा जी के यहां सत्संग में गया। पूरा नाम है एच० डब्लयू० एल० पूंजा। मुझे वे अच्छे एवं सहज लगे। मुझे लगा कि उनके द्वारा उत्तर केंद्र से आते हैं। वे पढ़े-पढ़ाए नहीं होते। वे बुद्धत्व को उपलब्ध हैं मेरे हिसाब से। यह सब टिप्पणी मैंने स्वामी राकेश भारती को पूंजा जी के आकर अपनी सीट पर विराजमान होने से लेकर दस मिनट सुनने के भीतर कर दिया था। उसके बाद मैंने लिखकर एक कागज भेजा—'Beloved Poonja ji, I do not know what should I ask you, but I would love to hear you say something for me. –Swami Ageh Bharti.' अर्थात 'मैं यह तो नहीं जानता कि मुझे आप से क्या पूछना चाहिए, पर आप मेरे लिए कुछ कहेंगे तो मुझे अच्छा लगेगा।' पूंजा जी उस कागज को सामान्य से कुछ ज्यादा ही देर तक देखते रहे और तब पूछा, 'W'ho is Swami Bharti?' अर्थात 'स्वामी भारती कौन हैं?' मैंने दायां हाथ उठाकर कहा, 'सर' और वे एक क्षण मुझे देखते रहने के बाद बोले— 'Don't activate your mind. You are already in the state of no mind. You have finished your work. My congratulations! I bow down in front of you.'

अर्थात 'आप अपने मन को चेष्टा करके चलाइए मत। आप पहले ही अ-मन की अवस्था में हैं। आप अपना कार्य पूरा कर चुके हैं। मेरी बधाइयां! मैं आपके समक्ष सिर झुकाकर नमन करता हूं।' और पूंजा जी ने अपनी समस्त श्रोता-शिष्य मंडली के समक्ष दोनों हाथ जोड़ते हुए सिर झुकाकर नमन किया। उनके साथ-साथ मेरे द्वारा भी वही हुआ अर्थात मैंने भी दोनों हाथ जोड़ते हुए सिर झुकाकर उन्हें नमन किया। यह युगपत घटित हुआ।

परंतु मैं अपने गुरु ओशो की ही बात सही मानता हूं जो उन्होंने किसी प्रश्न के उत्तर में 18 नवम्बर 1984 को रजनीशपुरम में कही। इस प्रवचन को पढ़ा या सुना जा सकता है। कुछ खास-खास अंश यहां मैं दे रहा हूं—

'जिस दिन मैंने सम्बोधि संसद—सम्बुद्ध लोगों की सिनेट की घोषणा की थी, कुछ नाम मैंने केवल मजाक के तौर पर भी घोषित कर दिए थे। लेकिन लोगों की मूढ़ता का कोई हिसाब नहीं है। मैंने सोमेंद्रा का नाम सम्बुत्व को उपलब्ध घोषित किया यद्यपि वह अब संन्यासी भी नहीं है। और तुम्हें पता है क्या हुआ? वास्तव

में वही जो मैं सोचता था—एकदम भविष्यवाणी किए जाने योग्य। उसने तत्काल एक पत्र लिखा—अचानक मैं 'प्यारे भगवान' हो गया यह घटित हुआ है।' पत्र में उसने बार-बार यही लिखा कि 'हां भगवान, यह घटित हुआ है।'... और जिसकी मुझे अपेक्षा थी उसने एक पत्र तीर्था को भी लिखा कि 'तुमको यह घटित हुआ है या अभी भी नहीं?' क्योंकि तीर्था से उसका निरंतर कम्पीटीशन था, यह उसकी समस्या थी।...

और स्मरण रखना, यह केवल सोमेंद्रा के बाबत नहीं है, यह तुम सब के बाबत है। स्मरण रहे, अंहकार बहुत सुक्ष्म खेल खेलता है। खेल इतने सूक्ष्म हैं और काम कभी कभी बहुत नाजुक होता है। ब्रेन सर्जरी से भी अधिक सूक्ष्म होता है।... नहीं, तुम्हें मुझे समझना कठिन होता है, मेरे ढंग, और मेरी विधियों को समझना मुश्किल होता है।'

मेरे हिसाब से ओशो के निकट सब कुछ एक 'विधि' है, सम्बुद्धत्व की घोषणा भी और फिर उसे मजाक कहना भी। ओशो के निकट सब कुछ एक रहस्य है, जिसमें हर एक को स्वयं ही प्रवेश करना है। ओशो एक ऐसे खुले हुए रहस्य हैं जिनको समझना सर्वाधिक सरल और सर्वाधिक कठिन भी है।

☐

पुनश्च:—

जब मैंने 'एक ओशो-शिष्य की अंतर्यात्रा' की पांडुलिपि तैयार की तो मुझे स्मरण ही न रहा। अभी 6 से 8 सितंबर 1995 को जब एस० ई० सी० एल० के तत्वावधान में चलाए जा रहे कौशल चक्र फोरम' के मुख्य समन्वयक स्वामी आनंद सिद्धार्थ (डॉ० वीरेंद्र कुमार सिंह) के आमंत्रण पर फोरम को ध्यान करवाने बिलासपुर गया तो सक्रिय, नादब्रह्म, कुंडलिनी के अलावा एक दिन तथाता ध्यान करवाया। जिस दिन तथाता ध्यान करवाया, बिलासपुर के अंतर्शरण भारती ने बताया कि उनके पास तथाता ध्यान का म्यूजिक भी है। 9 सितंबर को मुझे शासकीय शिक्षा महाविद्यालय, बिलासपुर में भी दो ध्यान करवाने थे। मैंने निश्चय किया कि एक सक्रिय ध्यान करवाऊंगा और दूसरा तथाता ध्यान म्यूजिक पर करवाऊंगा। स्वामी प्रेम अंतर्ज्ञान जो कि उक्त महाविद्यालय, में आचार्य हैं और उन्हीं की पहल पर वहां मेरे भाषण एवं ध्यान प्रयोग रखे गए थे, उनका जोर

नटराज ध्यान के लिए था पर मैं तथाता ध्यान का म्यूजिक व ओशो स्वयं द्वारा दिए गए सुझाव सुनना चाहता था। अतः सक्रिय के बाद दूसरा ध्यान तथाता ध्यान करवाया। जब ओशो द्वारा दिए जाते सुझाव पर पूरा ध्यान वहां करवाया तब मुझे एक प्रतीति हुई और एक स्मरण आया। प्रतीति तो यह हुई कि नए आदमी को ओशो की आवाज से बहुत वास्ता नहीं है। नए आदमी को तो आप जो सामने हैं, आप सुझाव देकर ध्यान करवाएं तो अच्छा होता है। ओशो का टेप्ड प्रवचन सुनने में भी नया आदमी उतनी रुचि नहीं लेता जितनी हम संन्यासी लोग लेते हैं। नया आदमी सामने आपको सुनने में अधिक रुचि लेता है। जरूरी नहीं कि यह सभी के लिए लागू हो।

और स्मरण यह आया कि 1983 के आस-पास की बात होगी जब मैं रात सोने के लिए बिस्तर पर जाता तो एक विचित्र अनुभव होता जोकि धीरे-धीरे एक ध्यान विधि ही बन गया। वह यह कि जब सोने के लिए लेटता तो पाता कि सामने एक कुआं उपस्थित हो गया है और मैं उसमें गिर गया हूं, गिरता चला जा रहा हूं...... गिरता चला जा रहा हूं......, गिरता ही चला जा रहा हूं......, बस, गिरता चला ही जा रहा हूं...... । शुरू में बड़ा भय लगा। फिर मुझे अहसास हुआ कि कुआं शायद बिना पेंदे के (बाटमलेस) है। अतः भय का कोई कारण नहीं। फिर भी, अंधेरा है और अज्ञात भी। अतः थोड़ा सा भय बना ही रहा। पर अब तो अपने हाथ में कुछ है भी नहीं। न मस्तिष्क से सोचने जैसा समय है, न सोचने जैसी सुविधा, न कहीं थमने का सहारा। अतः छोड़ ही देना पड़ा है। अब तो बस कुएं में गिरता चला जा रहा हूं। गिरता चला ही जा रहा हूं। अनन्त है कुआं और बाटमलेस !

इस तरह कई-कई महीनों होता रहा। और यह तभी होता जब मैं सोने के लिए बिस्तर पर जाता। यह सहज, स्वतः आया और एक गहन ध्यान विधि बन गया। कोई भी इस तरह ध्यान में सरलता से जा सकता है।

■

ओशो—एक परिचय

बुद्धपुरुषों की अमृत धारा में ओशो एक नया प्रारंभ हैं, वे अतीत की किसी भी धार्मिक परंपरा या शृंखला की कड़ी नहीं हैं। ओशो से एक नये युग का शुभारंभ होता है और उनके साथ ही समय दो सुस्पष्ट खंडों में विभाजित होता है : ओशो पूर्व तथा ओशो पश्चात।

ओशो के आगमन से एक नये मनुष्य का, एक नये जगत का, एक नये युग का सूत्रपात हुआ है, जिसकी आधारशिला अतीत के किसी धर्म में नहीं है, किसी दार्शनिक विचार-पद्धति में नहीं है। ओशो सद्यःस्नात धार्मिकता के प्रथम पुरुष हैं, सर्वथा अनूठे संबुद्ध रहस्यदर्शी हैं।

ओशो एक नवोन्मेश हैं नये मनुष्य के, नयी मनुष्यता के। ओशो का यह नया मनुष्य 'ज़ोरबा दि बुद्धा' एक ऐसा मनुष्य है जो ज़ोरबा की भांति भौतिक जीवन का पूरा आनंद मनाना जानता है और जो गौतम बुद्ध की भांति मौन होकर ध्यान में उतरने में भी सक्षम है—ऐसा मनुष्य जो भौतिक और आध्यात्मिक, दोनों तरह से समृद्ध है। 'ज़ोरबा दि बुद्धा' एक समग्र व अविभाजित मनुष्य है। ओशो का यह नया मनुष्य भविष्य की एकमात्र आशा है; इसके बिना पृथ्वी का कोई भविष्य शेष नहीं है।

अपने प्रवचनों के द्वारा ओशो ने मानव-चेतना के विकास के हर पहलू को उजागर किया। बुद्ध, महावीर, कृष्ण, शिव, शांडिल्य, नारद, जीसस के साथ ही साथ भारतीय अध्यात्म-आकाश के अनेक नक्षत्रों—आदिशंकराचार्य, गोरख, कबीर, नानक, मलूकदास, रैदास, दरियादास, मीरा आदि पर उनके हजारों प्रवचन उपलब्ध हैं। जीवन का ऐसा कोई भी आयाम नहीं है जो उनके प्रवचनों से अस्पर्शित रहा हो। योग, तंत्र, ताओ, झेन, हसीद, सूफी जैसी विभिन्न साधना-परंपराओं के गूढ़ रहस्यों पर उन्होंने सविस्तार प्रकाश डाला है। साथ ही राजनीति, कला, विज्ञान, मनोविज्ञान, दर्शन, शिक्षा, परिवार, समाज, गरीबी, जनसंख्या-विस्फोट, पर्यावरण तथा संभावित परमाणु युद्ध के व उससे भी बढ़कर एड्स महामारी के विश्व-संकट जैसे अनेक विषयों पर भी उनकी क्रांतिकारी जीवन-दृष्टि उपलब्ध है।

शिष्यों और साधकों के बीच दिए गए उनके ये प्रवचन छह सौ पचास से भी अधिक पुस्तकों के रूप में प्रकाशित हो चुके हैं और तीस से अधिक भाषाओं में अनुवादित हो चुके हैं। वे कहते हैं, "मेरा संदेश कोई सिद्धांत, कोई चिंतन नहीं है। मेरा संदेश तो रूपांतरण की एक कीमिया, एक विज्ञान है।"